Mit dem Zirkus in die Freiheit

Sue Smethurst

Mit dem Zirkus in die Freiheit

Eine Familie entkommt den Nazis

Aus dem Englischen von
Ulrike Strerath-Bolz

Weltbild

Copyright der deutschsprachigen Ausgabe © 2022 by Weltbild GmbH & Co. KG,
Ohmstraße 8a, 86199 Augsburg
Projektleitung und Redaktion: usb bücherbüro, Friedberg/Bayern
Übersetzung: Ulrike Strerath-Bolz
Redaktion: Dagmar Weindl
Umschlaggestaltung: atelier seidel, teising
Coverfotos: Strahlenhintergrund: iStockphoto/rzoze19
Foto vorne: © Polish National Archives / szukajwarchiwach.pl
(koloriert von Marina Amaral); Fotos hinten: (li.) © Polish National Archives /
szukajwarchiwach.pl (koloriert von Marina Amaral), (re.) © Autorenarchiv;
Satz: Datagroup int. SRL, Timisoara
Druck und Bindung: CPI Moravia Books s.r.o., Pohorelice
Printed in the EU
978-3-8289-5491-5

Einkaufen im Internet:
www.weltbild.de

Für Nanna und Zaydee. Für die Menschen, die es ins Land der Glücklichen schafften, und für alle, die nie die Chance hatten. Wir werden euch niemals vergessen.

Inhaltsverzeichnis

Prolog

»Ah, da kommt die Prinzessin, immer bereit für einen Ball«, sagte die Schwester freundlich zu meiner Schwieger-Großmutter, als wir auf dem Flur des jüdischen Pflegeheims Montefiore an ihr vorbeigingen.

Mindla (sprich: Marnya) Horowitz. Die Prinzessin des Montefiore. Immer perfekt frisiert, die Lippen immer zu einem hübschen roten Bogen geschminkt, so präzise, wie ihn Elizabeth Arden höchstselbst nicht besser hinbekommen hätte. »Victory red« heißt ihre Lieblingsfarbe.

Wir betraten den Speiseraum, wo mein Mann uns erwartete. »Du wirst fett!«, neckte sie ihn und stach mit einem perfekt manikürten Finger in seinen Bauch. »Schau mich mal an, immer noch schön!« Der Diamantclip in ihrem Haar schimmerte, als sie den Kopf drehte, um sich bewundern zu lassen.

Mein Mann und ich scherzten oft, dass Nanna sicher nicht mehr so gut hörte und sah wie früher, aber ihre Eitelkeit würde bis zu ihrem letzten Atemzug bleiben.

Dabei ging es eigentlich nicht um Eitelkeit, sondern vielmehr um Würde, die reine Essenz der Menschlichkeit, an der sie mit aller Kraft festhielt. Es war ihre Art, der Welt zu sagen: »Du hast mir alles genommen, aber meinen Stolz bekommst du nicht.«

Erst Jahre nachdem ich Teil der Familie Horowitz geworden war, erfuhr ich von Mindlas Geschichte. Mein Mann Ralph ahmte gelegentlich ihre jiddischen Flüche nach – ihr

Papagei ebenfalls, sehr zu unserem Amüsement – oder erzählte einen Witz nach, den er als Kind von seinem verstorbenen Großvater gehört hatte.

Eines Tages fragte er mich: »Ich habe dir ihre Geschichte doch erzählt, oder?«

Nein, hatte er nicht.

Daraufhin bekam ich die Kurzfassung zu hören. Er erinnerte sich, wie sein Großvater, den sie Pop nannten, seinen geliebten Enkeln Geschichten von großen Zirkussen und bunten Clowns erzählt hatte. Und davon, dass die Nazis versucht hatten, sie alle umzubringen. Davon, dass er seine schöne Braut aus einem russischen Gefängnis gerettet hatte, und wie sie um die halbe Welt gereist waren, um irgendwann ein glückliches Leben zu finden. Und all das waren keine Märchen gewesen.

Die Journalistin in mir bombardierte Ralph mit tausend Fragen, denn ich wollte unbedingt die ganze Geschichte hören. Aber leider war Pop längst tot, und die Familie war sich einig darüber, dass »Nanna niemals darüber spricht, und wir fragen nicht, um sie nicht aufzuregen«. Okay, ich wollte die schrecklichen Dinge, von denen ich gehört hatte, natürlich auch nicht wieder aufrühren.

Doch Mindla wurde älter, und es war klar, dass uns nicht mehr viel gemeinsame Zeit blieb. Meine Verzweiflung wuchs. Es war wichtig für unsere Familie, für meinen Mann und für unsere Kinder, zu wissen, wer sie waren und woher sie kamen. Sie sollten begreifen, was ihre Großeltern und Urgroßeltern durchgemacht hatten und wie es ihnen gelungen war, den Deutschen zu entkommen und nach Australien zu gelangen.

Ich musste das Gespräch mit Nanna suchen, auch auf die Gefahr hin, dass es sie aufregte.

Wenn wir sie im Pflegeheim besuchten, vermieden wir es klugerweise, ihr Kuchen oder Süßigkeiten mitzubringen, weil wir wussten, dass sie »auf ihre Figur achtete«. Aber sie liebte Kosmetik, vor allem leuchtenden Nagellack. Und sie liebte es zu plaudern, während sie sich die Fingernägel lackierte.

So bewaffnete ich mich an einem kalten Herbstmorgen mit einem Vorrat der ausgefallensten neuen Nagellacke, die ich finden konnte, ein paar Notizblöcken, einem Diktiergerät und einer verrosteten alten Blechdose mit Schwarz-Weiß-Fotos, die sie ihrer Schwiegertochter Meg (meiner Schwiegermutter) zur Verwahrung gegeben hatte. Und so begannen, inspiriert durch Mitch Alboms »Dienstage bei Morrie«, meine Montage bei Mindla.

Eins nach dem anderen betrachteten wir die vergilbten Fotos. »Nanna, wer ist das?«, fragte ich, »und wo wurde das Foto aufgenommen?« Ich bewegte mich sachte vorwärts, um sie nur ja nicht aufzuregen.

»Warum willst du das wissen?«, fragte sie mit ihrem starken polnischen Akzent zurück, während sie gekonnt den magentaroten Nagellack verteilte.

Zuerst interessierte sie sich eher dafür, wie ihr Lieblingsverein Collingwood im Australian Football dastand, und für die Streiche ihrer Urenkel. Doch ich lenkte das Gespräch zurück auf ihre Geschichte und fing an, die Schichten ihres Lebens abzuschälen.

Und so ging es weiter, Woche für Woche, Monat für Monat. Jeder Besuch folgte demselben Muster. Nachdem die Nägel lackiert waren, gingen wir zum Mittagessen in den Speiseraum, wobei wir der Rollator-Polonaise geschickt auswichen. Vier oder fünf ältere Frauen saßen immer an Mindlas Tisch – sie liebte es, Publikum zu haben –, und sobald ich meinen Notizblock herausgeholt hatte, begann die vertraute Routine.

»Warum willst du das wissen?«, fragte sie zum wiederholten Mal. »Meine Geschichte ist doch nichts Besonderes. Was ist mit ihr und ihr und ihr?« Dabei zeigte sie mit einer funkelnden Fingerspitze auf die netten, runzligen Gesichter der anderen. »Wir sind doch alle gleich!«

Eines Tages begriff ich. Die Vergangenheit war zweifellos schmerzhaft, aber Mindla wurde durch das Erzählen nicht retraumatisiert, sie war lediglich der Ansicht, ihre Geschichte sei ziemlich normal, weil so viele der Menschen um sie herum ähnlich grauenhafte Erlebnisse zu berichten hatten, nachdem sie den Nazis entkommen waren. Von verlorenen lieben Menschen, von Verwandten, die sie nie wiedergesehen hatten. Von Läusen und Hunger, vom Gestank des Krieges und des Todes. So viel Tod. So viel Traurigkeit.

Viele dieser kostbaren älteren Männer und Frauen, mit denen Nanna ihre letzten Jahre teilte, hatten auf wundersame Weise überlebt und Hitler in seinem bösen Spiel besiegt.

Trotz ihres hohen Alters und der Tatsache, dass ihre körperliche Gesundheit nachließ, blieb Mindlas Geist bis zum Ende messerscharf, und während der vielen Stunden, die wir zusammen verbrachten, erinnerte sie sich überraschend detailgenau. Doch als sie 2015 im Alter von sechsundneunzig Jahren starb, blieben viele Worte ungesagt und viele

Fragen unbeantwortet. Was zur Folge hatte, dass ich mich auf eine jahrelange Reise einließ, um das Puzzle von ihrem und Pop Horowitz' Leben zusammenzusetzen.

Viele Dokumente und Berichte über die kostbarsten Momente des Lebens – Geburten, Todesfälle, Hochzeiten – sind verloren gegangen, Bomben und Feuer zum Opfer gefallen, und deshalb bin ich den Genealogen, Historikerinnen, Forschern und ehrenamtlichen Helferinnen, die ihre Zeit und ihr Wissen großzügig mit mir geteilt haben, unglaublich dankbar. Das gilt vor allem für Krystina Duszniak, deren einzigartiges Wissen und deren Verbindungen mir halfen, Material zu entdecken, das nicht nur Mindlas Erinnerungen bestätigte, sondern uns auch half, verlorene Familienmitglieder zu finden.

Da ich nicht das Privileg hatte, Pop interviewen zu können, der 1989 verstorben ist, habe ich mich bei der Rekonstruktion seiner Geschichte auf meine Gespräche mit Mindla und anderen Familienmitgliedern gestützt, vor allem mit seinen geliebten Enkelkindern. Hinzu kamen Fotos und Interviews mit seinen früheren Kollegen beim australischen Fernsehen, bei der *Tarax Show* von GTV-9. Hier bin ich vor allem dem wunderbaren Ron Blaskett dankbar, der mir viele Erinnerungen an Pop zur Verfügung stellte, bevor er 2018 verstarb. Ich grüße dich, Ron!

Ein Teil der Dialoge beruht auf den Erinnerungen anderer Personen.

Pop Horowitz, dessen offizieller Name Moszjes Baruch Horowitz lautete, war im Laufe seines Lebens unter verschiedenen anderen Namen bekannt: Moses, Kubush der Clown, Kubus Armondo, Sloppo der Clown, Zaydee und

Kubush. Um der besseren Lesbarkeit willen nenne ich ihn im ganzen Buch Kubush, denn diesen Namen verwendete auch Nanna.

Ich hoffe, Sie lesen diese Geschichte in dem Geist, in dem sie geschrieben wurde. Dieses Buch ist kein historischer Bericht und erhebt nicht den Anspruch, ein wissenschaftliches Dokument über den Holocaust zu sein. Es handelt sich einfach um die Geschichte einer Frau, einer Familie, erzählt aus ihrer Perspektive. Dabei habe ich freilich alles mir Mögliche unternommen, um die Informationen zu verifizieren.

Hitler wollte die Existenz, die Geschichte und den Geist eines ganzen Volkes auslöschen. Sechs Millionen jüdische Männer, Frauen und Kinder wurden während des Zweiten Weltkriegs vom Nazi-Regime ermordet. Man begreift es nicht.

Trotzdem ist Hitler letztlich gescheitert. Und warum? Weil diese Menschen nicht vergessen wurden. Stück für Stück, Schnipsel für Schnipsel, Bericht für Bericht, Jahr für Jahr wurden die Lebensgeschichten von Holocaustopfern und -überlebenden rekonstruiert und erinnert, das Gewebe ihres Lebens wurde geflickt, anerkannt, verstanden und wertgeschätzt.

Diese Menschen sind verloren, aber sie werden immer noch geliebt, geschätzt, man spricht über sie. Wir werden ihre Vergangenheit in Ehren halten, und ihre Geschichten nähren unsere Zukunft.

Wir werden sie niemals vergessen.

TEIL 1

Vor dem Krieg

Kapitel 1

Warschau, im Winter 1936

Mindla zieht sich einen Handschuh aus und sucht in ihrer Handtasche, während sie die Ulica Stawki entlanggeht.

Ihre Finger, zerstochen und taub von der stundenlangen Arbeit an launischen Nähmaschinen, tasten ungeschickt auf dem Grund der Tasche und suchen ihren Schlüssel.

Sie geht um die Ecke auf das Haus zu, doch weil sie abgelenkt ist, sieht sie den losen Pflasterstein nicht, der ein wenig hochsteht, bleibt mit dem Absatz daran hängen und schlägt hin. Ihre zierliche Gestalt krümmt sich im Rinnstein, sie sitzt für ein paar Augenblicke benommen da, bis sie sich wieder gefasst hat. Ihr kommen die Tränen, doch der eiskalte Wind von der Weichsel nimmt sie mit, bevor sie sie wegwischen kann.

»Verdammt«, sagt sie und tastet nach dem Loch in ihren fadenscheinigen Wollstrümpfen, die sie schon so oft gestopft hat.

Ihr Knöchel schmerzt und pocht.

Sie kann das Haus sehen, in dem sie wohnt, Ulica Muranowska Nummer 17, gleich auf der anderen Seite des Platzes. Ihr Vermieter, Herr Landau, sitzt jetzt sicher warm und gemütlich in seiner Wohnung im Erdgeschoss. In diesem Augenblick sehnt sie sich nach zu Hause, nach der Wärme in der Küche ihrer Mutter. Sie stellt sich vor, wie Mama am Tisch steht und den Challah-Teig mit Mehl bestäubt und knetet, sie hat den Geruch der Kohle im Ofen in der Nase, während der Backofen vorgeheizt wird, damit das Brot richtig aufgehen kann.

So sehr ist sie in Gedanken versunken, dass sie den Fremden nicht sieht, ehe er vor ihr steht.

»Was machen Sie hier draußen? Das ist nicht sicher«, sagt die Stimme und holt sie zurück in die Wirklichkeit. »Ist Ihnen was passiert?«

Sie muss ganz nach oben schauen, um das Gesicht des hochgewachsenen Mannes zu erkennen, der vor ihr steht und ihr eine Hand hinstreckt.

Mindla nimmt die Hand und er hilft ihr vorsichtig vom eiskalten Straßenpflaster hoch. »Ich bringe Sie nach Hause«, erklärt er, nimmt seinen Schal ab und bietet ihn ihr an.

Dankbar wickelt sie sich die weiche, warme Wolle um den Hals, und sie plaudern über den nahenden Winter, während sie über die Straßenbahnschienen humpelt. Er fragt sie nach ihrer Arbeitsstelle. Mindla zögert, bevor sie sagt: »In der Gerberei.« Sie erwähnt nicht, dass sie dort schon arbeitet, seit sie mit vierzehn die Schule verlassen hat. Und sie verschweigt auch, wie hart diese schmutzige, stinkende Arbeit ist: lange Stunden, in denen die Tierhäute behandelt, gestreckt und gefärbt werden. Die Gerberei ist der Hauptlieferant an Sattler- und Lederwaren für die polnische Armee. Und angesichts der ständigen Kriegsbedrohung boomt das Geschäft.

Je weiter sie geht, desto besser wird ihr Knöchel. Mit jedem Schritt spürt sie, wie ihre Kraft zurückkehrt.

Das weiche Licht aus der Wohnung von Herrn Landau erlaubt es ihr, das Gesicht des Fremden genauer anzusehen.

Er wirkt erstaunlich jung für jemanden, der so gut gekleidet ist, vielleicht Mitte zwanzig. Ein rotes Seidentüchlein
ragt aus seiner Brusttasche. Sein Anzug würde zu einem
viel älteren Geschäftsmann passen, aber seine großen
blauen Augen funkeln wie die eines Kindes, das gern Streiche spielt.

»Mein Name ist Kubush Horowitz«, stellt er sich vor, als
sie die Haustür erreichen. »Und Sie heißen?«

»Mindla. Mindla Levin«, sagt sie und lässt den Kopf sinken.

»Also, Fräulein Levin, dann sind Sie jetzt zu Hause und
in Sicherheit.«

»Danke, Kubush. Sie sind sehr freundlich.«

Sie gibt ihm den Schal zurück, und einen Moment später lüpft er seinen Hut und geht. Fast so schnell, wie er aufgetaucht ist, verschwindet er wieder.

»Du kommst spät, Mindla«, sagt Chana und zieht eine Augenbraue hoch. »Schnell, setz dich.«

»Tut mir leid, Mama«, erwidert Mindla und zieht ihren
Rocksaum über das Loch in ihrem Strumpf.

Alle Augen wenden sich ihr zu, als sie sich ungeschickt
zwischen ihre Schwestern Jadzia und Sonia auf ihren Platz
am Tisch quetscht. Sie hält den Kopf gesenkt, um dem
Blick ihres Vaters zu entgehen. Ihre fleckigen Finger folgen
unsichtbaren Kreisen um die dunklen Holzpocken, die
durch die dünne Tischdecke ihrer Mutter zu spüren sind.

Während sie auf der langen Holzbank an der Tischseite
sitzt, kann sie das alte Fichtenbrett unter dem Gewicht fast
stöhnen hören. Seit der Ehemann ihrer Schwester Eva,

Laloshe, bei ihnen eingezogen ist, drängen sich elf Personen um Chana Levins Küchentisch.

Mindla folgt mit Blicken ihrer Mutter, die das Baby auf ihrer Hüfte an Eva weiterreicht. Chanas früh ergrautes Haar ist zu einem ordentlichen Knoten geschlungen, sodass das Kerzenlicht ihr Gesicht ausleuchtet. Nicht zum ersten Mal bemerkt Mindla die kränklichen dunklen Ringe unter den Augen ihrer Mutter. Insgeheim schwört sie sich, nie wieder zu spät zum Abendessen zu erscheinen.

Kapitel 2

Die Dunkelheit jagt Mindla über die Pflastersteine der Ulica Muranowska, als sie wieder einmal von der Fabrik nach Hause eilt. Diesmal achtet sie auf jeden Schritt.

»Da ist ein Brief für dich gekommen, Mindla«, sagt Herr Landau, als sie zur Haustür hereinstürmt. Herr Landau beschäftigt viele seiner Mieter in seiner Lederfabrik und ist ein freundlicher Mann, der auch mal ein Auge zudrückt, wenn die Miete verspätet gezahlt wird, weil das Geld knapp ist. »Von einem Boten abgegeben«, fügt er grinsend hinzu.

Sie nimmt an, der Brief sei für ihren Vater, denn sie bekommt eigentlich nie Post, aber dann bemerkt sie sofort ihren Namen, der in einer sehr schönen Schreibschrift auf den Umschlag geschrieben steht. Erschrocken bleibt sie stehen. Mit braunfleckigen Fingern nach dem Tag in der Gerberei reißt sie hastig den cremeweißen, samtigen Umschlag auf.

Liebes Fräulein Levin,
ich hoffe, Ihrem Knöchel geht es besser. Würden Sie mir die Freude machen, meine Einladung zu einer Vorstellung des Zirkus Staniewski morgen Abend anzunehmen? Wenn ja, hole ich Sie um sieben Uhr abends ab. Wenn ich Sie nicht auf der Straße sehe, wo wir uns zum ersten Mal begegnet sind, gehe ich davon aus, dass Sie nicht den Wunsch haben, mich zu begleiten.
Mit freundlichem Gruß,
Herr Kubush Horowitz

Der gut aussehende Fremde. Sorgfältig steckt sie den kostbaren Brief zurück in den Umschlag und drückt ihn an ihr klopfendes Herz, während sie die knarrende Holztreppe hinaufläuft. »Danke, Herr Landau!«, ruft sie noch und nimmt zwei Stufen auf einmal.

»Schon wieder zu spät, Mindla!«, sagt Chana ungeduldig. Zwei Kerzen beleuchten das Festmahl, das ihre Mutter den ganzen Tag vorbereitet hat, und der köstliche Duft des Challah frisch aus dem Ofen übertönt ihr Schuldgefühl. Als sie sich an den Tisch setzt, nimmt sie den Geruch von frischem Rosmarin wahr, mit dem die Tafel geschmückt ist. Dann bedeckt Chana ihre Augen, während sie mit samtweicher Stimme das vertraute Kiddush-Gebet spricht: »Vay'hi erev vay'hi boker yom hashishi.«

Der Sabbat hat begonnen.

Shmuel und Chana Levin sind nicht sehr religiös, aber die Tradition ist ihnen wichtig, und auch wenn die Zeiten schlecht sind, gelingt es Chana immer noch, den Tisch zum Sabbatbeginn zu füllen. Sie ist eine gute Hausfrau; Mindla kenne ihre Mutter nur schwanger oder mit einem Baby auf der Hüfte. Eva wurde 1916 geboren, gefolgt von Jadzia, etwa ein Jahr später dann Mindla, 1919. Als Sonia 1921 geboren wurde, hatte Chana vier Töchter unter fünf Jahren. Shmuels Sehnsucht nach einem Sohn wurde erfüllt, als 1922 Yakov kam, und dann wurden sie noch mit Menachem und Minya gesegnet. Das – wie sie alle hoffen – letzte Kind war die kleine Shara.

Mindla hat ein schlechtes Gewissen, weil ihre Mutter jede Minute mit Kochen, Putzen, Waschen und der Fürsorge für andere zubringt. Immer steht ein Topf auf dem Herd, und unter dem Spülstein steht der Eimer mit den eingeweichten Windeln. Trotzdem genießt es Mindla, ihrer Mutter bei der Arbeit zuzusehen, dieser meisterhaften Dirigentin in der Küche, die ein ungebärdiges, oft elendes Orchester leitet. Wenn Chana im vollen Schwung ist, kann sie jede Ecke der Küche zum Singen bringen. Das Knistern der Kohlen im Ofen, die Töpfe auf dem Herd, das rhythmische Klatschen des Teigs, der auf dem Tisch geknetet und geformt wird. Und einmal in der Woche gelingt es ihr irgendwie, das alles zu einem wunderbaren Sabbat-Crescendo zusammenzuführen.

Mindla liebt vor allem das jüdische Neujahrsfest, wenn Chana alle Mädchen in die Küche beordert, um Kichel zu machen, diese kleinen Küchlein, die im Mund so schnell schmelzen, wie sie aus dem Backofen kommen.

Chanas Küchentisch sorgt für viel mehr als nur Nahrung. Er ist auch eine Kanzel aus Fichtenholz, von der sie ihre Lebenspredigten schickt, Weisheiten und Traditionen, Geschichten und selbst gestrickte Lektionen, die alle in ihre Suppen und Brote hineingemengt werden und ihnen den reichhaltigen Geschmack verleihen.

Heute Abend ist Chanas Tisch ein Ort des Gottesdienstes. Mindla wirft einen Blick auf ihren Vater, der ihre Mutter bewundernd beobachtet, während sie den Segen spricht. Shmuel ist Schuhmacher und muss schwer arbeiten, um der Familie ein Auskommen zu sichern. Mit etwas Schuhcreme und Spucke und den Resten aus der Lederfabrik von Herrn Landau kann er ein altes Paar Schuhe wieder wie neu aussehen lassen. Die Nachbarn beschreiben ihn als

Künstler, er ist ein unglaublich guter Handwerker. Sie bringen ihm Schuhe, die man längst nicht mehr tragen kann, und Shmuel zaubert Tag und Nacht und gibt sie ihren dankbaren Besitzern zurück, nachdem er ihnen ein neues Leben eingehaucht hat. Allerdings bringt das Reparieren alter Schuhe nicht besonders viel ein. Jedenfalls nicht genug, um all die wachsenden Mäuler am Tisch der Levins bequem satt zu bekommen. Shmuels Kunden sind ja auch arme Leute. Manchmal lehnt er die Bezahlung gar ab, wohl wissend, dass diese Schuhe die einzigen sind, die ein verzweifelter Mann besitzt, um zur Arbeit und zum Markt zu gehen und seine Familie zu ernähren. Wie sollte er einem solchen Mann Geld abknöpfen? Manchmal bekommt er stattdessen einen Laib Brot oder ein paar Eier, an besonders guten Tagen auch ein Stück Butter oder ein Huhn. Mindla ist stolz auf ihren Vater und beklagt sich nie darüber, dass ihr Lohn oft direkt an Herrn Landau zurückgeht, um die Miete zu bezahlen.

Als ihre Mutter die Hände von den Augen nimmt und die Kerzen ansieht, um das Ritual zu vollenden, fragt sich Mindla, wie viele Familien in ihrem Haus jetzt wohl dasselbe tun. Einhundertzehn Familien leben in der Ulica Muranowska Nummer 17 am nördlichen Ende des jüdischen Viertels von Warschau. Vier- oder fünfstöckige Gebäude stehen um einen Platz, der für Versammlungen, Märkte und Unterhaltung genutzt wird. Straßenbahnen und Rikschas transportieren Menschen durch das Viertel. Viele der Hausbewohner leben wie die Levins in großen Familien. Mindla geht davon aus, dass um sie herum sieben- bis achthundert Menschen leben.

Jadzias bevorstehende Hochzeit wird ein weiteres Gesicht an den Sabbattisch bringen, doch im Gegensatz zu Eva und Laloshe, die in der Ulica Muranowska leben, hat Jadzia die Absicht, nach der Hochzeit in die Wohnung ihres Verlobten Avraham Ksiazenicer zu ziehen. Was für ein Glück!

Als die Mädchen später an diesem Abend ins Bett gehen, berichtet Mindla ihren Schwestern Eva und Jadzia von dem gut aussehenden Fremden, der ihr nach ihrem Sturz geholfen hat, und von seiner Einladung. Die Schwestern machen große Augen, als sie den Brief sehen, den Mindla unter ihrem Kopfkissen hervorzieht.

»So ein schönes Papier habe ich noch nie gesehen«, sagt Jadzia und fährt mit dem Daumen darüber.

Wie bei allen Mädchen in der Familie Levin soll auch Mindlas Ehe von ihrem Vater arrangiert werden, sobald er die Zeit für gekommen hält. Er wird ihr einen passenden Bräutigam aussuchen. Die Vorstellung, dass sie sich mit einem Fremden trifft, geschweige denn mit ihm in den Zirkus geht – undenkbar!

»Du musst mitgehen, Mindla!«, flüstert Jadzia und drückt aufgeregt die Hand ihrer Schwester. »Stell dir das doch bloß mal vor: ein Zirkus! Was für ein Luxus! Wir helfen dir.«

Mindla findet in dieser Nacht kaum in den Schlaf. Doch beim Frühstück am nächsten Tag schmieden sie und ihre Schwestern einen Plan.

»Mama, ich fände es schön, wenn Mindla heute Abend mit mir und Laloshe zum Essen ginge«, sagt Eva ganz beiläufig, während Chana geschäftig in der Küche werkelt. »Sein Vater hat Geburtstag, der Rabbi kommt auch.«

»Es wäre doch gut, wenn sie mal ein bisschen mehr unter Erwachsene käme«, fügt Jadzia hinzu und deutet mit dem Kinn auf die schmutzigen kleinen Gesichter der drei Jüngsten, die am Tisch sitzen und auf ihren Haferbrei warten.

Mit undurchdringlichem Gesicht stellt Chana die Schalen auf den Tisch. Schließlich nickt sie. »Aber bringt sie nicht zu spät nach Hause«, warnt sie.

Als das letzte Licht an diesen Samstagabend vergeht, versammelt sich die Familie wieder am Tisch, und Shmuel spricht das Hawdala-Gebet zum Ende des Sabbats. Er erhebt den Weinbecher und spricht den Segen. Dann führt er seine Finger an die Kerzenflamme, sodass das Licht seine Haut beleuchtet. Er fordert alle anderen auf, es ihm gleichzutun. Als Kind hat Mindla diese Zeremonie besonders geliebt, doch wenn sie jetzt ihre Hände an die Kerzenflamme führt, leuchten sie orange auf, und das ist ihr peinlich.

Mindla blickt zwischen der Uhr und ihrem Papa hin und her. Sie will so schnell wie möglich los und macht sich Sorgen, dass Kubush nicht wartet, wenn sie bei seiner Ankunft nicht da ist.

Eva und Jadzia sind genauso aufgeregt wie Mindla. Eva hat darauf bestanden, dass Mindla das hübsche dunkelblaue Seidenkleid anzieht, dass Chana ihr zur Verlobung genäht hat. Und Jadzia hat geholfen, das Haar aus dem Gesicht zu nehmen und die langen kastanienbraunen Locken sorgfältig zurückzustecken, sodass sie sanft auf den Schultern ruhen. Mindla hat etwas Lippenstift aufgelegt, ein wunderbares Karminrot in einem perfekten Bogen.

Jetzt zittert sie förmlich vor Aufregung, jede Minute dehnt sich zu einer Ewigkeit.

Shmuel trinkt noch einen kleinen Schluck von dem gesegneten Wein und erklärt den Sabbat für beendet. Die Mädchen dürfen gehen. Sie achten sehr darauf, keinen Verdacht zu erregen, sagen ganz ruhig Gute Nacht und flitzen dann zur Tür hinaus.

Eva hakt sich bei Mindla unter, als die beiden die Straße hinunterspazieren, vorbei am Haus und den neugierigen Blicken, um Kubush zu treffen, der genau in diesem Moment um die Ecke kommt.

Kubush Horowitz sieht noch besser aus, als Mindla ihn in Erinnerung hatte. Das azurblau gepunktete Tüchlein, das aus seiner Anzugtasche ragt, bringt das Blau seiner Augen besonders gut zur Geltung. Er trägt den Wollschal um den Hals, den er ihr bei ihrer ersten Begegnung geliehen hat.

»Eva, darf ich dir Kubush vorstellen«, sagt Mindla.

Lächelnd schüttelt Eva Kubush die Hand. Er lüpft seinen Hut.

»Um zehn Uhr vor dem Café«, befiehlt Eva ihrer kleinen Schwester. »Keine Minute später, Mindla, sonst musst du selbst sehen, wie du zurechtkommst.«

Kapitel 3

Es ist kalt geworden, Mindlas Absätze versinken im Schnee, als sie durch die Gassen der Stadt zum Zirkus eilen. Der Winter macht jetzt Ernst; noch ein paar Tage, dann wird die Stadt unter einer weißen Decke liegen.

Bis zur Ecke Ulica Ordynacka und Okolnik müssen sie zwanzig Minuten zu Fuß gehen. Dort erstreckt sich das goldverzierte Gebäude des Cyrk Staniewski, das viele Jahre ungenutzt dalag, bis die Staniewski-Brüder es 1929 gekauft haben. Bronislaw und Mieczyslaw Staniewski haben viel Herzblut und eine Menge Geld in das Unternehmen gesteckt, um das Haus zu seiner alten Schönheit zu erwecken. Und sie haben sich mit ihren ausgefeilten, oft avantgardistischen Vorführungen schnell einen guten Ruf erworben. In jeder Saison bringen die Brüder ein ehrgeiziges neues Programm heraus, zu dem auch Gastkünstler aus Übersee eingeladen werden. Und jedes Mal wird es noch größer und strahlender.

»Es ist nicht einfach, das anspruchsvolle Warschauer Publikum zufriedenzustellen«, hat Bronislaw vor Journalisten zur Eröffnung der Saison 1936 gesagt. »Aber dieses Mal kann ich sagen, dass ich ruhig schlafen werde. Dieses Programm hat seinesgleichen in der Geschichte unseres Hauses noch nicht gesehen.«

Als Kubush mit Mindla um die letzte Straßenecke kommt, müssen sie ein paar Pferdewagen umrunden. Dann sehen sie das großartige Kuppeldach. Von Nahem ist es noch atemberaubender, als Mindla es sich vorgestellt hat. Abgesehen von einigen besonderen Kirchen und der großen Synagoge hat sie noch nie eine derartige Zurschaustellung von Reichtum gesehen.

Beim Eingang gibt es ein ziemliches Gedränge. Viele Menschen stehen am Kassenhäuschen an. Doch Kubush stellt sich nicht in die Schlange, sondern legt eine Hand an Mindlas Ellbogen und führt sie sanft durch die Menge direkt ins Foyer. »Witaj, Kubush« – Guten Abend, Kubush, begrüßt sie der Türsteher freundschaftlich. Dann kommt auch schon die Platzanweiserin und bringt sie zu ihren Plätzen. Mindla fragt sich, wie es sein kann, dass man Kubush hier so gut kennt. In ihrem Kopf wirbeln die Möglichkeiten durcheinander, aber sie wagt nicht, ihn zu fragen.

Die erste Reihe um die Manege ist bereits besetzt. Frauen in schönen Pelzen und Männer mit schicken Filzhüten sitzen in den mit Samt ausgekleideten Logen für besondere Gäste. Mindla und Kubush sitzen nur wenige Reihen dahinter.

Nachdem Mindla auf dem weichen Leder Platz genommen hat, finden ihre Sinne Zeit, ihre Umgebung wahrzunehmen. Sie war noch nie im Theater, geschweige denn im Zirkus. Frauen in Seidenkleidern und mit Hüten aus Silberfuchspelz sitzen im ersten Rang über ihnen. Von dem großartigen Kuppeldach hängen riesige Kristalllüster. Sie zählt acht, bevor sie das dünne Drahtseil zwischen den Lüstern sieht, das, wie sie annimmt, für die Artisten gespannt wurde.

Ein Tusch des Orchesters, das jetzt die Instrumente aufwärmt, holt Mindla in die Wirklichkeit zurück. Plötzlich nimmt sie auch den süßen Duft des Sägemehls wahr, der aus der Manege aufsteigt. »Danke, Kubush«, flüstert sie.

»Die Vorstellung hat doch noch gar nicht begonnen!«, erwidert er lächelnd.

Minuten später werden die Lichter gedimmt und ein Scheinwerfer von irgendwo hoch oben leuchtet in die Manege. Ein Trommelwirbel ertönt, steigert sich in einem donnernden Crescendo, als ein weißes Pferd ohne Reiter durch den Samtvorhang stürmt, in der Mitte der Manege stehen bleibt und sich verbeugt.

Der elegante Hengst galoppiert stolz eine Runde um die Manege, greift das wechselnde Tempo auf und tanzt zum Rhythmus der Musik.

Eine hübsche Frau in einem fließenden weißen Gewand tritt in den Lichtkegel und führt das Pferd mit einer langen Peitsche. Nach der letzten Runde bleibt der Hengst bei ihr stehen und verbeugt sich mit ihr gemeinsam vor dem Publikum. Bravorufe werden laut, als das stolze Tier ein Bein nach vorn stellt und den Kopf neigt.

»Was für ein kluges Tier!«, sagt Mindla und schüttelt ungläubig den Kopf, während der Applaus wieder aufbrandet. Das Pferd galoppiert hinaus.

Als sie gerade denkt, die Nummer wäre zu Ende, kommt das Pferd wieder herein, jetzt mit einem lustigen kleinen Schimpansen auf dem Rücken. Der Affe trägt einen Anzug, eine karierte Weste und eine passende Fliege, und er grinst von einem Ohr zum anderen. Als die beiden an der schönen Dompteuse vorbeikommen, springt der Schimpanse vom Pferderücken direkt in die Arme der

Frau, während das Pferd im Galopp die Manege verlässt. Perfekt!

Mindlas Hände tun schon weh vom Klatschen, dabei geht es doch gerade erst los! Denn die Menschen sind gekommen, um die »Prinzessin Koringa von Abessinien« zu sehen, und jetzt geht ein begeistertes Raunen durchs Rund, als sie sich verführerisch ins Rampenlicht bewegt.

Die schöne Schlangenfrau verbeugt sich, dann beginnt sie langsam, ihre Glieder in alle möglichen schmerzhaft aussehenden Positionen zu verrenken. Sie beugt sich so weit zurück, dass ihr Körper praktisch halbiert aussieht, dann steckt sie den Kopf zwischen den Beinen hindurch und winkt. Zu einem langsamen Trommelwirbel wird ein Sarg in die Manege getragen. Die Schlangenfrau löst ihre Verrenkung auf und gleitet in den Sarg, der vor den weit aufgerissenen Augen des Publikums verschlossen und versiegelt wird.

Ein Aufkeuchen geht durch das Rund, als der Sarg in ein flach ausgehobenes Grab in der Manege gesenkt wird. Clowns schaufeln Sand darüber, und die Zeit scheint sich endlos zu dehnen, während die Frau dort lebendig begraben liegt, ohne Luft zum Atmen. Die Spannung steigt ins Unermessliche, untermalt von leisem Trommelwirbel.

Nach einer gefühlten Ewigkeit erscheint endlich eine zarte Hand aus dem Sand. Die Menge stöhnt begeistert auf, während die Clowns herbeieilen, um die Frau aus dem »Grab« zu befreien. Nachdem sie sich triumphierend verbeugt hat, wird der Sarg aus dem Grab geholt, um zu zeigen, dass die Schlösser noch da sind. Der Sarg ist nach wie vor verschlossen.

Wie konnte die Frau sich daraus befreien? Mindla begreift es nicht. Oh, was für wunderbare Geheimnisse dieser großartige Zirkus birgt!

Jongleure und Clowns laufen durch die Manege und unterhalten das Publikum zwischen den Auftritten der Stars. Lachen brandet auf, als einer von ihnen einem reichen, ahnungslosen Zuschauer in der ersten Reihe die teure Uhr vom Handgelenk stiehlt.

»Was für ein Trick!«, begeistert sich Mindla.

Die nächste Nummer ist ein sehr großer Mann, begleitet von einem Kind. Die beiden werden als »Beetz und Sohn« vorgestellt. Beetz hat einen etwa sechs Meter langen Bambusstab bei sich. Er begibt sich in die Mitte des Lichtkegels und kniet sich hin, den Bambusstab neben sich. Der Junge, der vielleicht zehn oder elf Jahre alt ist, steigt auf das Knie seines Vaters und klettert dann auf seine Schultern, wobei er sich an dem Bambusstab festhält. Sobald er sicher steht, erhebt sich Beetz vorsichtig und schiebt den Bambusstab höher, sodass er ihn auf dem Oberschenkel abstützen kann. Der Junge klettert bis ganz nach oben, während Beetz jeden Muskel in seinem sehnigen Körper anspannt. Er hält den Stab fest, und der Junge verschränkt die Beine, sodass er im Schneidersitz auf der Spitze des Bambusstabes sitzt. Eine falsche Bewegung von Beetz, dann stürzt das Kind ab.

Die Zuschauer applaudieren wie wild. »Großartig! Fantastisch!«, jubeln sie.

In den nächsten Minuten vollführt der Junge einen Handstand auf der Spitze des Stabes, und als wäre das noch nicht genug, streckt er einen Arm aus und balanciert auf der anderen Hand.

»Einarmig! Unglaublich!«, ruft eine Frau hinter Mindla. »Ich kann gar nicht hinsehen!« Mindla denkt dasselbe.

Der Junge löst den Handstand auf, schwingt die Beine zurück und schlingt sie um den Stab, um hinunterzurutschen. Absolut perfekt! Das Publikum, das bei der Vorführung den Atem angehalten hat, seufzt erleichtert auf.

Und so geht es noch zwei Stunden lang weiter. Mindlas Herz schlägt bei jeder Nummer wie verrückt. Trapezartisten fliegen durch die Luft, Trampolinspringer lassen sich vom höchsten Punkt der Kuppel in kleine Netze fallen, allerlei Tiernummern – Löwen und Tiger, tanzende Hunde und ein launisches Schwein – rauben Mindla den Atem. Und als sie denkt, jetzt sei die Vorstellung zu Ende, kommt der kleine Affe noch einmal durch den Vorhang, diesmal auf einem Fahrrad. Ein ungeschickter Clown jagt hinter ihm her.

Sie klatscht, bis ihr die Finger wehtun. »Bravo!«, jubeln die Zuschauer um sie herum. »Zugabe!«

Während das Publikum allmählich das Rund verlässt, nimmt Kubush Mindlas Arm. »Wir gehen in diese Richtung«, sagt er und führt sie dem Strom entgegen. »Ich möchte dir ein paar Freunde vorstellen.«

Sie folgt ihm, neugierig, was an diesem abenteuerlichen Abend noch passieren wird. Sie gehen durch die Reihen von leeren Sitzen bis zur Manege. Dort angekommen, zieht Kubush den schweren roten Samtvorhang auf und lässt Mindla hindurchgehen. Hinter dem Vorhang herrscht reges Treiben, sie kann gar nicht alles aufnehmen. Pferde werden gefüttert, Akrobaten dehnen ihre müden Muskeln, die Clowns versammeln sich vor kleinen Spiegeln und schminken sich ab.

Was für ein zauberhaftes Chaos aus Tieren und Menschen!

Kubush schüttelt Hände, während er sie durch die provisorische Garderobe führt. »Guten Abend, Pawel«, sagt er zu dem Mann, der die tanzenden Hunde vorgeführt hat. »Tolle Vorführung!«

Sie folgt ihm durch einen Gang mit Ständern voller glitzernder Kostüme, vorbei an einer Tür, an der unter einem großen goldenen Stern »Prinzessin Koringa von Abessinien« geschrieben steht, und weiter bis zu einer anderen Garderobentür. Nachdem Kubush höflich angeklopft hat, bittet eine Frauenstimme sie herein.

»Kubush!«, ruft sie erfreut aus, als sie eintreten, und küsst ihn auf beide Wangen. »Wie schön, dich zu sehen!«

Mindla erkennt sie sofort, es ist die Dompteuse, deren wunderschönes weißes Pferd zu Beginn der Vorstellung so präzise getanzt hat. Von Nahem gesehen ist sie älter, als Mindla gedacht hat, aber auch noch viel schöner. Kurze dunkle Haare sind unter ihrem kleinen Hut aus schwarzem Samt zu sehen, ihre sahneweiße Haut strahlt ohne die schwere Bühnenschminke. »Hat dir die Vorstellung gefallen?«, fragt sie Kubush.

»Oh, und wie!«, versichert er ihr, bevor er mit einem Zwinkern hinzufügt: »Aber die Clowns waren wie immer der Höhepunkt.« Dann wendet er sich an Mindla. »Mindla, ich möchte dir Frau Lala Staniewska vorstellen. Lalas Ehemann Bronislaw ist der Zirkusdirektor, aber jeder weiß, wer hier die wahre Chefin ist«, sagt er mit einem hintersinnigen Lächeln.

Lala erwidert das Lächeln nachsichtig. »Stell dir vor«, sagt er zu ihr, »Mindla war zum ersten Mal im Zirkus.«

»Wie wunderbar, Mindla! Wie fanden Sie es?«, fragt Lala.

»Es war das Zauberhafteste, was ich je gesehen habe«, sprudelt Mindla hervor. »Meine Hände tun mir immer noch weh vom vielen Klatschen.«

»Oh, danke schön, das hören wir gern. Und ich hoffe, wir sehen dich nächste Woche?«, fragt Lala Kubush.

»Montag pünktlich um sechs Uhr abends.«

»Großartig. Ich muss jetzt los zu meinem Mann, er gibt ein paar Interviews. Bis Montag dann, Kubush. Es hat mich sehr gefreut, Mindla.«

Auf dem Weg zurück, während sie durch die Gassen eilen, um pünktlich am Treffpunkt mit Eva zu sein, enthüllt Kubush Horowitz ihr, dass er auch als Kubush der Clown bekannt ist. Tatsächlich gehört er zur Truppe des Zirkus Staniewski, die mit dem großen Zelt durch ganz Polen tourt. Im Winter machen sie Pause, aber nächste Woche beginnen die Proben und Vorbereitungen der neuen Vorführungen, sodass sie im Frühling wieder mit ihren Vorstellungen beginnen können.

Mindla kann sich gar nicht vorstellen, dass dieser distinguierte Mann im makellosen Anzug und mit schickem Hut sich bunte Fetzen anzieht und allerlei Dummheiten in der Manege vollführt. Sie würde gern mehr über ihn erfahren und ist ganz enttäuscht, als sie schneller als gedacht vor dem Café ankommen.

Eva wartet schon auf sie, wie versprochen.

»Danke, Kubush, ich werde diesen Abend nie vergessen«, sagt sie. Der Abschied fällt ihr schwer.

»Vielleicht können wir demnächst einmal zusammen spazieren gehen?«, schlägt er vor.

»O ja, das würde mir sehr gefallen.«

»Und?«, flüstert Eva und greift nach der Hand ihrer Schwester, als sie Kubush nachsehen. »Erzähl schon!«

Wo soll Mindla beginnen? Die Pferde, die Tiger, die Trapezkünstler, der Affe, die Prinzessin, all die Farben und die Aufregung! Auf dem kurzen Weg bis zum Haus redet sie ohne Punkt und Komma. Sie weiß, dass das alles vollkommen wirr klingt, aber als sie vor dem Haus Nummer 17 angekommen sind, bleibt sie kurz stehen und drückt die Hand ihrer Schwester.

»Eva, das war der schönste Abend meines Lebens!«

Eva schmunzelt. »Meine Lippen sind versiegelt.«

Kapitel 4

Kubush Horowitz steht zu seinem Wort. Ein paar Tage später liegt wieder ein Brief bei Herrn Landau. Mindla erkennt den schönen cremefarbenen Umschlag sofort und öffnet ihn mit fliegenden Fingern. Wie versprochen, findet sich darin eine Einladung zu einem Spaziergang am kommenden Wochenende.

Auf dem Weg nach oben fühlt sie sich, als würde sie schweben. Diese verbotene Romanze ist aber auch zu aufregend! Was würde ihr Vater sagen, wenn er davon erführe? In ihrem Magen bildet sich ein Knoten bei diesem Gedanken, doch sie versucht, ihn zu ignorieren. Darüber will sie im Moment nicht nachdenken.

Jadzia und Eva helfen ihr ein zweites Mal. Gemeinsam gehen sie zum Treffen mit Kubush am Ende der Ulica Muranowska. Dann verschwinden Mindla und er im Gewimmel der Ulica Nowolipki und Leszno. Eva und Jadzia gehen diskret vor ihnen her und achten auf mögliche Bekannte. Hier und da bleiben sie stehen, bewundern die schicken Waren bei Herrn Puterman im Schaufenster oder die köstlichen geräucherten Sprotten, die Herr Hen in Holzkisten vor dem Laden ausstellt. So bekommt das junge Paar ein paar kostbare Momente, um miteinander zu reden. Zuerst drehen sich die Gespräche um Mindla und ihre Familie, aber Kubush erzählt auch etwas mehr über sich. Dass er aus Lwow (Lemberg) südöstlich von Warschau kommt, nahe der russischen Grenze. Dass seine Familie sehr arm war und dass seine Mutter Golda fast ihr ganzes Leben ständig schwanger war. »Sie ist gestorben, als ich vierzehn war«, sagt er zu Mindla und wendet sich ab, damit sie sein Gesicht nicht sehen kann. »Mein Vater hat kurz darauf wieder geheiratet, weil er eine Frau brauchte, die ihm half, seine acht Kinder großzuziehen.«

Mindla ist klug genug, nicht weiterzufragen, sie weiß, er wird mehr erzählen, wenn er dazu bereit ist.

In den nächsten Wochen genießen Mindla und Kubush immer wieder ein paar kostbare Momente zusammen, auch auf die Gefahr hin, dass Shmuel davon erfährt und Mindla ein für alle Mal verbietet, Kubush zu treffen.

Sie finden immer wieder einen Weg. Manchmal gehen sie heimlich Kaffee trinken, manchmal sehen sie sich nur kurz in der Synagoge. Doch Mindla denkt Tag und Nacht nur an Kubush. Die Zeit steht still, wenn sie bei ihm ist, und schon der Gedanke an ein Treffen mit ihm, so kurz es auch sein mag, macht die langen, harten Arbeitstage in der Gerberei erträglich.

Eines Tages, als sie zusammen sind, geht ein Soldat an ihnen vorbei. »Ich wäre auch beinahe in die Armee eingetreten«, erzählt Kubush. »Mit meiner Stiefmutter kam ich nicht gut zurecht, und als ich fünfzehn wurde, war ich fast schon entschlossen, mich gemeinsam mit meinen Brüdern Albert und Jakub freiwillig zu melden. Doch dann kam der Zirkus in unsere Stadt.«

Und dann erzählt er, wie der Cyrk Staniewski im Sommer 1925 mit klingendem Spiel nach Lwow kam. Damals steckte der Zirkus noch in den Kinderschuhen, aber das große Zelt hatte auf dem Land schon einen guten Ruf. Der Zirkus war an der östlichen Landesgrenze entlanggereist, von Białystok nach Lublin, Chelm und Lwow (Lemberg), und würde weiter nach Westen fahren, um das große Zelt in Krosno und Krakau aufzustellen und am Ende wieder in Warschau zu landen, wo sie die Winterpause verbringen würden.

Als sich herumsprach, dass die bemalten Holzwagen am Horizont zu sehen waren, lief Kubush mit seinen Brüdern zum Stadtrand, um zuzusehen. Von einem hohen Kastanienbaum aus beobachteten sie, wie das Zelt Gestalt annahm und die Dompteure die Tiere aus den Käfigen ließen, damit sie ein bisschen Bewegung bekamen.

»Sitzt da nicht rum!«, hörten sie eine Stimme rufen. »Kommt runter und macht euch nützlich!«

Das ließen sich die Horowitz-Brüder nicht zweimal sagen; sie rutschten von ihrem Ast und machten sich an die Arbeit. Der Vorarbeiter gab den drei kräftigen jungen Männern den Auftrag, ein dickes Führungsseil zu halten, mit dem ein riesiger Holzmast in die Höhe gezogen werden sollte, der das Zelt hielt.

Es war eine harte Arbeit, und das grobe Seil verbrannte ihnen die Handflächen, weil es immer wieder abrutschte. Doch alles war besser als Pflügen und Rüben ziehen. Als der Mast endlich stand, bekamen sie Hämmer und schlugen abwechseln lange Stahlanker in den Boden, an dem die Führungsseile befestigt wurden. Als der erste Mast gesichert war, ging es mit dem zweiten weiter, dann mit dem dritten und vierten, sodass das große Zelt aus schwarzer Leinwand sicheren Halt bekam. Als alle Masten standen und der schimmernde Stoff sich von der Erde erhob und zu einem Zelt wurde, bekamen die Horowitz-Jungs die Aufgabe zugewiesen, Sand in die Mitte des Zeltes zu schaufeln, um die Hauptmanege vorzubereiten.

Sobald der Sand an Ort und Stelle war, musste er mit einer eisernen Rolle festgedrückt werden, dann kam das Sägemehl darüber. »Ihr habt heute gut gearbeitet«, lobte der Vorarbeiter sie und gab jedem von ihnen eine Freikarte. Um vier Uhr am nächsten Nachmittag zogen sie sich ihre besten abgetragenen Hosen an und borgten sich weiße Hemden vom Vater und einem Nachbarn. Und so gingen Kubush, Albert und Jakub Horowitz in den Zirkus.

Was für ein Spektakel! Es kam ihnen so vor, als würde sich ganz Lwow (Lemberg) unter dem großen Zeltdach drängen.

Die teuersten Plätze unmittelbar an der Manege waren ausverkauft. Sie kosteten sieben Zloty, was mehr war, als ein durchschnittlicher Landarbeiter in der Woche verdiente. Die Brüder quetschten sich zwischen die anderen Zuschauer auf die Holzbänke weiter hinten.

In den nächsten zwei Stunden kamen sie kaum zum Atmen. Sie sogen alles auf, was der Cyrk Staniewski ihnen zu bieten hatte. Sie klatschten, jubelten und pfiffen auf den Fingern, als der chinesische Jongleur Chin-Chan-Cho einen Ball, dann zwei, drei, vier, fünf, sechs und schließlich sieben Bälle in die Luft war und sie blitzschnell fing und wieder hochwarf. Sie lachten, bis ihnen die Bäuche wehtaten, als ein kleiner Affe in einem Anzug durch die Manege rannte und einem bekannten Politiker, der in der ersten Reihe saß, auf den Schoß kletterte. Dort machte er es sich gemütlich, zündete sich eine Zigarre an und rauchte sie. Die Leute lachten so sehr, dass das Zelt fast abhob. Aber der große Star, auf den sie alle warteten, war der starke Zygmunt Breitbart, der dicke Stahlketten mit seinen Zähnen auseinanderziehen konnte. Viele glaubten, es müsse ein Trick dabei sein, deshalb lud der Zirkusdirektor die Zweifler ein, eigene Ketten mitzubringen, um den starken Mann zu testen. Seine übermenschlichen Kräfte ließen viele Herausforderer erröten.

Einen sorglosen Abend lang vergaßen die Bewohner von Lwow, Arm und Reich gleichermaßen, ihre Sorgen und tauchten in die Magie des Zirkus ein. Die verrückten Clowns, wagemutigen Artisten und exotischen Frauen mit Paillettenkleidern und Federboas waren ein Fest für die Augen.

In der folgenden Nacht tat Kubush fast kein Auge zu. Am nächsten Morgen rannte er zurück zum Zirkus, um zu fragen, ob man dort seine Hilfe gebrauchen könnte. Er war zu jeder Arbeit bereit, wenn er dafür nur noch eine weitere Freikarte bekäme.

Wie es das Glück wollte, brauchte Bronislaw Staniewski jemanden, der die Tiere fütterte und die Ställe ausmistete. Der Arbeiter, der das normalerweise übernahm, hatte sich mit Typhus angesteckt und musste in Quarantäne. Er würde so bald nicht wieder arbeiten können. Die nächsten zwei Wochen, solange der Zirkus in Lwow blieb, kam Kubush jeden Morgen, fütterte die Tiere und schaufelte den Mist weg. Es waren viele Ställe, und die Arbeit war hart, aber er liebte es. Vor allem genoss er immer die Minuten in der Nähe der Tiger. Es war eine heikle Sache, ihren

Wagen zu säubern. Wenn der Dompteur so weit war, legte er die fünf großen Katzen an die Kette und öffnete den Riegel des Käfigs. Dann liefen die Tiger hintereinander aus dem Käfig, der Dompteur hinter ihnen, und Kubush hatte ein paar Minuten Zeit, den hölzernen Käfig von altem Stroh und Dung zu reinigen und frisches Stroh einzustreuen. Wenn sie zurückkamen, musste er draußen sein.

Am letzten Tag bekam Kubush eine Freikarte für die Schlussvorstellung, aber inzwischen hatte er sich einen neuen Plan zurechtgelegt. Nach der Arbeit klopfte er höflich an die Tür des Wohnwagens von Bronislaw Staniewski.

»Guten Morgen, Herr Staniewski«, sagte er und lüpfte verlegen den Hut vor dem groß gewachsenen Mann mit dem Zylinder und dem strahlenden, rot-goldenen Kostüm des Zirkusdirektors.

»Ah, Kubush, mein Junge. Ich hole dir gleich deine Karte, vielen Dank für deine Hilfe.«

»Es war mir ein Vergnügen, Herr Staniewski. Und ich wollte fragen, ob ich nicht vielleicht mitreisen könnte in die nächste Stadt.«

Kubushs Fähigkeit, unauffällig zu arbeiten und niemandem zur Last zu fallen, muss Bronislaw Staniewski beeindruckt haben. Nachdem der Arbeiter, der sich normalerweise um die Ställe kümmerte, immer noch ausfiel und vielleicht gar nicht wiederkommen würde, zögerte er keinen Augenblick.

»Wir bauen heute Abend sofort nach der Vorstellung ab. Halt dich bereit, dann kannst du mitkommen.«

Und so rannte der junge Heißsporn nach Hause, schlängelte sich an Straßenbahnen und Pferden vorbei durch die

Ulica Sloneczna und grinste dabei so breit wie der Eingang zu Gimpels jiddischem Theater. Als er am Alten Markt ankam, tanzte er fast übers Straßenpflaster. Vor lauter Übermut ließ er sich dazu hinreißen, an einem Marktstand einen Apfel zu klauen.

»Die Fliegen sollen dich stechen!«, rief der Verkäufer, aber Kubush grinste nur frech und rannte weiter.

Als er zu Hause ankam, war er komplett außer Atem. »Papa!«, brüllte er. »Ich habe eine Stelle beim Zirkus bekommen, ich fahre heute Abend ab.«

Mendel Horowitz beobachtete seinen Sohn verwirrt und verblüfft, während dieser seine wenigen Habseligkeiten in einen alten Kartoffelsack stopfte. Sobald die provisorische Reisetasche voll war, band er den Sack zu und atmete tief durch.

»Opshtel, opshtel!« – Halt, halt! – rief Mendel und befahl ihm, sich ein paar Minuten zu einer Tasse Tee hinzusetzen und den verrückten Plan zu erklären. »Was ist denn jetzt mit der Armee?«, fragte er den aufgeregten jungen Mann.

»Ich komme ja wieder, Papa, das verspreche ich dir«, sagte Kubush zwischen zwei Mundvoll hartgekochtem Ei, das sein Vater ihm über den Küchentisch zugeschoben hatte. »Ich verspreche dir, nach der nächsten Stadt komme ich zurück.«

Dann küsste er den alten Mann auf die Glatze, nahm seinen Reisesack und ging zur Tür hinaus. »Leb wohl, Papa!«, rief er.

*

Eines Nachmittags lädt Kubush Jadzia und Mindla ein, die Ställe auf der Rückseite der Ulica Ordynacka zu besuchen, wo die Staniewskis ihre Pferde untergebracht haben. Mindla entdeckt, dass der weiße Hengst, der während der Zirkusvorstellung ihr Herz erobert hat, sich gern unter dem Kinn kraulen lässt und Leckereien liebt. Nachdem Jadzia ihm eine Handvoll Heu hingehalten hat, knufft er sie frech, damit sie ihm mehr gibt.

»Du gieriger Kerl!«, kichert sie und streichelt ihm über die lange weiße Mähne. Er drückt sich liebevoll an sie.

An der Seite des gepflasterten Wegs gibt es auch noch kleinere Ställe, in denen eine ganze Menagerie lebt: kleine Ponys, schöne Hengste und ein Schwein. Mindla streckt die Hand durch den hölzernen Zaun, um dem Schwein eine alte Kartoffel aus dem Eimer am Tor anzubieten, und das Tier schnappt sich den Leckerbissen und verschluckt ihn blitzschnell.

Das Schwein scheint sehr zufrieden mit sich zu sein und macht Männchen, in der Hoffnung, es gäbe noch mehr. Mindla muss lachen. Als sie Kubushs Blick spürt, wird sie rot.

»Du bist wirklich das schönste Mädchen, das ich je gesehen habe, Mindla Levin«, sagt er.

Ihr Herz tut einen Sprung und auf dem Weg nach Hause hüpft sie die ganze Zeit. Jadzia fleht sie an: »Mindla, du *musst* mit Mama und Papa reden. Wir können nicht mehr lange so weitermachen. Wenn Papa die Wahrheit erfährt, darfst du Kubush nie wiedersehen, und Eva und mir wird er nie verzeihen, dass wir mitgemacht haben.«

Da hat sie natürlich recht, aber Mindla muss versuchen, den richtigen Moment abzupassen.

*

Der Schnee, den Warschau den größten Teil des Februars aushalten musste, fängt langsam an zu tauen, und die schwächlichen Sonnenstrahlen werden jeden Tag ein bisschen stärker. Die Kirschbäume zeigen erste Knospen und auch die Krokusse schieben ihre Spitzen aus dem kalten Erdboden. Bald werden die ersten lilafarbenen Blüten in den Gärten der Stadt zu sehen sein. Mindla denkt mit gemischten Gefühlen an den nahenden Frühling. Sie freut sich auf Jadzias bevorstehende Hochzeit, aber sie weiß eben auch, dass Kubush sich bald auf die Reise machen wird. Der Wanderzirkus der Staniewskis ist fast bereit für die Sommersaison, die Proben sind weit fortgeschritten, es gibt neue Nummern, das Programm ist fast fertig. Im April geht es los.

Jadzia sitzt mit Chana in der Küche und näht, als Mindla endlich all ihren Mut zusammennimmt. »Mama«, platzt sie heraus, »ich habe einen sehr netten Mann kennengelernt, den ich dir und Papa gern vorstellen würde.«

»Einen Mann?«, fragt Chana und hält mitten im Stich inne, um aufzublicken. »Wer ist denn dieser *Mann*, und wo hast du ihn kennengelernt? In der Fabrik?«

»Nein«, erwidert Mindla und erzählt, wie Kubush ihr nach ihrem Sturz geholfen hat. Dann berichtet sie auch, dass Kubush als Clown in einem wunderbaren Zirkus arbeitet und dass er sie zu einer Vorstellung eingeladen hat. Sie schönt die Geschichte ein wenig, aber die Grundzüge stimmen.

»Klingt so, als wäre er ein echter Herr«, wirft Jadzia vorsichtig ein. Über ihre eigene Rolle in dieser Angelegenheit schweigt sie sich freilich aus.

»Ein Clown ist doch kein Ehemann, Mindla«, sagt Chana. »Was soll das denn für ein Leben sein, willst du im Zelt schlafen? Dein Vater wird einen Mann für dich aussuchen, der zu uns passt.«

Mindla erklärt, das Kubush sehr wohl »zu uns passt«. Er sei ein hart arbeitender Jude aus einer armen Familie, aber eben auch ein Mann, der so lustig und klug ist, dass er jeden zum Lachen bringe, hoffentlich auch Papa.

»Bitte, Mama, redest du mit Papa?«

»Ich finde, das klingt nett«, fügt Jadzia hinzu. »Es schadet doch nicht, wenn Papa ihn mal kennenlernt.«

Chana hält den Blick auf ihre Näharbeit gesenkt, doch irgendwann nickt sie zögernd.

Zehn Tage später, nach einiger Überzeugungsarbeit, sitzt eine Person mehr am Sabbattisch.

Chana Levin ist entzückt über die Tüte mit leuchtend roten Äpfeln, die Kubush ihr mitgebracht hat. Er weiß offenbar, wie man Herzen gewinnt.

Shmuel Levin jedoch lässt sich nicht so leicht beeindrucken, vor allem als Kubush über das Leben im Zirkus spricht. »Von Stadt zu Stadt, nie im selben Bett«, sagt er und zieht eine Grimasse. Er sagt nicht laut, dass er die Zirkusleute nur für bessere Zigeuner hält.

»Vielleicht kommen Sie ja mal zu einer Vorstellung, Herr Levin«, schlägt Kubush vor.

»Was soll ein Mann denn im Zirkus«, brummt Shmuel. Nach dem Essen fragt Menachem Kubush, ob er ihm zeigt, wie man jongliert. Kubush willigt ein und zeigt dem Neunjährigen mit großer Geduld immer wieder, wie man damit anfängt. »Jetzt wirfst du den Ball in die Luft«, sagt er. »Und jetzt noch einen.« Der Junge lässt beide Bälle fallen. »Und wieder von vorn«, sagt Kubush.

Nachdem Kubush sich verabschiedet hat, wiederholt Shmuel die ursprünglichen Bedenken seiner Frau. »Was will den so ein Mann mit einem armen jüdischen Mädchen?«, fragt er skeptisch. Jadzia und Eva geben sich alle Mühe, Papa zu überzeugen, dass es nur sehr wenige passende junge Männer gibt, die Mindla heiraten könnte, und dass sie womöglich sitzen bleibe, wenn sie die Gelegenheit mit Kubush verpasse.

»Ich kann dir meinen Segen nicht geben, Mindla. So geht das nicht. Aber ich sehe das Lächeln in deinem Gesicht«, sagt Papa. Dann fügt er hinzu: »Ein Clown taugt nicht zum Ehemann, Mindla. Er wird dich vergessen, wenn er in die nächste Stadt fährt, und dann wird es dir leidtun, und womöglich findest du dann keinen Mann mehr. Was soll daraus noch werden?«

Doch er gibt ihr die Erlaubnis, Kubush zu treffen, und das tun die beiden, sooft es geht. An einem Sonntagnachmittag, während sie im Stall der Staniewskis die Pferde füttern, bittet Kubush Mindla, ihn zu heiraten. Ihr Vater gibt ihnen nach einigem Zögern seinen Segen, auch wenn er immer noch gelegentlich murmelt: »Ein Clown taugt doch nicht zum Ehemann.«

Am Vorabend von Kubushs Abreise heiraten die beiden unter einer cremefarbenen Chuppah im Haus von Chanas Cousin. Shmuel und Chana können sich so kurz nach

Jadzias Hochzeit keine weitere Feier leisten, aber die Verwandtschaft springt ein. Etwa dreißig Personen sind dabei, nur die engste Familie. Es ist eine schlichte Feier ohne die meisten schmückenden Zusätze, die man normalerweise bei einer jüdischen Hochzeit erwarten würde. Aber das ist den Brautleuten egal. Sie sind einfach nur glücklich.

Chanas Familie sorgt für das Essen und engagiert den Rabbi. Mindla strahlt in dem Kleid, das Jadzia ein paar Wochen zuvor schon bei ihrer Hochzeit getragen hat. Nachdem sie ihr Ehegelübde gesprochen haben, reicht Shmuel Kubush ein Glas, das in ein Stück Leinenstoff eingewickelt ist.

Kubush tritt auf das Glas und zerbricht es. Von diesem Augenblick an sind ihre Seelen vereint, um sich nie mehr zu trennen. »Mazel tov!«, jubeln alle.

Kapitel 5

Sommer 1936

Solange Kubush auf Tournee ist, macht es Sinn, dass Mindla in Warschau bleibt. Tagsüber arbeitet sie weiterhin in der Lederfabrik von Herrn Landau, abends hilft sie ihrer Mutter mit den jüngeren Kindern. Kubush schickt regelmäßig Geld und hilft der Familie damit sehr.

Eines Tages weckt Shmuel seine Tochter lange vor dem Morgengrauen. Er rüttelt sie sanft an der Schulter. »Mindla, Mama ist krank, ich brauche deine Hilfe beim Frühstückmachen.«

Mindla reibt sich den Schlaf aus den Augen und setzt den Haferbrei auf. Dann kocht sie Mama eine Tasse Tee. Anfänglich fragt sie sich, ob womöglich wieder ein Baby unterwegs ist – um Gottes willen! Doch ihre Mutter zittert so, dass sie die Tasse kaum zum Mund führen kann, und der Fieberschweiß, der ihr dünnes Nachthemd an den schlaffen Brüsten kleben lässt, deutet nicht auf eine Schwangerschaft hin.

Eva wird wach, legt sich zu Mama ins Bett und hält ihr kalte Umschläge an die Stirn. Mindla bittet Papa, den Arzt zu rufen, doch er will das nicht.

»Das wird schon wieder«, versichert er ihr. »Sie muss sich nur ein bisschen ausruhen.«

Später am Vormittag, als Menachem und Minya zur Schule gegangen sind, holt Shmuel die Nachbarin Frau

Feigelblum, die über ihnen wohnt. Er sagt, Frau Feigelblums selbst gemachte Einreibungen und Teemischungen seien besser als jede Medizin, die ein Arzt verschreiben kann. Mindla verzieht das Gesicht beim Gedanken an das übel schmeckende Gebräu, das sie bekommen, wenn sie krank sind. Sie ist sicher, dass man sich danach nur deshalb besser fühlt, weil der stinkende Sirup so widerlich schmeckt, dass man die eigentlichen Krankheitssymptome gar nicht mehr spürt.

Shmuel hilft Mama, sich in die Küche zu schleppen, wo sie am Herd sitzt, eingepackt in eine warme Decke, aber immer noch zitternd. Mindla beobachtet mit weit aufgerissenen Augen, wie Frau Feigelblum ihre Tasche auspackt und sich an die Arbeit macht. Sie taucht das Ende eines Wattestäbchens in ein Glas mit Alkohol und zündet das Stäbchen dann am Herdfeuer an.

Sobald die Spitze des Stäbchens brennt, hält sie es in ein Glas, bis der Rand richtig heiß ist, dann drückt sie das heiße Glas auf Mamas Rücken. Der Sog hält das Glas an Mamas durchscheinender Haut fest. Frau Feigelblum wiederholt den schmerzhaften Vorgang, bis Mamas Rücken mit roten Schwellungen bedeckt ist. Sie nennt das *banki* und erklärt, damit werde das schlechte Blut aus dem Körper gezogen.

Der letzte Schritt von Frau Feigelblums Behandlung ist ein ordentlicher Schluck aus einer braunen Flasche. Danach schlurft Mama zurück ins Bett und schläft zwei Tage lang.

Tatsächlich wirkt die Behandlung. Als Chana Levin erwacht, ist sie wieder ganz die Alte. Wie Frau Feigelblum versprochen hat, ist die Krankheit vergangen.

Mindla erinnert sich nicht an eine spezifische Gelegenheit, bei der ihr bewusst geworden wäre, dass sich die Stimmung den Juden gegenüber geändert hat. Es ist mehr so ein allmähliches Unbehagen, das sich ausbreitet.

Jeden Abend, während er die letzten Schuhe sorgfältig näht und poliert, hört Papa dem kleinen Detektorempfänger zu, den Laloshe ihm gebaut hat. Über das statische Rauschen und Knistern hinweg hören sie von den Problemen, die sich im westlichen Nachbarland Deutschland entwickeln. Von den Nürnberger Gesetzen, die bestimmen, dass nur noch Menschen mit rein deutschem Blut als Reichsbürger gelten sollen, und die Juden zu Bürgern zweiter Klasse machen. Von den Verbrennungen der Bücher jüdischer Autoren und der Zerstörung jüdischer Geschäfte.

Ungläubig schüttelt Papa den Kopf.

Manchmal bleibt er lange auf, wenn er mit seiner Arbeit fertig ist. Er kann nicht schlafen und muss immer wieder an die beunruhigenden Nachrichten aus dem Ausland denken. Beim Frühstück berichtet er dann von den Dingen, die er gehört hat. Und es sind keine guten Nachrichten. Da gibt es Geschichten von Juden, die willkürlich verhaftet oder aus ihren Häusern gezerrt wurden, von jüdischen Ärzten, die nicht mehr praktizieren dürfen, von jüdischen Lehrerinnen, die nicht mehr unterrichten dürfen, und sogar von jüdischen Organisten, die nicht mehr in der Kirche spielen dürfen. Von sinnlosem Hass.

In Berlin hat es Unruhen gegeben, die sich gegen Juden richteten. Deutsche Mädchen werden aufgefordert, sich von jüdischen Männern fernzuhalten – alles andere wäre eine Sünde gegen den Führer. Immer mehr Dörfer erklären sich als »judenrein«. Tausende Menschen fliehen ins sichere Ausland, einige in die USA, andere nach Frankreich oder Palästina. Und einige auch nach Polen. Diejenigen, die über die Grenze kommen, bringen Geschichten von Verfolgung mit – und eine düstere Angst in ihren Augen.

Bald kommen die schlimmen Nachrichten an Chanas Tisch nicht mehr aus dem Ausland, sondern aus Polen selbst. Die Saat des Hasses wurde in Deutschland gelegt, doch sie geht auch in Polen auf.

»Ich habe gehört, dass jüdische Studenten an der Universität angespuckt wurden«, berichtet Laloshe der Familie eines Abends beim Essen. Während die jüngeren Kinder weiter ihre Suppe schlürfen, weil sie nicht begreifen, was das heißt, reagieren die Erwachsenen mit erschrockenem Schweigen.

Shmuel schüttelt den Kopf in kaum unterdrückter Wut. Das Buttermesser fällt ihm aus der Hand. »Rassentrennung. Ausgrenzung ist das. Was soll nur aus uns werden?«, ruft er.

Dann kommt der Tod in das Dorf Przytyk vor den Toren der Stadt Radom. Drei Menschen werden ermordet, vierundzwanzig verletzt, als polnische Bauern die jüdischen Händler auf dem Markt angreifen. Bewaffnet mit Stöcken und Steinen dringen sie in jüdische Häuser ein, schlagen Fenster und Möbel kaputt. Ein jüdischer Schuhmacher und seine Frau werden zu Tode gefoltert. Ihre Kinder, die sich unter den Betten versteckt haben, werden grausam geschlagen.

Diese Nachricht raubt Mindla den Schlaf. Sie sorgt sich um Kubush, der in den Kleinstädten und Dörfern südlich von Warschau auftritt, nicht weit von dem Ort, wo die Angriffe stattgefunden haben. Dass er in seinen Briefen keine Angst verlauten lässt, tröstet sie ein wenig; er berichtet nur von ausverkauften Vorstellungen und dem Spaß, den das Wanderleben mit sich bringt. Doch sie zählt die Tage, bis sie ihn endlich wieder in die Arme schließen kann.

Am 1. August versammeln sich die Levins vor dem Radio, um die Übertragung der Eröffnungszeremonie der Olympischen Spiele in Berlin zu hören. Die Ankunft des Fackelträgers im Olympiastadion wird von Tausenden Deutschen mit stolzem »Sieg Heil! Sieg Heil!« begrüßt. Das Halleluja aus Händels *Messias* geht im Lärm unter.

Papa hört intensiv zu, kommentiert aber mit keinem Wort, als berichtet wird, wie die hunderttausend Menschen im Stadion den Arm zum Nazigruß recken, um Hitler zu ehren, der in seiner Privatloge sitzt.

Mindla wird ganz übel bei dem Gedanken. Sie geht ins Bett, als die Menge anfängt, »Heil Hitler!« zu skandieren.

Kurz nachdem sie am nächsten Morgen die Fabrik betreten hat, ruft Herr Landau alle Arbeiterinnen und Arbeiter zusammen. Die Maschinen laufen noch nicht, und es ist kalt in dem alten Betongebäude, sodass sie sich dicht zusammendrängen, um zu hören, was Herr Landau zu sagen hat. Ein Schauer läuft Mindla über den Rücken, als er erklärt, das polnische Handelsministerium habe alle Unternehmer aufgefordert, ihren Namen aufs Firmenschild zu schreiben.

Herr Landau geht nicht näher darauf ein, aber das ist auch nicht nötig. Alle wissen, was das zu bedeuten hat. Auf diese Weise sollen jüdische Unternehmen leichter erkennbar sein; es wird nicht lange dauern, bis sie zur Zielscheibe antisemitischer Angriffe werden. Herr Landau und seine Arbeiter sind in Gefahr.

Auf dem Weg vorbei an den Nähmaschinen zu ihrem Zuschneidetisch und während sie sich ihre Werkzeuge zurechtlegen, flüstert Mindla den Frauen um sie herum zu: »Wir müssen alle zusammen nach Hause gehen.« Die anderen nicken zustimmend. In solchen Zeiten ist man besser nicht allein unterwegs.

Trotz all der Sorgen geht das Leben irgendwie weiter. Chana ist immer noch nicht ganz gesund, sie muss oft im Bett liegen bleiben, doch am Abend vor Rosch Haschanah, dem jüdischen Neujahrsfest, verkünden Jadzia und Avraham, dass sie ein Kind erwarten. Die Nachricht, dass sie Großmutter wird, hebt Chanas Stimmung. Sie tanzt förmlich durch die Küche, als sie das Festessen vorbereitet. Mit dem Geld, das Mindla in der Lederfabrik verdient, und den kostbaren wöchentlichen Zuschüssen ihrer Schwiegersöhne plant sie ein großes Fest.

In allen Stockwerken des Hauses Nummer 17 werden die Backöfen vorgeheizt, um die Neujahrsfeierlichkeiten vorzubereiten. Der süße Duft von frisch gebackenem Challah weht durchs Haus und über den gepflasterten Platz.

An besonderen Tagen wie diesem vermisst Mindla ihren Kubush noch mehr als sonst. Sie erinnert sich, wie Sharas Augen leuchteten, als er eine Münze hinter ihrem Ohr hervorzauberte, und Menachems Gesicht, der rot anlief, weil er beim Jonglieren so lange die Luft anhielt, wenn Kubush mal wieder ein paar Leckereien mitgebracht hatte, ein paar Äpfel oder Birnen zum Beispiel

»Mach mir bloß keine Dellen an die Äpfel«, schrie Chana.

Doch allmählich geht der Herbst zu Ende, und Mindla zählt die Tage, bis die Zirkustournee ebenfalls endet. Am zweiten Abend von Rosch Haschanah versammelt sich die Familie an Mamas Tisch zum Essen. Die Kerzen werden entzündet und nach dem Kiddusch reichen sie Chanas goldenes Challah herum.

Menachem tunkt sein Brot in den kostbaren Honig und leckt ganz langsam jeden einzelnen Tropfen ab. So isst man das Challah eigentlich nicht, aber niemand mag dem Jungen die Freude missgönnen, weil sie alle sehen, wie er von einem Ohr zum anderen strahlt. Sharah macht ihrem Bruder alles nach. Als sie den Honig ebenfalls von ihrem Brot leckt, greift Chana ein.

»Jetzt ist es aber genug, Kinder! Benehmt euch!« Doch als alle ihr Brot gegessen haben, schiebt sie den kleinen Honigtopf still zu Menachem und tut so, als würde sie nicht sehen, wie er ihn sauber ausschleckt. Laloshe hat eine Tüte Kirschen mitgebracht, die letzte Ernte dieses Jahres und nicht mehr ganz frisch, aber perfekt für Wisniak. Es ist Jahre her, seit Chana den köstlichen süßen Wein fürs Passahfest angesetzt hat. Sie lädt Eva, Jadzia und Mindla ein, ihr bei der Zubereitung zu helfen.

Die Frauen versammeln sich um den Küchentisch und schneiden die Kirschen sorgfältig auf, nehmen die Steine heraus und schichten die rubinroten Hälften in große Glasflaschen, bis die Flaschen etwa zu drei Vierteln gefüllt sind.

Dann kommen ein bisschen Zucker und ein ordentlicher Schluck Schnaps in die Flaschen, um die Gärung in Gang zu setzen, und die Flaschen werden verschlossen. Chana stellt sie auf die Fensterbank in der Küche. Das Morgenlicht fängt sich darin und wirft einen roten Schimmer auf den Tisch. Die Kirschen werden in den nächsten Monaten langsam gären, dann wird die Flüssigkeit abgegossen, und die Flaschen mit dem köstlichen Wein werden wieder verkorkt.

Zum ersten Mal hat Chana ihre Töchter gebeten, ihr zu helfen. »Es wird Zeit, dass ihr lernt, wie man das macht«, sagt sie.

Die Mädchen genießen diesen Tag auch deshalb so sehr, weil sie tief in ihrem Herzen wissen, dass die Zeit knapp wird. Chana verbringt kaum noch einen ganzen Tag außerhalb des Bettes und ihr Husten erschüttert ihren ganzen Körper. Nicht einmal das übelste Gebräu von Frau Feigelblum kann ihr noch helfen.

Goldene Blätter bilden einen dicken Teppich am Weichselufer – die Eichen, Pappeln, Ulmen und Weiden verkünden den Herbst. Obwohl der Wind heftig über den Fluss pfeift, klammern sich immer noch ein paar Blätter an den Zweigen fest.

Jetzt kann es nicht mehr lange dauern, bis der Zirkus in die Stadt zurückkehrt und Kubush nach Hause kommt. Mindla träumt davon, endlich wieder mit ihm zusammen zu sein und ihr Eheleben richtig zu beginnen. Sie träumt von seinem Lachen und seinen Küssen. Nach seinen Küssen sehnt sie sich besonders.

Sie denkt sooft wie möglich an ihn, um sich von der Traurigkeit zu Hause abzulenken.

Der Arzt kommt jetzt regelmäßig ins Haus. Sie wissen, die Lage ist ernst, weil Papa die Schlafzimmertür schließt, wenn der Doktor da ist. Er will seine Kinder abschirmen, wenn es schlechte Nachrichten für Mama gibt. Ein Eimer steht neben ihrem Bett, voll mit blutigen Tüchern.

Und eines Tages, kurz bevor der Winter beginnt, gleitet Chana Levin ganz still aus dem Leben. Mindla wird wach, weil sie die leise Stimme ihres Vaters hört, und weiß sofort, ihre geliebte Mama ist gegangen. Papa sitzt im Schlafzimmer und rezitiert die Psalmen. Er hat ein Laken über Chanas verwüsteten Körper gezogen, um ihre Würde zu bewahren.

Shara schläft tief auf ihrer Matratze in der Ecke des Schlafzimmers. Sie hat gar nichts mitbekommen.

Papas blaue Augen sind rot angelaufen. Mindla weiß, was zu tun ist, ohne dass sie darüber sprechen müssen. Sie stellt den Wasserkessel aufs Feuer, um ihrem Vater Tee zu machen, dann weckt sie Eva.

Während Papa sich am Herdfeuer aufwärmt, nimmt sie seinen Platz an Chanas Bett ein und liest die Psalmen weiter. Der Körper ihrer einst so stämmigen Mutter scheint klein und erbärmlich unter dem Laken. Sie hat gewusst, dass es nicht mehr lange dauern konnte, doch der Verlust bricht ihr fast das Herz.

War es Tuberkulose oder Typhus? Oder doch Krebs?

Egal. Mama ist nicht mehr.

Kapitel 6

Warschau, Winter 1937

Als Kubush zurück nach Warschau kommt, ist er nicht allein. Aus der Entfernung sieht Mindla, dass ihm ein Kind beim Füttern der Pferde hilft. Doch zu ihrem Schrecken erkennt sie, dass blassblauer Zigarettenrauch über dem Kopf des Jungen aufsteigt.

»Du wirst eines Tages noch Feuer fangen«, neckt Kubush das Kind und wirft ihm eine Handvoll Stroh ins Gesicht.

»Alta kaka«, – alter Scheißer – gibt der Junge zurück.

Mindla ist entsetzt, von einem Kind solche Worte zu hören. Am liebsten würde sie dem kleinen Tunichtgut eine Strafpredigt halten, doch in diesem Moment hat Kubush sie entdeckt.

»Da kommt sie!«, sagt er und geht strahlend auf sie zu. »Faivel, das ist meine Frau Mindla.«

»*Das* ist Faivel?«, erwidert Mindla. Sie ist ein wenig fassungslos, will aber nicht unhöflich sein, als sie zu den beiden Männern tritt, die vor der Box des Hengstes stehen.

Faivel Ditkowski, mit Künstlernamen Faivel Lilliput, ist Kubushs neuer Zirkuspartner. Mindla hat schon viel von ihm in Kubushs Briefen gelesen, doch ein paar wichtige Details hat er ausgelassen. Jedenfalls wusste sie bisher nicht, dass Faivel ein kettenrauchender Kleinwüchsiger ist, der in vier verschiedenen Sprachen fluchen kann.

»Mindla«, sagt Faivel mit einer Verbeugung, »du bist noch schöner, als dein Mann mir berichtet hat. Wie eine so wunderbare Frau diesen *Toches* – diesen Arsch – heiraten konnte, ist mir unbegreiflich.«

Kubush grinst nur und schließt seine Frau in die Arme. »Ich bin eben der glücklichste Mann auf der Welt.«

Das Abendessen am Tisch der Familie Levin ist nicht mehr dasselbe ohne Chana. Eine Schwere liegt über dem Raum, ein unausgesprochenes Gefühl von Verlust.

An diesem Abend versucht Kubush, die Stimmung zu heben, indem er die Familie mit Geschichten aus dem Zirkusleben und über seinen Partner Faivel unterhält. Er berichtet, wie er Faivel nach Vorstellungsende kennenlernte, als dieser mit den Clowns einen Whisky trank. Die Staniewskis kennen Faivel schon seit Jahren, und wenn der Zirkus nach Białystok kam, verteilte Faivel immer Plakate in der Stadt und bekam Freikarten dafür. »Was ihm an äußerer Größe fehlte, machte er mit seinem Charme wett«, lacht Kubush. »Vor allem Lala hat eine Schwäche für ihn. Er schenkt ihr gelegentlich einen Strauß Wiesenblumen für ihre Garderobe.«

Was Kubush nicht erwähnt: Auch Bronislaw mag Faivel, weil er ein verlässlicher Mann mit guten Verbindungen ist. Wenn der Zirkusdirektor in Białystok irgendetwas braucht – sei es ein Gefallen des Bürgermeisters oder jemand, der einen Haufen dampfenden Elefantenkot wegräumt –, sorgt Faivel dafür, dass er es bekommt. Er ist sich für keinen Auftrag zu schade.

Je größer der Zirkus wurde, desto wichtiger wurde Faivel

für die Staniewski-Brüder. Er war ihr Vertrauensmann in Białystok. Also wurde er fest angestellt, aber es dauerte nicht lange, dann wurde klar, dass er nicht die Absicht hatte, das Mädchen für alles zu bleiben. Er war ehrgeizig, klug und doppelt so fleißig wie jeder andere im Zirkus.

»Als unser Zug aus Białystok rollte, lud ich Faivel in meinen Zirkuswagen ein. Und kurz darauf hatten wir uns eine neue Nummer ausgedacht, mit der wir die Staniewskis beeindrucken wollten.«

Diese Nummer, mit der sie wenig später schon das erste Mal auftraten, sah so aus, dass Kubush durch den Vorhang gestürmt kommt, angezogen als Hofnarr und gefolgt von Faivel, der seinerseits von dem Schimpansen Mimi gejagt wurde. Ein sicherer Lacher.

Und so ging es weiter, sie platzten auch mitten in eine Ansage des Zirkusdirektors und in die Zaubernummer von Bim und Bom.

Das war natürlich alles kein Zufall, aber für die Zuschauer waren die beiden Kerle, die von einem galoppierenden Affen durch die Manege gejagt wurden, urkomisch, und je länger die Vorstellung dauerte, desto mehr wurde gelacht. Angefeuert von ihrem Erfolg, entwickelten Kubush und Faivel immer wieder neue Ideen und entwickelten mit der Zeit eine perfekte Slapstick-Routine: Faivel spielt den ungeschickten Clown und wirft »aus Versehen« einen Mast um, der angeblich das ganze Zelt aufrecht hält. Große Panik, der wütende Kubush schnappt sich den Mast und wirbelt ihn herum, wobei er Faivels Kopf nur um Millimeter verfehlt. Das Publikum brüllte vor Lachen, wenn Kubush sich plötzlich umdrehte, den Mast in die andere Richtung schwang und seinen Partner ein zweites Mal in Bedrängnis brachte. Die beiden haben ein Naturtalent für Slapstick, und je mehr das Publikum über sie lacht, desto mehr lieben die Staniewskis die beiden vermeintlichen Unglücksraben.

»Wir haben Stunden damit zugebracht, neue Tricks auszuprobieren und zu perfektionieren«, erzählt Kubush der begeisterten Familie. Zum ersten Mal seit Chanas Tod sieht man wieder leuchtende Augen am Tisch. »Oft haben wir sie vor Lala Staniewski ausprobiert. Lala kennt so ziemlich jede Zirkusnummer auf der Welt, und wir wussten, wenn wir sie beeindrucken können, dann lacht auch das Publikum. Lala liebte unsere Nummer, und wir hatten einen Riesenerfolg auf der Sommertournee. Jetzt haben uns die Staniewskis gebeten, auch am Winterprogramm in der Ulica Ordynacka mitzuwirken. Wir werden als ›Pausenclowns‹ zwischen den Hauptnummern eingesetzt, aber es ist trotzdem eine große Sache, denn das heißt, ich werde zum ersten Mal unter der Kuppel des berühmten Zirkusbaus auftreten.«

Kubush macht eine dramatische Pause. »Wir werden also den ganzen Winter in Warschau bleiben. Und ihr seid natürlich alle meine Gäste.«

Für die erste Abendvorstellung, in der er auftritt, besorgt Kubush den Levins Freikarten. Mindla lädt er ein, ihm zuzusehen, wie er sich hinter dem Vorhang vorbereitet. An diesem besonderen Abend soll sie ihm Glück bringen. Seit seiner Rückkehr hat das junge Ehepaar jede Minute zusammen verbracht, um die verlorene Zeit aufzuholen.

Kubush soll während der Probenphase eigentlich bei den Staniewskis und ihrer Truppe wohnen, aber weil Lala eine Schwäche für ihn hat, macht sie für das junge Paar eine Ausnahme. Die Mitglieder der Truppe werden als erweiterte Familie der Staniewskis angesehen und ebenso großzügig wie liebevoll umsorgt. Dafür werden von ihnen aber auch harte Arbeit und das Einhalten der Regeln erwartet. Partys, Trinkgelage oder wilde Feiern nach der Vorstellung sind streng verboten. Lala ist der Ansicht, dass ihre Artisten Ruhe brauchen, wenn sie am nächsten Tag wieder auf der Höhe sein wollen. Es gibt nur eine Ausnahme: Am Ende der langen Tournee des Wanderzirkus wird kräftig gefeiert.

In Warschau, im berühmten Zirkusbau an der Ulica Ordynacka, beginnt der Tag schon vor dem Morgengrauen. Ab sechs Uhr früh wird geprobt. Bronislaw und Mieczyslaw Staniewskis verlangen Perfektion und proben unermüdlich, bis alles sitzt. Jede Artistin, jeder Artist, muss an den Proben teilnehmen, nicht nur um die eigenen Nummern einzuüben, sondern um die Vorstellung kontinuierlich weiterzuentwickeln. Der Zirkus soll frisch und auf der Höhe der Zeit sein. So achten die Staniewskis auch darauf, dass es in jeder Saison etwas Neues, Aufregendes geben muss.

Die Proben laufen bis mittags um eins, dann ist Freizeit, aber ohne Lalas Erlaubnis darf niemand den näheren Umkreis des Zirkus verlassen. Alle müssen pünktlich zu ihren Proben erscheinen, fertig kostümiert und auf die Minute nach Zeitplan. Da gibt es keine Ausreden.

An seinem freien Abend darf Kubush bei Mindla in der Ulica Muranowska übernachten, an allen anderen Abenden darf Mindla bei ihm in der Wohnung der Staniewskis bleiben, immer unter der Voraussetzung, dass sie die Probenarbeit nicht stört. Tagsüber sitzt sie still in einer Ecke der Clown-Garderobe.

Sie erkennt Bim und Bom und auch Sym und Ivan Radunski, die berühmtesten Clowns des Zirkus. Alle drängen sich vor dem Spiegel, während im Hintergrund allerlei bunte Gestalten herumwimmeln. Wenn sie hereinkommen, sind sie ganz normale Sterbliche. Wenn sie die Garderobe verlassen, können sie zaubern.

Heute teilen die Clowns ihre Garderobe mit vierzehn Kindern – einer Akrobatentruppe aus Abessinien, die als Schlangentänzer und Feuerschlucker auftreten. Durch den Nebel aus Zigarettenrauch beobachtet Mindla, wie Kubush sich fertig macht. Seine Verwandlung fasziniert sie ohne Ende. Vorsichtig fährt er mit dem hellrosa Stift über seine Haut, verteilt die Schminke dann auf seiner Stirn bis hinauf zum Ansatz seiner blonden Haare und übers Gesicht und den Hals. Dieser Stift legt die Grundierung für die wichtigen nachfolgenden Farbschichten und hält sie fest. Außerdem sorgt er dafür, dass die weiße Farbe nicht geisterhaft wirkt.

Sobald die Grundierung sitzt, nimmt Kubush einen Pinsel und legt eine kalkweiße Schicht auf sein Gesicht. Wie ein Maler streicht er mit dem Dachshaarpinsel über seine Kinnlinie, so präzise, wie man es nur nach jahrelanger Übung tun kann. Nicht zu viel und nicht zu wenig, das Gesicht soll weiß werden, nicht grau. Dann muss die Schminke sich setzen, bevor die nächste Schicht aufgetragen wird.

Seine Augenbrauen sind jetzt nicht mehr zu sehen. Sie sind von der dicken weißen Schicht praktisch an seine Stirn geklebt, sodass eine perfekte Maske entsteht. Mit ruhiger Hand nimmt Kubush etwas Rot und malt sich einen dicken Punkt auf die Nasenspitze, der dann verrieben wird. Und dann verzieht er den Mund zu einem Lächeln und malt ihn mit einer breiten Linie nach. Die Winkel der Unterlippe werden nach oben gezogen, die Oberlippe verschwindet. Clowns haben keine Oberlippe, weil sie damit traurig aussehen würden, hat er Mindla erklärt, als sie ihn danach fragte.

Als Nächstes kommen die Augen an die Reihe. Mit einem dicken Kajalstift zieht er einen Bogen von der Nasenwurzel zum äußeren Augenwinkel, sodass zwei übertriebene Augenbrauen entstehen. Im Spiegel prüft er, ob sie gleich sind, dann füllt er sie aus.

Ganz am Ende kommt noch eine kleine senkrechte Linie in die Mitte der Augenlider, oben und unten, sodass ein Kreuz entsteht, wenn er die Augen weit öffnet. Dann nimmt er noch etwas Talkumpuder auf eine weiche weiße Quaste und verteilt den Puder auf dem ganzen Gesicht, um die Schminke zu fixieren. Nach jahrelanger Übung braucht die ganze Verwandlung nicht mehr als eine Viertelstunde.

»Voilà«, sagt er, beugt sich zu Mindla und setzt ihr einen puderigen Kuss auf die Nase.

Heute Abend trägt er sein Lieblingskostüm: eine viel zu große Hose mit roten und grünen Karos, die von roten Hosenträgern gehalten wird, dazu braune Lederschuhe mit aufgeblähten Zehen, so groß, dass sie auch einem Riesen passen würden. Die Kappe, die seine blonden Haare unter einer Glatze verschwinden lässt, setzt er auf und reibt sich dann die Hände.

Mindla lacht entzückt auf, als eine fluffige grüne Haarsträhne plötzlich hochspringt.

Zwei unsichtbare Drähte sind an der Kappe befestigt und durch den Ärmel der Jacke geführt, die Kubush über seiner Hose trägt. Die Drähte reichen bis zu seinen Händen, sodass er an ihnen ziehen kann. Er weiß jetzt schon, dass Menachem und Shara den Trick lieben werden.

Und damit ist die Verwandlung vollendet. Der Artist ist bereit für sein Publikum.

Mindlas Familie nimmt fast eine ganze Reihe ein, als sie auf Kubushs Debüt in der Ulica Ordynacka wartet. Shmuel sitzt neben Mindla, den Blick nach oben gerichtet, und betrachtet die großartigen Kronleuchter. Er wollte eigentlich nicht mitkommen, aber seine Kinder und Schwiegersöhne haben darauf bestanden, dass er eine solche Abwechslung nach Mamas Tod wirklich braucht.

Jadzia mit ihrem Babybauch sitzt zwischen Menachem und Avraham, Eva und Laloshe kümmern sich um Minya, und die kleine Shara sitzt auf Sonias Schoß neben Yakov.

Zwei Stunden lang lachen sie, bis ihnen die Bäuche wehtun. Sie verziehen die Gesichter, als der mutige Cliff Aeros auf seinem Motorrad durch den Stahlkäfig fährt, verfolgt von den wilden Löwen und Tigern. Yakovs Herzschlag setzt kurz aus, als er die glamourösen Trapezartistinnen sieht, die in einem blendenden Regenbogen von Pailletten und Federn durch die Kuppel fliegen. Und Menachem reißt den Mund so weit auf, dass ihm fast die Mandeln herausspringen, als die hübsche amerikanische Pilotin Edy Rut in ihrem Miniaturflugzeug erscheint und unter dem Dach der Manege ihre Kunststücke vollführt.

»So ein Clown taugt einfach nichts, oder, Papa?« Mindla knufft ihren Vater in die Seite.

»Absolut gar nichts«, stimmt er ihr zu. Dann zieht ein Lächeln über sein Gesicht.

Kapitel 7

29. August 1937

Die klumpige Strohmatratze lässt Mindla in dieser ungewöhnlich schwülen Sommernacht nicht zur Ruhe kommen. Es ist Monate her, dass sie Kubush zuletzt gesehen hat. Sie wälzt sich hin und her, strampelt das Laken zur Seite, zieht es sich dann wieder über die Schultern, wenn die Mücken sich auf ihre schweißnasse Haut stürzen.

Das Handtuch, auf dem sie liegt, ist auch schon ganz feucht.

Ab und zu ist Pferdegetrappel von einem nächtlichen Lieferanten auf dem Straßenpflaster zu hören, eine willkommene Ablenkung von den Gedanken, die sie wachhalten, und von dem nagenden Schmerz in ihrem Bauch.

Als plötzlich Wasser an ihren Beinen entlangströmt, weiß sie sicher, dass ihre unbequeme Lage nichts mit der Sommerhitze zu tun hat. In dieser Nacht wird ein neues Kapitel ihres Lebens beginnen.

»Yakov, das Baby kommt«, sagt sie und rüttelt ihren schlafenden Bruder im Nebenbett sanft an der Schulter. »Geh doch bitte und hol Jadzia.«

Yakov ist sofort hellwach und flitzt die Treppe hinunter, so schnell ihn die Füße tragen, hinüber zu Jadzias und Avrahams neuer Wohnung an der Ulica Podwale. Jadzia ist ein Naturtalent als Mutter. Sie hat versprochen, Mindla zur Seite zu stehen, wenn es losgeht.

Als die beiden zurückkommen, krümmt sich Mindla vor Schmerzen, wie sie es bei ihrer Mutter so oft gesehen hat. Auch Jadzia ist es so ergangen, als sie vor einem halben Jahr Siva zur Welt brachte.

Jadzia organisiert blitzschnell den gesamten Haushalt, lässt Minya heißes Wasser bereiten und holt Handtücher. Dann zieht sie die Decken von Mindlas Bett, um auf dem Küchenboden eine Art Nest einzurichten. Yakov wird losgeschickt, den Arzt holen. Papa ist klug genug, sich in seine Werkstatt zurückzuziehen – wenn ein Kind zur Welt kommt, haben Männer in der Küche nichts zu suchen.

Eva drückt Mindlas Hand und massiert ihr den Rücken. »Bald ist dein Kind da, Mindla!«

Lange nachdem die Morgensonne den neuen Tag angekündigt hat, begrüßt ein kleiner Junge mit lautem Schreien die Welt. »Gratulation, Mindla«, sagt der Arzt, der den Kleinen an den Füßen hochhält, damit der Schleim aus der Lunge abfließen kann. »Ein guter, kräftiger Junge.«

Jadzia wäscht den Kleinen, nachdem der Arzt ihn untersucht hat, und wickelt ihn dann in eine weiche Decke. Dann macht der Doktor sich auf den Weg, um Hausbesuche bei seinen Patienten zu machen, die unter Schwindsucht oder Typhus leiden. Kubush ist auf Sommertournee, aber Yakov flitzt los, um überall zu berichten, dass Mindla einen Sohn bekommen hat.

Der Kleine hat die großen preußisch blauen Augen seines Vaters; ein feiner blonder Flaum bedeckt das rosige Köpfchen. Er ist fast zu schön, um wahr zu sein: Wie eine hübsche kleine Puppe schaut er aus seiner Decke. Mindla kann gar nicht den Blick von ihm abwenden. Sie schaut seine zarten rosa Wangen an, seine winzigen Finger und Zehen, und an diesem ersten Abend hält sie ihn fest an sich gedrückt und schnuppert an seinem Kopf, um den Milchduft seiner Haut einzusaugen. Kubush wird so stolz auf ihn sein!, denkt sie.

Im Haus Nummer 17 hat sich die Nachricht von dem Neuankömmling wie ein Lauffeuer verbreitet. Nachbarn bringen Kuchen, Eier und Obst, um das Ereignis zu feiern. Die Familie, die unter den Levins wohnt, schenkt ihnen sogar eine Gans. Dieses Baby ist ein echter Glücksbringer.

Acht Tage nach der Geburt des Kleinen kommt der Mohel, um die Brit Mila, die rituelle Beschneidung durchzuführen. Da Kubush nicht dabei sein kann, halten Shmuel und Mindlas Schwager die Tradition aufrecht. Papa hält seinen ersten Enkelsohn während der Zeremonie stolz auf dem Schoß. Der jüngste Familienspross bekommt den Namen Gad (Denis) und wird voller Freude willkommen geheißen.

Am selben Tag findet weit im Westen, jenseits der Grenze, in Nürnberg, eine ganz andere Feier statt. Die ultimative Feier, wie man sie für einen König ausrichten würde. Die Straßen der mittelalterlichen Stadt sind mit Blumen, Flaggen und Fähnchen geschmückt. Banner und Wimpel hängen in den Fenstern, an jeder Straßenlaterne und Ecke.

An sämtlichen Fenstern rund um den Hauptplatz der Stadt hängen die blutroten Flaggen der Nazis, das schwarze Hakenkreuz neben Dutzenden von liebevoll handgestickten Wappen. Jedes Banner ist mit leuchtend roten Nelken und Geranien geschmückt, die aus diesem Anlass von Hand gepflückt wurden. Die Marktstände, an denen normalerweise saftige Orangen und Dutzende Wurstsorten verkauft werden, sind heute mit antisemitischen Souvenirs bestückt. SS-Männer stehen in ihren makellosen schwarzen Uniformen geduldig Schlange, um etwas Besonderes mit nach Hause nehmen zu können. Die »Großdeutsche Buchhandlung« macht riesige Umsätze mit Hitlers Buch *Mein Kampf* und mit Postkarten, auf denen mit Karikaturen die Juden verhöhnt werden. Das Geschäft mit dem Hass blüht.

Zehntausende Menschen drängen sich auf dem alten Marktplatz, während Wagners Ouvertüren aus den Lautsprechern plärren, die an den Mauern der Frauenkirche aus dem 14. Jahrhundert hängen. Fieberhaft hoffen die Nazi-Anhänger, einen Blick auf ihren mächtigen Führer zu erhaschen. Hermann Göring und Joseph Goebbels haben sich unter die aufgeregte Menge gemischt. Die Sturmabteilung der Nazipartei, die sogenannte SA in ihren braunen paramilitärischen Uniformen, steht Wache. Und dann erscheint *er*.

Mit allem Pomp und Prunk einer Königsproklamation erscheint Hitler in einem offenen Wagen, betritt den roten Teppich und grüßt in die Menge. Frauen brechen in Tränen aus, Männer erheben ehrfürchtig den Arm, niemand wagt es, nicht ergriffen zu sein von *seiner* Gegenwart. Blonde BDM-Mädchen verteilen Geschenktüten mit Lebensmitteln an die begeisterten Menschen. Mitglieder der Wehrmacht stehen in den hinteren Reihen, während Hitler selbst langsam an seinen ehrfürchtig staunenden Untertanen vorbeischreitet. Nachdem er die Menge noch einmal gegrüßt hat, beginnt die Parade.

Der Rhythmus von Lederstiefeln auf dem Kopfsteinpflaster der Straße hallt über den Platz. Flaggen werden erhoben, um die arische Vorherrschaft zu feiern. Hundert Journalisten aus aller Welt sind Zeugen dieser sorgfältig inszenierten Schau. Per Telegramm gehen die Bilder in die fernsten Länder.

Am nächsten Abend geht es genauso weiter. Dreihunderttausend Menschen versammeln sich auf dem nahen Zeppelinfeld, um Hitlers Rede zuzuhören. Mit erhobenen Flaggen stehen sie im Dunkeln unter einem fantastischen »Lichtdom« aus Flakscheinwerfern, die in Reih und Glied stehen, um breite Lichtstrahlen in den Nachthimmel zu schicken.

Die Pfeiler aus Licht, die die Finsternis durchbohren, haben eine erstaunliche Wirkung.

Die Menschen singen, jubeln und bilden zum Trommelwirbel aus Wagners Oper *Rienzi* ein Hakenkreuz aus Menschenleibern. Und sie haben ja auch Grund zum Feiern. Im Juli ist das Lager Buchenwald fertig geworden, ausgerüstet mit elektrisch geladenem Stacheldraht und Selbstschussanlagen, um Hitlers »Gäste« aufzunehmen.

Der Zirkus der Brüder Staniewski hat gerade vor ausverkauftem Haus in Czestochowa (Tschenstochau) gastiert, die von den Menschen einmal im Jahr zur Feier der Schwarzen Madonna besucht wird, der Schutzheiligen Polens. Sie pilgern aus allen Teilen des Landes zum Kloster Jasna Gora, viele zu Fuß, einige auf den Knien, um einen Blick auf das jahrhundertealte Gemälde der dunkelhäutigen Jungfrau Maria zu werden, von dem sie glauben, dass es Wunder wirken kann.

»Schau nur, so viele Menschen, die den Sohn von Horowitz begrüßen wollen«, hat Kubush mit Faivel gewitzelt, als sie ankamen. Er ist gleich in die Synagoge gegangen, um für seinen kostbaren Erstgeborenen zu beten.

Seit der Kleine geboren ist, scheint Kubush ein paar Zentimeter gewachsen zu sein. Er erzählt jedem davon, dem er begegnet. »Ich habe einen kleinen Sohn«, sagt er und strahlt dabei breiter als sein Clownslächeln. Der Gedanke daran, den Kleinen in den Armen zu halten, trägt ihn durch die langen Wochen bis zu seiner Heimkehr.

Der Zirkus zieht weiter nach Krakow (Krakau), dann nach Katowice (Kattowitz) und schließlich Lwow (Lemberg), wo Kubush seinem Vater von der Ankunft des Babys erzählen kann.

Bei ein oder zwei Gläsern Wisniak unterhält er seinen Vater mit Geschichten aus dem Zirkusleben und über seine schöne junge Frau. Sie teilen allerlei Erinnerungen und beten für die Zukunft des Kleinen. Mendel gibt seinem Sohn ein paar gute Ratschläge zum Thema Vaterschaft – mit acht Kindern hat er ja genug Übung.

Kubushs Stiefmutter nimmt ihm das Versprechen ab, gut zu seiner Frau zu sein und für sie zu sorgen. Seit Albert und Jakub zur Armee gegangen sind, ist es viel stiller im Haus, die beiden machen ihre Ausbildung irgendwo in der Nähe von Warschau. Mendel Horowitz macht sich allerlei Sorgen, dass sich seine Söhne in Schwierigkeiten bringen könnten, und bittet Kubush, ein Auge auf sie zu haben.

Kubush verspricht es ihm, und bevor er das Haus verlässt, umarmt er seinen Vater. Während der nächsten Tournee wird er wiederkommen. Vielleicht kann er dann sogar Mindla und den Kleinen mitbringen.

»Das wäre schön«, erwidert sein Vater lächelnd. Aber Kubush bemerkt die Tränen in den Augen des Alten, bevor er sich umdreht und geht.

TEIL 2

Der Krieg

Kapitel 8

August 1939, Białystok

Einer nach dem anderen, rollen die vielen Wagen des Cyrk Staniewski wieder einmal in die Stadt Białystok, um ihr Gastspiel in der Stadt an der polnischen Ostgrenze zu absolvieren. Es ist Mitte August, und Kubush vermisst Gad, der so schnell groß wird. Er denkt zurück an das erste Mal, als er seinen geliebten Sohn mit eigenen Augen sah, spät am Abend, als er nach der langen Tournee nach Hause kam. Gad schlief schon fest, friedlich zusammengerollt. Kubush legte sich neben das schlafende Kind und streichelte sanft das engelsgleiche Gesichtchen mit den Sommersprossen, bis er selbst einschlummerte. Endlich war er wieder daheim bei seiner Familie.

Kubushs Tagträumerei wird unterbrochen, als Faivel die verwitterten Fensterläden ihres Wagens gerade so weit öffnet, um einen glimmenden Zigarettenstummel hinaus auf die staubige, von Schlaglöchern übersäte Straße um Biala Podlaska zu werfen.

»Du stummelbeiniger *Schmock*, irgendwann gehen wir deinetwegen noch in Flammen auf«, neckt Kubush ihn.

Während er und Faivel auf den kurvenreichen ungepflasterten Straßen Richtung Białystok rumpeln, träumt Kubush von langen Spaziergängen in den üppigen Gärten des Branicki-Palastes in der Stadt. Endlich die Beine ausstrecken und frische Luft atmen!

Bei ihren früheren Besuchen konnte er sich immer wieder mit seinem Mittagsbrot vom Zirkus weg in den Park schleichen und auf dem Rasen in der Sonne liegen. Manchmal rollte er sich auch im Schatten einer Linde zusammen, um vor der Nachmittagsprobe noch ein wenig die Augen zu schließen. Kubush verspricht sich selbst, dass er eines Tages mit Mindla und Gad hier spazieren gehen wird. Er hat sich schon öfter gefragt, ob sie nicht in Białystok leben könnten. Mindla würde das vergoldete Barockschlösschen lieben, und der kleine Gad könnte ihn in die nahe gelegenen Wälder von Bialowieza begleiten, wo man fischen und jagen kann. Angeblich sollen dort Luchse und Wiesel so häufig sein, dass man sie fast anfassen kann, wenn man sich traut. Und riesige Bisons, so groß wie Lastwagen, laufen dort frei herum.

Die Bewohner von Białystok lieben den Cyrk Staniewski. Dutzende von aufgeregten Kindern laufen mit dem bunten Wagenzug, jubeln und winken, als der Zirkus in der Stadt ankommt. Kubush fühlt sich in dieser Stadt immer wie zu Hause; die Kopfsteinpflaster und die Holzhäuser erinnern ihn an Lwow.

Auf dem Plac Wyzwolenia, dem Platz der Freiheit im Herzen der Stadt, wird das Zelt aufgebaut, gleich in der Nähe der Eisenbahnlinie. Sie sind dem Fluss Biala nah genug, dass Kubush während seiner Pausen am Wasser spazieren gehen und die Füße ins Wasser halten kann. An ihren freien Tagen gehen die Clowns sogar mal schwimmen. Lala würde sie umbringen, wenn sie davon wüsste.

Beim letzten Mal, als der Cyrk Staniewski in die Stadt kam, mussten sie schon drei große Zelte aufstellen, um die

Menge der Zuschauer zu bewältigen. Dieses Jahr ist der Andrang so stark, dass Bronislaw Staniewski sogar noch ein viertes Zelt hinzufügt. Vier große Zeltdächer ragen in die Höhe und lassen jede Konkurrenz verblassen. Der Zirkus der Brüder Staniewski ist der größte und beste in ganz Polen.

Angesichts des Kriegsgeredes rundum bietet der Zirkus auch eine willkommene Gelegenheit, die Stimmung zu heben und die Menschen einen Abend lang abzulenken. Auch an kräftigen Helfern für den Aufbau der vier großen Zelte herrscht kein Mangel. Zwei Tage dauert es, bis alles steht, die Zuschauertribünen verankert sind und in der Manege wieder Proben stattfinden können. Die Fahnen des Zirkus flattern stolz und für alle sichtbar, der Vorverkauf brummt, und es sieht so aus, als würden sie wieder vor ausverkauftem Haus auftreten. Während Kubush und die anderen noch beim Schmücken des Zuschauerraums helfen, verteilt Faivel überall in der Stadt Plakate und Handzettel. Białystok ist seine Heimatstadt, hier kennt er jeden Winkel.

Nachdem er zwei Tage durch die Stadt gezogen ist, lächeln die Gesichter der neuen, exotischen Trapezkünstler aus Japan, der Ohojos, aus jedem Schaufenster, und an den Telegrafenmasten sieht man eine Abbildung der hübschen italienischen Artistinnen in ihren Federkostümen.

Faivels Arbeit macht sich bezahlt; wenn der Kassenwagen abends sein Fenster öffnet, steht immer schon eine Schlange von wartenden Zuschauern da.

»Es lohnt sich, früh zu kommen«, schreibt die Lokalzeitung nach der Premierennacht. »Die vier Zelte sind zum Bersten gefüllt.«

Höhepunkt des Programms in dieser Saison ist Maestro Watson, ein Illusionskünstler und Magier, durch dessen Adern elektrischer Strom fließt, sodass er Zigaretten, Glühbirnen und Fackeln »mit reiner Willenskraft« anzünden kann.

Schnell ist der Maestro mit seinen magischen Fingern Stadtgespräch – die Leute kommen von weit her, um ihn mit eigenen Augen zu sehen. Nach einer Woche mit ausverkauften Vorstellungen soll am Donnerstag, dem 31. August, der letzte Tag sein. Dann wird der Zirkus ein paar Tage Pause machen. Am Freitagabend beginnt der Sabbat, und nachdem ein Drittel der Bewohner von Białystok jüdisch ist, weiß Bronislaw, dass jetzt alle ein wenig ausruhen dürfen.

Faivels Familie lädt Kubush zum Sabbat ein.

Die Vorstellung am Donnerstagabend beginnt pünktlich um halb neun mit einem donnernden »Einzug der Gladiatoren« vom Orchester. Das ist das Zeichen für alle hinter dem Vorhang: Jetzt geht es los.

Wie immer sind die Pferde und Schimpansen beliebte Nummern zum Aufwärmen. Sie geben dem Publikum einen schönen Vorgeschmack darauf, was es erwarten darf. Die Ohojo-Zwillinge sind ein Riesenerfolg. Die begabten Artisten fliegen in rasendem Tempo durch die Luft und schwingen sich hoch in die Kuppel, während das Publikum zum Takt einer Chopin-Mazurka klatscht. Diese Trapeznummer ist unglaublich wagemutig.

Doch eigentlich sind die Menschen gekommen, um Maestro Watson zu sehen.

Er tritt gemeinsam mit seiner glamourösen Assistentin

auf, die ein funkelndes Silbertablett in den Händen trägt. Auf der glänzenden Oberfläche liegt eine einzelne Zigarette. Die blonde Assistentin geht mit dem Tablett an der ersten Reihe entlang, sodass die Zuschauer genau hinschauen und die Zigarette sogar anfassen können. Dann geht sie zurück zum Maestro, der dramatisch unter dem Spotlight in der Manege steht, und reicht ihm die Zigarette. Der Maestro steckt sich das dünne weiße Stäbchen zwischen die Lippen und schüttelt dann seine Arme und Beine aus, um dem Publikum zu zeigen, dass er keine Streichhölzer oder andere Tricks im Ärmel hat.

Es ist mucksmäuschenstill auf den Rängen, als er den Arm ausstreckt und die Zigarette ganz leicht mit der Fingerspitze berührt. Sekunden später glimmt die Zigarette auf und ein dünner grauer Rauchfaden schwebt in der Luft. Der Maestro grinst breit, die Zigarette noch zwischen den Zähnen, umrundet die Manege, sodass ihn jeder sehen kann, und reicht die Zigarette dann an einen jungen Mann in der ersten Reihe weiter, der sie fröhlich zu Ende raucht. Bravorufe werden laut.

Das ist die Eingangsnummer des Maestro. Danach bringt er mit einem Finger eine Glühbirne zum Leuchten und lässt eine Fackel so hell aufflackern, wie es niemand im Publikum je gesehen hat. Seine magischen Finger machen alles lebendig, was sie berühren.

Ein Summen macht sich in der Manege breit, die Menschen wissen, was jetzt kommt. Genau deshalb sind sie da, um diese Nummer zu sehen, haben sie ihr sauer verdientes Geld in den Zirkus getragen. Die Energie des Maestro erfüllt die Lust, die Vorfreude steigt. Seine Assistentin bringt die Requisite für die Hauptnummer herein: einen elektrischen Stuhl aus Amerika, wie man ihn dort benutzt, um Häftlinge hinzurichten. Als der tödliche hölzerne Stuhl in der Manege befestigt wird, geht ein Aufkeuchen durchs Publikum.

Dann setzt sich der Maestro auf den Stuhl und seine Assistentin bindet ihn an den Hand- und Fußgelenken fest. Sie schließt den Stuhl an einen Generator an und befestigt Drähte am Körper des Maestro. Einige Zuschauer wenden sich ab, sie können gar nicht mehr hinschauen. Wenn diese Nummer schiefgeht – nicht auszudenken, welche Folgen das haben würde. Der elektrische Strom, der dann durch den Körper des Maestro schießen würde, könnte sein Gehirn und sein Herz verkochen lassen. Ermutigt durch die Furcht des Publikums, setzt der Maestro zu einem makabren Countdown an und fordert die Zuschauer auf, mitzuzählen.

»Zehn, neun, acht, sieben …«, sprechen die Menschen mit.

Bei null betätigt die Assistentin den Schalter. Sekunden später leuchtet der Stuhl auf, Funken fliegen, und die Zuschauer schreien entsetzt auf. Der Maestro wird einem massiven Stromstoß ausgesetzt.

Nach ein paar schlimmen Augenblicken schaltet die Assistentin den Stuhl wieder aus, und der Maestro, der eben noch leblos aussah, steht wie durch ein Wunder auf, tritt einen Schritt vor und verbeugt sich triumphierend.

Wie kann das sein?, fragen sich die Menschen. Wie kann er das überlebt haben?

Sekunden später werden Da-capo-Rufe laut. Aber es gibt

kein Da-Capo, der kluge Illusionskünstler weiß, eine Hinrichtung pro Abend ist genug.

Tatsächlich ist es eine Herausforderung, ihm zuzusehen. Am nächsten Tag heißt es in der Zeitung: »Die aufregendste Nummer!«, »Atemberaubend!« und »Donnernder Applaus für Maestro Watson«. Doch das eigentliche Genie ist Bronislaw Staniewski, der den Maestro engagiert hat. Maestro Watson bringt nicht nur Glühbirnen zum Leuchten, sondern auch den Kartenverkauf.

Bis die Artisten nach der Vorstellung alles aufgeräumt haben, die Tiere gefüttert sind und alle ins Bett gehen, ist es Mitternacht geworden. Alkohol ist zwar eigentlich verboten, aber Faivel hat für besondere Gelegenheiten eine Flasche Whisky unter seiner Strohmatratze. Nach diesem langen Tag und in dem Wissen, dass ein paar freie Tage folgen werden, genießen Faivel und Kubush einen Schluck. Oder drei.

Bald spricht sich die Sache herum und ein paar Kollegen kommen in ihren Wagen. Sie prosten sich zu, bringen Trinksprüche auf ihre Familien und das glorreiche Polen aus und verfluchen Hitler, den »szalony kutas« – verrückten Schwanz!

Nachdem sie noch fröhlich die polnische Nationalhymne gesungen haben, gehen die Männer schlafen. Sie ahnen nicht, dass Hitler bereits auf dem Weg zu ihnen ist.

Kapitel 9

1. September 1939, Warschau

Das erste Morgenrot zieht auf, als Mindla von Geräuschen geweckt wird. Ein vertrautes Grollen, rhythmisches Kratzen von Metall auf Metall, gefolgt von einem gelegentlichen leisen Wummern in der Ferne.

Als es noch eine Weile so weitergeht, weiß Mindla, woher das Geräusch kommt. Das sind mit Sicherheit Flugzeuge.

Sie betet, es möge die polnische Luftwaffe sein, die wieder einmal eine Übung durchführt. Sonnenstrahlen dringen durch die Ritzen in den papierdünnen Jalousien. Gad schläft tief und fest neben ihr, er bekommt von dem Lärm gar nichts mit. Sie drückt den Kleinen an sich und streichelt ihm über die Stirn, während sie den seltsamen Geräuschen lauscht.

Die Tauben, die vor ihrem Fenster nisten und normalerweise um diese Zeit leise gurren, sind heute still. Donner rollt über die Stadt, lauter und immer noch lauter. Sie zieht eine Ecke der Jalousie zur Seite.

»Gütiger Gott!«, keucht sie auf.

Der Horizont ist übersät von silbernen Flugzeugen, die Bomben mitbringen. Ein langes, wimmerndes Kreischen, dann der Aufschlag und eine Explosion. Sie schnappt sich das schlafende Kind und läuft in die Küche.

Mindlas Brüder und Schwestern drängen sich an den

Fenstern und beobachten die schreckliche Vorstellung am Himmel. Hitlers Luftwaffe fliegt in perfekter Formation – Flugzeuge, so weit das Auge reicht. Die Familie hört das Kreischen wieder, gefolgt von einem verstörenden Pfeifen, dann der nächste Einschlag.

»Runter!«, brüllt Shmuel. Zitternd tauchen alle unter den Küchentisch oder ihre Betten.

Ein paar Sekunden später, ohne dass sie überhaupt Zeit gehabt hätten, richtig Luft zu holen, hört man ein hässliches Schrillen und dann einen Einschlag ganz in der Nähe. Das Haus bebt. Ein paar Momente lang ist es still, dann folgt das Heulen des Fliegeralarms, und alle flitzen los.

Draußen vor der Wohnungstür hört man die Nachbarn trampeln, die panisch und schreiend über die enge Holztreppe hinuntereilen, um den Keller zu erreichen. Shmuel schreit auch. »Lauft! Wir müssen laufen!«, ruft er seinen Kindern zu, aber sie sind wie erstarrt, weil sie gar nicht begreifen, was gerade passiert. Wieder ist eine Sirene zu hören. Endlich verstehen sie die entsetzliche Wahrheit: Warschau wird angegriffen.

»Achtung, Achtung!«, ertönt es aus einem Lautsprecher. »Sie kommen!«

Keine Zeit mehr, um in den Keller zu rennen. Mindla schnappt sich eine Decke und wirft sie unter ihr Bett, schiebt Gad so weit wie möglich in die hinterste Ecke. Sie krabbelt neben ihn und versucht, ihn so gut es geht mit ihrem Körper zu schützen.

Sonia tut dasselbe mit der kleinen Shara unter dem anderen Bett. Das kleine Mädchen steckt sich die Finger in die Ohren, wenn das Pfeifen der Bomben ertönt. Überall versteckt sich jemand: unter dem Küchentisch, im Schrank, unter Betten. Ein wahrer Bombenregen ergießt sich über die Stadt. Der Blitzkrieg hat begonnen.

Im Strudel der Ereignisse verliert Mindla ihr Zeitgefühl und kann sich später nicht erinnern, wie lange sie zitternd unter den Betten gelegen haben. Es fühlt sich an wie eine Ewigkeit. Irgendwann geben die Lautsprecher Entwarnung. Der erste Fliegerangriff ist vorbei.

Einer nach dem anderen tauchen die schockierten Nachbarn wieder auf und treten auf die Straße. Mindla klopft sich den Staub von den Kleidern und schließt sich ihnen an. Sie glaubt zwar noch nicht, dass sie in Sicherheit sind, aber die vertrauten Gesichter haben etwas Tröstliches. Wie durch ein Wunder ist die Ulica Muranowska verschont geblieben, aber ein oder zwei Häuserblocks weiter sieht es weniger gut aus. Häuser brennen, dicker Rauch füllt die Luft. Sie schmeckt Benzin und Rauch auf der Zunge.

Als sie in die Wohnung zurückkommt, hat Yakov schon erste Nachrichten von der Straße mitgebracht: Hitler ist auf dem Weg nach Polen. In der Nacht, während sie schliefen, sind eine Million deutsche Soldaten über die Grenze gekommen. Um 4:45 Uhr haben sie zugeschlagen. Polen befindet sich im Krieg.

Mindla müsste lügen, wenn sie behaupten würde, dass sie das überrascht. Seit Monaten herrscht Alarmstimmung im Land, während sich die deutsche Wehrmacht immer mehr der Grenze näherte. Im Herzen hat sie immer noch gehofft, ihrem harmlosen kleinen Land würde nichts Schlimmes passieren. Doch ihr Kopf weiß es besser.

Polen ist ein wehrloses Opfer im Kampf größerer Mächte.

Sie werden das Land unter sich aufteilen. Im Monat zuvor haben der deutsche Außenminister Joachim von Ribbentrop und sein sowjetischer Kollege Wjatscheslaw Molotow einen Nichtangriffspakt unterzeichnet, in dem auch die Aufteilung Polens vereinbart wurde. Das Schicksal des Landes ist besiegelt.

Trotz der drohenden Kriegsgefahr hat Mindla weiterhin ganz normal gelebt, ist zum Einkaufen und in die Fabrik gegangen – alles in der verzweifelten Hoffnung, das Kriegsgerede würde schon wieder verstummen. In den Wochen vor dem Einmarsch hat sie sich an den Anblick von Soldaten auf den Straßen gewöhnt, und das Geräusch der polnischen Kampfflugzeuge, die ihre Übungen absolvierten, war ihr ein Trost. Rund um die Hauptstadt hat die polnische Armee Luftabwehrstellungen aufgebaut, jeder verfügbare Mann wurde aufgefordert, beim Ausheben von Gräben in den Parks und Gärten mitzuhelfen.

Plakate an allen Straßenecken rufen die Männer auf, sich freiwillig zur Armee zu melden. »Helft ihnen!«, steht darauf, oder: »Polen zu den Waffen!« Mindla hielt das eine Weile für übertrieben, doch inzwischen weiß sie, sie hat die Lage unterschätzt.

Am Nachmittag kommt der nächste Fliegeralarm. Als die Sirenen heulen, stimmt Gad mit ein. Instinktiv weiß er, was kommt. Die Levins laufen in den Keller oder verstecken sich unter ihren Betten. Sie wissen, wenn das Haus einen direkten Treffer abbekommt, kann ihnen kein Schutzraum mehr helfen.

Mindla drückt ihren Sohn an ihre Brust und summt ihm Kinderlieder vor, um ihn zu beruhigen. Wieder einmal staunt sie darüber, wie ähnlich er seinem Vater sieht. Und sie wünscht sich so sehr, Kubush könnte bei ihr sein!

In der Pause zwischen den Angriffen am Nachmittag und der nächsten Runde am Abend sitzt Minya mit Gad und Shara auf dem Boden im Schlafzimmer, singt mit ihnen und spielt Kuchenbacken, während Mindla versucht, einen Socken fertig zu bekommen, den sie für Kubush strickt. Herr Landau hat ihr leuchtend rote Garnreste aus der Fabrik geschenkt, und sie findet, die Socken werden perfekt zu Kubushs Kostüm passen. Das Stricken beruhigt ihre Furcht ein wenig, ihre Finger bringen ein bisschen Normalität in die chaotische Situation.

Doch es dauert nicht lange. Mit dem Sonnenuntergang kommen auch die deutschen Flugzeuge wieder.

Kapitel 10

In Białystok kommt die Nachricht an, das Warschau bombardiert wird. Was man im Radio hört, verbreitet sich wie ein Lauffeuer im Zirkuslager. »Habt ihr schon gehört? Hitler kommt!«, flüstern sie.

Am frühen Abend ruft die Direktion alle zusammen. »Ihr habt die schrecklichen Nachrichten gehört. Bis die polnische Armee die Lufthoheit wiederhergestellt hat, müssen wir unsere Vorstellungen aussetzen. Morgen werden wir die Zelte einpacken und unsere Habe in Sicherheit bringen. Dann werden wir weitersehen.«

Kubush und Faivel eilen zu Faivels Familie, um dort den Sabbat zu begehen. Es ist gut, bei der Familie zu sein, und Frida Ditkowskis Pierogi sind eine willkommene Abwechslung vom üblichen Essen der Zirkusköche. Doch Kubush gelingt es nicht, sich zu entspannen. In Gedanken ist er ständig bei Mindla und Gad.

»Sie kommt schon zurecht«, sagt Faivel, der begreift, was in ihm vorgeht. »Ihre Schwager werden sich schon um sie kümmern.«

Trotz des Sabbats gibt es im Zirkus keine Ruhe. Bei Morgengrauen machen sich alle an die Arbeit, um die riesigen Zeltbahnen abzunehmen und zu verpacken. Die Tribünen werden Stück für Stück auseinandergenommen, die Tiere in ihren Wagen gesichert. Die Direktion ist der Ansicht, es sei zu unsicher, jetzt nach Warschau zurückzureisen, und hat beschlossen, in Białystok zu bleiben, bis sich die Lage beruhigt hat.

In Warschau spricht man nur noch im Flüsterton. Die Stadt hält den Atem an, bis die Sonne wieder aufgeht. Die Plätze und Märkte liegen verlassen da.

Bei jedem Angriff kriecht Mindla mit Gad unters Bett und nimmt ihn fest in den Arm. Wenn die Einschläge zu nah kommen, läuft sie mit ihm in den Keller. Immer wieder drängen sich Dutzende Familien in den engen, feuchten Räumen unter dem Gebäude, alle in der Hoffnung, auch diesmal unbeschadet davonzukommen. Schweigend sitzen sie da. Was sollen sie auch reden? Ihre Ohren achten auf die Sirenen, ein kleines Detektorradio bringt Nachrichten aus der Außenwelt und damit ein wenig Ablenkung. Mindla fühlt sich im Keller nicht sicher. Sie hat schreckliche Geschichten von Verschütteten gehört, die in ihren eigenen Kellern erstickt sind.

Wenn sie wieder raufgehen können, ist es jedes Mal eine Erleichterung.

Draußen auf der Straße wagt sie kaum zu atmen. Der schreckliche Geruch von Verwesung, Benzin, Abwässern, Staub und Holzrauch – überall brennt es – ist überall und nimmt ihr die Luft. In der Wohnung wagt sie es nicht, eine Kerze anzuzünden. Sie hat gehört, wie polnische Soldaten durch die Straße gelaufen kamen und an die Türen der Nachbarn schlugen. »Licht aus! Jedes Licht ist ein Ziel für den Feind! Verdunkelung!«

Jetzt ist es überall finster. Das einzige Licht über dem nächtlichen Warschau kommt von den Bomben.

Überall auf der Welt berichten die Zeitungen auf der ersten Seite vom Krieg. »Bombenregen auf Warschau!«, heißt es. Alle wissen, dass Polen angegriffen wurde. Am 3. September erklären Großbritannien und Frankreich Deutschland den Krieg. Mindla seufzt erleichtert auf. Die Alliierten kommen ihrem Land zu Hilfe. Nach Tagen der Belagerung drängen sich die Menschen in den Straßen, hier und da wird gesungen.

Aus den Kellern kommen lebende Tote ans Licht, aus Bunkern, Wohnungen und dem Schutt zerstörter Häuser. Frauen mit blutverschmierten Gesichtern, ihre staubbedeckten Kinder im Arm. Männer voller Schmutz und Blut und mit zerrissenen Kleidern. Stolz flattert die polnische Flagge von vielen Balkonen, und die die Nationalhymne »Noch ist Polen nicht verloren« ertönt aus dem Radio. »Marsz, marsz, Dąbrowski«, singen die Leute aus vollem Halse, gefolgt von »God save the queen« und der Marseillaise. Dass sie den Text nicht können, kümmert niemanden. Auch Mindla singt, bis ihr der Hals wehtut. Der Krieg ist noch nicht vorbei, aber die Polen können sich dafür wappnen, diesen Albtraum noch ein paar Tage auszuhalten, bis die Alliierten kommen, die Deutschen vertreiben und sie alle retten.

*

Kubush geht davon aus, dass Białystok gut für einen Angriff der Wehrmacht gerüstet ist. Die polnische Armee hat in den letzten Monaten in der Nähe von Wizna, einem wichtigen strategischen Punkt unmittelbar westlich der Stadt, Schützengräben ausgehoben und Luftschutzbunker gebaut. Wizna liegt an der Hauptstraße nach Warschau, und die polnische Armee hat viel Zeit und Kraft investiert, um eine undurchdringliche Verteidigungslinie vor der Stadt zu errichten. Die Bunkerwände sind aus eineinhalb Meter dickem Beton und mit Stahlplatten verstärkt. Siebenhundert polnische Soldaten sind in der Region stationiert, um jeder Bedrohung zu trotzen. Doch sie haben Hitler nichts entgegenzusetzen, der 42.000 gut ausgebildete Soldaten und 350 Panzer schickt.

Ein paar Tage lang kämpfen die polnischen Soldaten tapfer gegen die Übermacht, doch am 7. September fällt auch Wizna. Auf dem Rückzug haben die Polen klugerweise die Brücke über den Fluss Narew gesprengt, um den Weg nach Warschau zu versperren, doch auch damit können sie die deutschen Truppen nicht ewig aufhalten, sondern ihr Vordringen nur ein wenig verlangsamen.

Sobald die Nazis das Südufer der Narew erreichen, sind sie in der Lage, Warschau von Norden her einzukesseln. Nach dem Fall von Wizna ist es auch nur noch eine Frage der Zeit, bis die Wehrmacht in Białystok einmarschiert. Jeden Tag tauchen geisterhafte Gestalten aus den Feldern und Wäldern um Białystok auf, und kurz nach den ersten Luftangriffen auf Warschau sind auch schon Flüchtlinge aus der Hauptstadt da, ihre hungrigen Kinder an der Hand, auf der Suche nach Schutz und Sicherheit.

Sie bringen schlimme Nachrichten mit, entsetzliche Geschichten von dem Terror der Bombenangriffe, von Explosionen und Bränden, von Leichenbergen in den Straßen. Von Menschen, die es gar nicht bis nach Białystok geschafft haben, weil sie auf offenem Feld oder auf den Straßen von gnadenlosen Piloten erschossen wurden, während sie um ihr Leben rannten. Der Himmel möge den armen Seelen helfen, die jetzt noch auf dem Weg hierher sind und den vordringenden Nazis in die Arme laufen.

Eine Woche nach dem Beginn des Einmarschs stehen nicht die Alliierten an der Stadtgrenze Warschaus, sondern die Deutschen. Mit Panzern haben sie die Stadt eingekesselt, der Bodenkrieg beginnt. Warschau wird jetzt sowohl aus der Luft als auch vom Boden her angegriffen, es gibt kaum noch eine Atempause. Tote Menschen und Pferde liegen überall auf den Straßen.

Freundliche Fremde ziehen die Toten in ausgebombte Gebäude oder legen sie in die Schützengräben, um ihnen ein wenig Würde zu geben, wenn sie schon nicht ordentlich begraben werden können. Zwischen den Angriffen ein schnelles Gebet für die Toten – mehr kann man nicht tun.

Mindla lernt schnell zwischen dem Geruch von verwesendem Menschenfleisch und toten Pferden zu unterscheiden. So weiß sie im Voraus, welche Schrecken hinter der nächsten Ecke auf sie warten, und kann sich ein wenig dafür wappnen.

Nach Tagen des Dauerangriffs werden die Lebensmittel knapp. Brot und Milch sind kaum noch zu bekommen. Von Sonnenaufgang bis Sonnenuntergang durchstreifen Yakov und Menachem die Straßen auf der Suche nach etwas Essbarem, sie tauschen und betteln. Listig umgehen sie alle Gefahren, und es gelingt ihnen, genug aufzutreiben, damit die Familie einen weiteren Tag überleben kann. Stundenlang stehen sie für ein Stück Brot an, manchmal ergattern sie auch irgendwo eine Zwiebel und eine Kartoffel, an echten Glückstagen etwas Fett oder Mehl. Niemand fragt, woher das alles kommt. Sie sind so hungrig, dass es sie nicht kümmert.

In ihrer Verzweiflung fangen die ersten Leute an, Fleisch von den toten Pferden zu schneiden.

Oft bringt Yakov Nachrichten von Erfolgen der polnischen Armee, die er irgendwo aufgeschnappt hat. In ihrem Bemühen, die Moral aufrechtzuerhalten, übertreiben die Zeitungen und das Radio die Siegesmeldungen. Wenn man ihnen glauben kann, kämpfen die polnischen Soldaten heldenhaft und tapfer und haben zahlreiche Flieger abgeschossen.

Doch wenn das alles stimmt, warum wird dann im Radio dazu aufgerufen, Verbandsmaterial zu spenden, weil in den Krankenhäusern das Material knapp wird? Vielleicht, so denkt Mindla, läuft es doch nicht so gut mit den Bemühungen der Armee. Über polnische Verluste wird kaum gesprochen.

Die Deutschen bombardieren Krankenhäuser, Eisenbahnlinien, Telefonleitungen, Straßen, Schulen, Banken – alles, um Warschau in die Knie zu zwingen. Jeden Tag erklingt die beruhigende Stimme von Bürgermeister Starzynksi aus dem Detektor, die den Stadtbewohnern versichert, dass die polnischen Streitkräfte stark und widerstandsfähig sind. Er bittet alle, bei der Verteidigung der Hauptstadt zu helfen.

»Wir stehen Seite an Seite mit unseren Nachbarn«, sagt er und verspricht, dass die Alliierten bald zur Hilfe kommen werden. Doch sie sind immer noch nicht da, und Mindla fragt sich allmählich, ob sie wohl jemals kommen werden.

In der Nacht erwacht eine geheime Stadt zum Leben. Ladenbesitzer öffnen im Schutze der Dunkelheit ihre Türen und verteilen, was sie noch an Lebensmitteln haben. Die Menschen eilen durch die Stadt, um nach Freunden und Verwandten zu sehen, bevor wieder Bomben fallen. Oft ist auch Yakov unterwegs, um die Lage zu peilen oder nach Jadzia und Avraham zu sehen, die in ihrer Wohnung in der Ulica Podwale geblieben sind. Eines Abends, als er um die Ecke der Ulica Muranowska kommt, läuft er einer Gruppe junger Männer in die Arme, die er aus der Nachbarschaft kennt. Sie tragen Rucksäcke und zeigen entschlossene Gesichter. »Wohin geht ihr?«, fragt er.

»Hast du noch nicht gehört? Die Regierung verlässt Warschau«, lautet die Antwort.

Yakov läuft los, stürmt in die Wohnung und erzählt so schnell, dass Shmuel ihn fast nicht versteht. »Aber wohin wollen sie denn, Yakov?«, fragt Mindla, die sich Mühe gibt, ihn ein wenig zu beruhigen.

Er zuckt mit den Schultern. »Nach Osten, heißt es, da soll es sicher sein.«

Mindla ringt die Hände, für einen Moment erleichtert, dass der Osten des Landes eine sichere Zone ist. Dann ist auch Kubush einstweilen gerettet.

In der Nacht verlässt ein Menschenstrom die Stadt. Mindla hält sie alle für Narren, denn die deutschen Flugzeuge kontrollieren die Straßen und Felder rund um Warschau. Wenn es Morgen wird über Polen, werden diese Menschen in der Falle sitzen. Am nächsten Tag erfahren sie, dass die Regierung sich nach Lublin zurückgezogen hat und dort ihr Hauptquartier aufschlagen wird. Yakovs Gerüchte erweisen sich als wahr. Geplant ist, dort zwei oder drei Wochen zu bleiben, bis die Alliierten helfen, Warschau zu sichern, und eine Rückkehr möglich ist.

Angeblich bereiten die Franzosen einen Angriff auf Deutschland von der Maginot-Linie aus vor, mit dem sie Hitler zwingen wollen, seine Truppen und seine Aufmerksamkeit dorthin zu richten.

Am 10. September, einen Sonntag, zählt Mindla siebzehn aufeinanderfolgende Luftangriffe. An diesem Tag sieht sie den Himmel nicht, nur dicken dunklen Rauch bis zum Horizont. Deutsche Flugzeuge schießen auf alles und jeden und lassen Bomben auf die Stadt regnen. Die Keller der Wohnhäuser, Kirchen und Synagogen sind voll. Einige Menschen tragen Gasmasken. Viele flüchten sich in die Treppenhäuser, weil sie fürchten, im Keller verschüttet zu werden. In der Nacht finden unzählige Fremde im hölzernen Treppenhaus des Hauses Nummer 17 Zuflucht.

Mindla und ihre Familie teilen ihre wenige Habe mit den anderen, geben Decken und Essen heraus, obwohl sie selbst kaum etwas haben. Nur eine Woche nachdem Gerüchte aufgekommen sind, die Deutschen würden sich bald zurückziehen, zwingt die Luftwaffe Warschau in die Knie und greift das Stadtzentrum an. Ein Gebäude nach dem anderen, Wahrzeichen der Stadt, wird zur Zielscheibe der Angriffe. Zuerst geht das von allen so sehr geliebte Königsschloss in Flammen auf. Die Uhr dort bleibt um 11:15 am Vormittag stehen, ein Mahnmal des Artilleriebeschusses. Die atemberaubende Decke des majestätischen Ballsaales bricht herunter und mit ihr das barocke Fresko »Die Erschaffung der Welt« von Marcello Bacciarelli. Die Angestellten im Schloss können das Feuer löschen, bevor es sich weiter ausbreitet, aber dieses Meisterwerk ist für alle Zeit verloren.

Dann gerät die Johanneskathedrale, in der die polnischen Könige gekrönt wurden und Mitglieder der königlichen Familie, große Komponisten, Künstler und Schriftsteller beerdigt sind, unter Beschuss.

Die Botschaft ist klar und deutlich: Hitler will Warschau die Seele rauben.

»Es tut mir so leid, Mindla«, sagt Yakov leise, als er ihr die bisher schlimmste Nachricht überbringt. »Auch die Ulica Ordynacka wurde bombardiert. Das Zirkusgebäude steht nicht mehr.«

Mindla bleibt fast das Herz stehen. Am nächsten Morgen läuft sie hin. Auch wenn die Nazipiloten so tief fliegen, dass sie einen einzelnen Menschen, zumal eine Frau mit Kinderwagen, die um ihr Leben läuft, mühelos erkennen können, rennt Mindla, als würde sie das Chaos um sie herum gar nicht wahrnehmen.

Sie muss es mit eigenen Augen sehen.

Die Gebäude auf dem Weg zum Zirkus, an denen sie vor einiger Zeit noch Arm in Arm mit Kubush vorbeispaziert ist, liegen in Schutt und Asche. Das Café, wo sie sich heimlich trafen, ist eine ausgebrannte Ruine. Sie erkennt ihre Stadt kaum noch wieder. Als sie an der Ecke zur Ulica Ordynacka ankommt, sind ihre Lungen voller Brandgeruch. Gegenüber vom Zirkus im Schutz eines Hauseingangs bleibt sie stehen. Die Außenmauern haben wie durch ein Wunder überlebt, sie sind nur vom Feuer geschwärzt, sonst aber intakt. Doch das gesamte Innere wurde von einem direkten Treffer zerstört.

Das Kuppeldach und alles, was sich darunter befand, ist verschwunden. Der schöne Zuschauerraum, die Ledersessel, die Samtvorhänge, alles nur noch eine verkohlte Ruine. Die Ställe sind zerstört, die Tiere darin tot. Der ganze Bau ist nur noch eine rauchende leere Hülle. Und wo Lala Staniewska ihre schönen weißen Pferde vorführte, ist ein riesiger Bombenkrater zu sehen. Mindlas Knie werden weich, sie verliert den Halt, kauert sich in eine Ecke des Porticos und weint bitterlich.

Jeden Tag und jede Nacht wird Warschau immer wieder angegriffen. Das Rote Kreuz tut sein Möglichstes, um Verwundete zu versorgen, doch die Helfer sind von der schieren Zahl überfordert. Die jüdische Gemeinde richtet in der Ulica Zielna ein eigenes Krankenhaus ein, um die Bemühungen zu unterstützen. Freunde, Nachbarn und Verwandte werden beerdigt, wo man gerade Platz findet, in Parks und Gärten, wo auch immer man mit dem Spaten in die Erde kommt. Doch es liegen immer noch viele Tote in den Straßen und verwesen.

Nach drei Wochen erbarmungsloser Angriffe fällt der Strom aus und es gibt kein Brot mehr. Auch das Wasser wird knapp. Mindla ist dankbar für das Pferdefleisch von der Straße, mit dem sie ihren kleinen Sohn ernähren kann. Und als sie sich nicht mehr vorstellen kann, wie es noch schlimmer werden sollte, beginnt am nächsten Morgen der bisher schwerste Bombenangriff: mehr als tausend Angriffe aus der Luft und von Land, die letzte große Anstrengung der Wehrmacht. Mindla sitzt mit Gad auf dem Schoß den ganzen Tag und die Nacht über im Keller, zusammengepfercht mit Dutzenden von Nachbarn. Sie können sich kaum bewegen, nur gelegentlich weint ein Kind und erinnert sie daran, dass sie noch am Leben sind. Sie spüren jede einzelne Bombe. Die Erde bebt um sie herum, staubiger Schutt fällt von der Decke. Die Luft ist nur noch eine giftige Mischung aus Rauch, Zigarettenqualm, Körpergeruch und Gestank von Urin. Die Menschen husten, niemand weiß, ob vom Rauch oder von den Krankheiten, die sich in der zerstörten Stadt ausbreiten. Wen die Bomben nicht töten, den holt der Typhus.

Doch sie überleben auch diese Nacht, irgendwann geht die Sonne auf, und Mindla spürt eine gewisse Erleichterung. Gleichzeitig fragt sie sich, welchen Sinn diese Erleichterung haben soll, wenn sie in einer belagerten Stadt lebt, getrennt von ihrem Mann.

Kapitel 11

15. September, Białystok

Am Freitag, dem 15. September, dem zweiten Tag des jüdischen Neujahrsfestes Rosch Haschana, verbreitet sich das Gerücht, die Deutschen hätten den Stadtrand von Białystok erreicht.

Am nächsten Morgen dringen sie in die Stadt ein, ohne dass ihnen Widerstand entgegengesetzt wird.

Ein endloser Strom von grünen Uniformen erscheint am Horizont, polierte schwarze Stiefel krachen im Gleichschritt, als sich ihre Reihen durch die Straßen bewegen. Ein Konvoi von Fahrzeugen folgt ihnen: Motorräder, Halbkettenfahrzeuge, Panzer und Lastwagen. Eine eindrucksvolle Machtdemonstration. Sie treffen sich auf dem Hauptplatz der Stadt, der jetzt mit Soldaten und ihren Todesmaschinen gefüllt ist.

In den ersten Tagen nach der Ankunft der Nazis ist Białystok geradezu unheimlich still und wiegt sich in einem falschen Gefühl der Sicherheit. Vom ersten Tag an gilt eine nächtliche Ausgangssperre, sodass die Straßen von Sonnenuntergang bis Sonnenaufgang menschenleer sind.

Doch der Frieden währt nicht lange. Am Vorabend von Jom Kippur, dem ernstesten und heiligsten Tag der Juden, wird ein zwölfjähriger Junge erschossen, weil er fünf Minuten nach Beginn der Ausgangssperre noch auf der Straße angetroffen wird. Das Kind war auf dem Heimweg von der jüdischen Schule und wurde in den Rücken geschossen. Der ruchlose Mord löst weitere Gewalt aus, die Nazis erschießen jeden, der sie schief ansieht.

An einem Nachmittag wirft ein Tiefflieger Tausende Flugblätter über der Stadt ab. Kubush nimmt eins davon in die Hand. Es ist in belarussischer Sprache geschrieben und versichert den Bewohnern von Białystok, die Stadt werde bald von der Roten Armee »befreit«. Die Sowjets sind also auf dem Weg.

Das Ganze ist natürlich von vornherein so geplant und Teil des Abkommens, das Ribbentrop und Molotow unterzeichnet haben. Die Deutschen sollen die Stadt sichern und sich dann zurückziehen, um den Russen Platz zu machen. Białystok wird dann östlich der neuen Grenze zur Sowjetunion liegen.

Während der letzten Tage in Białystok plündern die deutschen Soldaten die Stadt, stürmen Häuser und stehlen alle Wertgegenstände, derer sie habhaft werden können. Sie überfallen die berühmten Textilfabriken der Stadt, rauben Kleidung und Decken, mehr als sie tragen können. Ihre Lastwagen sind vollgestopft mit Kisten voller Lebensmittel und Wertgegenständen. Sie sind sich für nichts zu schade, selbst Frauen werden auf der Straße angehalten und mit vorgehaltener Waffe gezwungen, ihre Trauringe herzugeben.

Und niemand zweifelt daran, dass die Nazis wirklich schießen.

Während der sechs Tage, die sie in Białystok zubringen, töten die Deutschen mehr als hundert Menschen. Sie verwüsten und plündern mehr als zweihundert jüdische Geschäfte und Wohnungen. Dann sind sie so plötzlich verschwunden, wie sie in die Stadt einmarschiert sind.

*

Schnell spricht sich herum, dass ein langer sowjetischer Konvoi am Horizont aufgetaucht ist. Die Lokalbehörden rufen die Stadtbewohner zusammen, um den »Rettern« einen angemessenen Empfang zu bereiten. Polen, Juden und alle anderen ziehen sich die besten Kleider an und stehen applaudierend an den Straßenrändern, als die sowjetischen Panzer einrollen.

Frauen und Kinder werfen den Truppen Blumen zu, sodass die Panzer bald über einen hübschen Blütenteppich fahren. Auch in die Schützentürme der Panzer werden Blumen geworfen; junge Mädchen umarmen Infanteristen, die sich nur zu gern revanchieren. Ein Gefühl von Freude und Feierlaune schwappt durch die Stadt.

Unverzüglich drücken die Russen ihrer neuen Stadt ihren Stempel auf. Riesige Plakate mit dem Konterfei Stalins werden aufgehängt, rote Fahnen mit Hammer und Sichel werden an jedem Mast gehisst und hängen aus den Fenstern. Wer kann, schmückt sein Haus mit irgendwelchen roten Fetzen, um seinen guten Willen zu zeigen. Die Farbe von Blutvergießen und Mord wird zum Symbol für Hoffnung und Frieden.

Am Nachmittag des 27. September hört man die vertraute Stimme des Warschauer Bürgermeisters Starzynski aus dem Radio. »Bürger der Stadt«, sagt er mit trauriger Stimme, in einem Ton, der sich deutlich von seinen sonstigen Durchhalteparolen unterscheidet. »Hier spricht Warschau zum letzten Mal.« Er atmet tief durch, bevor er weiterspricht, als hätte er Sorge, an seinen eigenen Worten zu ersticken. »Heute Mittag um zwölf Uhr wurde ein Waffenstillstand vereinbart …«

Das ist kein Anlass zum Feiern. Die Deutschen haben die polnische Armee überrannt, die Regierung hat kapituliert. Der Bürgermeister bittet die Bürger der Stadt, Ruhe zu bewahren, gelassen zu bleiben und sich bei der Verteilung der Lebensmittel diszipliniert zu verhalten.

»Warschau brennt, Warschau blutet, Warschau weint«, sagt er.

Dann herrscht Schweigen.

Die nächste Stimme, die sie im Radio hören, ist die von General Erwin Rommel, der die polnische Armee dringend dazu auffordert, in Würde zu kapitulieren. »Ich verlasse mich darauf, dass die Bevölkerung von Warschau, die ihre Stadt so tapfer verteidigt und ihren tiefen Patriotismus gezeigt hat, den Einmarsch der deutschen Truppen ruhig, ehrenhaft und gelassen akzeptiert.«

Warschau und seine Bewohner gehören jetzt den Nazis.

Kapitel 12

Warschau

Die Bombardierung hat endlich aufgehört, doch unter dem schweigenden Himmel geht das Grauen weiter. Die Erkenntnis, dass sie ihre Freiheit verloren haben, raubt den Menschen den Schlaf. Vorsichtig kriechen sie aus ihren zerstörten Häusern und muffigen Kellern, strecken die Beine und atmen durch. Selbst der bittere Geschmack der brennenden Stadt ist eine Abwechslung vom ranzigen Geruch ungewaschener Menschenkörper. Die Herbstsonne scheint Mindla wärmend auf den Rücken.

Warschau ist nicht wiederzuerkennen.

Ganze Straßenzüge sind verschwunden. Krater klaffen, wo früher Häuser standen, und an den Straßenrändern liegen Schuttberge. Hier und da ragt ein steifer Arm oder ein blutiges Bein aus den Ruinen, an einer Stelle liegt ein staubiger Teddybär.

Eines Tages, als sie vorsichtig einen Haufen Ziegelsteine umgeht, fällt ihr ein bläulicher Fleck auf. Als sie stehen bleibt und den Dreck wegschiebt, findet sie eine Teetasse aus Porzellan. Hübsche kleine Kornblumen zieren den Rand. Die Tasse ist schmutzig, aber vollkommen heil geblieben. Sie vermutet, dass die Besitzer der Tasse nicht so viel Glück hatten. Vorsichtig steckt sie den kostbaren Fund in ihre Tasche, er soll ihr von jetzt an Glück bringen. Wenn eine so zerbrechliche Teetasse überleben kann, denkt sie, dann sollte das auch ihr möglich sein.

Lebensmittel sind ungeheuer schwer zu bekommen. Es gibt keine neuen Lieferungen, die Bauern ernten nichts, und aus den Bezirken rund um Warschau kommen keine Wagen herein. Mindla hält Gad fest an der Hand, während sie auf der Suche nach etwas Essbarem durch die Straßen ziehen. Natürlich würde er gern auf die Schutthaufen klettern, unschuldig, wie er ist. Er ahnt ja nicht, welche Schrecken sich darunter verbergen. Entsprechend sauer ist er, dass sie ihn keinen Zentimeter von ihrer Seite lässt. Eine einzelne Frau mit Kind weckt Mitleid bei den Leuten. Manchmal bietet ihr jemand ein Stück Brot oder eine Zwiebel an, dafür ist sie immer dankbar. Als Yakov eines Tages einen Brocken Pferdetalg mitbringt, freuen sich alle.

Mindla kocht einen Topf Suppe, die mit dem Pferdefett gewürzt wird, und gibt eine kleine Menge Buchweizen hinein, um die Brühe ein wenig anzudicken. Mit dieser Suppe müssen sie mehrere Tage lang auskommen.

Alle sind vollständig mit der Suche nach Nahrung und Wasser beschäftigt, um irgendwie zu überleben. Das Weichselufer sind nicht weit vom Haus der Levins entfernt, aber vor dem Trinken des Flusswassers wird gewarnt, weil darin so viele Leichen treiben. Stattdessen suchen sie in den Straßen nach einem funktionierenden Hydranten und füllen dort alle Gefäße, die sie tragen können – einen Kochtopf, einen Eimer, selbst die Wärmflaschen – mit dem kostbaren Nass. Vor den Hydranten bilden sich lange Warteschlangen, manchmal stehen die Leute stundenlang an, um etwas sauberes Wasser zu bekommen.

Arm und Reich sind in derselben Lage. Selbst wenn jemand viel Geld hat, er könnte kein Essen kaufen – es gibt einfach nichts.

Am 1. Oktober marschieren die deutschen Soldaten in die Stadt. Der Anblick von Hitlers Truppen, die durch die Straßen ziehen, lässt Mindla einen Schauer über den Rücken laufen, aber sie schließt sich gemeinsam mit Sonia und Yakov der Menge an, die am Straßenrand steht und die giftige Parade betrachtet. Aus den Lautsprechern dröhnt immer wieder das Deutschlandlied, während Tausende von Wehrmachtsstiefeln vorbeitrampeln, gefolgt von den schwarz gekleideten SS-Leuten mit ihren Hunden. Einige Nachbarn singen begeistert mit und schwenken stolz die Naziflagge.

Trotz des blutigen Kampfes zur Eroberung Polens funkeln die Helme der deutschen Soldaten und ihre Stiefel sind spiegelnd blank geputzt. Kein Stäubchen ist auf ihren Uniformen zu sehen. Mindla fragt sich, wie es sein kann, dass sie so sauber sind.

Eine lange Reihe von Panzern, Motorrädern mit Maschinengewehren, Lastwagen und schwerer Artillerie folgt den Soldaten. Die Erde bebt, als die Fahrzeuge vorbeirollen. Reihe um Reihe von jungen Männern mit starren Gesichtern marschiert vorbei. Mindla betrachtet diese Gesichter in der Hoffnung, irgendwo einen Funken Wärme oder Mitgefühl zu sehen, aber die Augen der Soldaten sind glasig und scheinen durch sie hindurchzustarren. Kein Wunder, dass die braven polnischen Streitkräfte, die aus frisch von der Straße rekrutierten Männern bestanden, dieser entsetzlich disziplinierten Macht nichts entgegenzusetzen hatten.

*

Die Deutschen errichten unverzüglich ihr Regime. Eine nächtliche Ausgangssperre wird verhängt, nach Sonnenuntergang darf niemand mehr auf die Straße. Und kurz vor Morgengrauen hört man immer öfter das Gebrüll, an das man sich erschreckend schnell gewöhnt: das deutsche »Raus! Raus!«

Mit Peitschen und vorgehaltener Pistole zerren sie Männer aus den Betten, um Arbeitskolonnen zu bilden, die die Stadt aufräumen sollen. Die Männer haben keine Werkzeuge, nur ihre bloßen Hände und einen Gewehrkolben im Rücken, aber sie arbeiten den ganzen Tag, werfen Ziegelsteine zur Seite, schaufeln Schutt, zerren verwesende Leichen aus den Ruinen und verbrennen die Skelette toter Pferde. Die Nazis sitzen dabei und passen auf.

Am Ende des ersten Tages kennt jeder Mann die Regeln der Nazis: Wer widerspricht, wird erschossen. Die verzweifelten Bemühungen um Ordnung in der Stadt dienen im Übrigen nicht dem Wohl des polnischen Volkes oder sollen die Würde der Stadt wiederherstellen. Es sind Vorbereitungen für die Ankunft des Führers.

Fünf Tage später erscheinen Hitler und seine Entourage tatsächlich, um eine Siegesparade abzunehmen, eine protzige Zurschaustellung der Macht des Reiches. Tausende Soldaten säumen den Boulevard Aleje Ujazdowskie, jubeln und schwenken rote Naziflaggen. An allen Fenstern hängen Fähnchen, und Girlanden mit Wimpeln sorgen dafür, dass die Bühne für Hitlers Auftritt festlich geschmückt ist. Ein endloser Strom von Soldaten, Pferden und Artillerie marschiert im Gleichschritt zum Klang einer Militärkapelle, die das Deutschlandlied und Hitlers Lieblingsstücke von Wagner spielt. Es ist ein großes Fest.

Wenn die Soldaten am Führer und seinen Generälen vorbeikommen, heben sie stolz den Arm zum Nazigruß. Ihre Stiefel knallen im perfekten Rhythmus. Kein Zufall, dass Hitlers Podium genau gegenüber der amerikanischen Botschaft errichtet wurde: Hitler dreht der westlichen Welt eine lange Nase.

Zweifellos ist dies eine erstaunliche Siegesparade, eine fantastisch inszenierte Schau von deutschem Stolz und deutscher Macht. Nach dem Ende der Parade fährt Hitler in einem offenen Wagen durch die Stadt und winkt seinen neuen Untertanen zu. Die Fahrt geht vorbei an der hoch aufragenden Alexanderkirche, dem Lesserpalast und dem Belvedere, schönen Gebäuden, die wie durch ein Wunder stehen geblieben sind und Hitler jetzt zur Verfügung stehen. Dann fährt der Konvoi die Nowy Swiat hinunter, eine der wichtigsten historischen Durchgangsstraßen von Warschau. Dort hat der polnische Widerstand ein Attentat auf Hitler geplant. Am frühen Morgen wurde Sprengstoff deponiert, doch aus irgendeinem Grund bleibt die Explosion aus.

Der nichts ahnende Führer winkt der Menge zu, die seinen Weg zum nahe gelegenen Flugplatz säumt. Dort wartet ein Flugzeug, das ihn zurück nach Berlin bringen soll.

Hitlers Besuch ist das Signal für den Beginn einer brutalen Kampagne seiner Leute, um die polnischen Juden zu vernichten. Mindla ist entsetzt. Orthodoxe Juden werden auf den Straßen geschlagen und gedemütigt, älteren Männern schneidet man schmerzhaft mit Messern den Bart ab. Die Bankkonten sämtlicher Juden in Polen sind eingefroren, sodass viele Familien nur noch das wenige Geld zur Verfügung haben, das sie in den Taschen tragen.

Propagandaplakate werden in den Straßen aufgehängt, auf denen die Juden mit Typhus und anderen Krankheiten in Verbindung gebracht werden. »Achtung! Seuchengefahr!« Das heißt letztlich: Haltet euch von den Juden fern. Durch Lautsprecher in den Straßen der Stadt werden ständig Warnungen vor den Juden in deutscher und polnischer Sprache ausgestrahlt. SS-Trupps lauern in den Straßen auf eine Gelegenheit, einen Juden zu erschießen oder halb tot zu schlagen. Ein Blick in die falsche Richtung oder ein Mann, der noch nicht begriffen hat, dass er nicht auf derselben Straßenseite gehen darf wie die Deutschen – das genügt schon. Deutsche Schäferhunde zerren an ihren Leinen, um schmutzige Juden zu zerfleischen.

Lastwagen der Wehrmacht parken in den Straßen, wo wohlhabende jüdische Familien wohnen. Die Soldaten plündern die Häuser, nehmen Möbel, Geschirr und sogar die Vorhänge mit. Manchmal stehen sie einfach nur mit vorgehaltener Waffe da und befehlen den Besitzern, einen geliebten Esstisch oder ein Sofa auf den wartenden LKW zu tragen, der die Gegenstände zu einem »verdienten« Nazioffizier bringen wird, als »Geschenke« für die Deutschen.

Dann ergeht der Befehl, dass alle Juden ihr Gold und Silber in die Synagoge bringen sollen. Selbst die kostbaren Menora-Leuchter sind davon nicht ausgenommen. Familienerbstücke, die seit Generationen weitergegeben wurden, gehören jetzt Hitler. Alles gehört Hitler. Die Levins besitzen keine silbernen Teller und Kerzenhalter, wie das bei anderen Familien der Fall ist, aber Eva, Jadzia und

Mindla besitzen immerhin ihre goldenen Trauringe, und Shmuel hat Chanas Trauring sicher auf dem Grund einer Kaffeedose versteckt.

Da sie kein Geld mehr zur Verfügung haben, können diese schmalen Goldringe den Unterschied zwischen Leben und Tod bedeuten, zwischen Verhungern und Überleben. Sie sind wild entschlossen, sie auf keinen Fall den Deutschen auszuhändigen, selbst auf die Gefahr hin, erschossen zu werden, wenn die Soldaten die Ringe bei einer Razzia finden sollten.

Eine von Jadzias Freundinnen näht ihre Ringe in die Armlehnen eines Sofas ein. Mindla hält das für keine gute Idee, denn wenn die Soldaten das Sofa mitnehmen, sind die Ringe auch weg. Eine Nachbarin näht ihren Schmuck in ein fadenscheiniges altes Kissen, in der Hoffnung, dass die Nazis das alte Ding liegen lassen. Außerdem kann sie es gut mitnehmen, falls sie fliehen muss.

Mindla schläft jede Nacht angezogen und mit Schuhen an den Füßen, falls die Deutschen kommen sollten und sie schnell weglaufen muss. Da sie die Schuhe nie auszieht, nimmt sie den Schnürsenkel aus dem linken Schuh und fädelt ihren Trauring darauf. Dann zieht sie den Schnürsenkel sorgfältig wieder ein, sodass der Ring sicher unter der Zunge des Schuhs verborgen ist.

Der kluge Schuhmacher Shmuel nimmt Chanas Trauring aus der Kaffeedose und näht ein kleines Lederviereck in einen seiner Stiefel. Der Ring steckt sicher dahinter. Für ungeübte Augen sieht es so aus, als hätte man den Schuh an dieser Stelle geflickt, und nachdem die Stiefel wirklich alt und abgetragen sind, werden die Nazis kein Interesse an ihnen haben.

Als Nächstes werden Pelze konfisziert, um damit die Stiefel der deutschen Soldaten für den Winter auszukleiden. »Sie werden nicht aufhören, bis sie uns alles genommen haben«, sagt Jadzia traurig. »So ist das jetzt in Polen.«

Mindla macht sich mehr Sorgen um Lebensmittel, als um Pelze, die sie eh nicht besitzt. Allmählich öffnen in der belagerten Stadt wieder einige Bäckereien ihre Tore, doch Juden dürfen dort nicht nach Brot anstehen. Das Brot ist nur für Polen und Deutsche gedacht, und die Warteschlangen werden bewacht, damit sich kein Jude hineinmogelt.

Am Brot beweist sich die Moral der Menschen. Mindla denkt an einen armen jüdischen Mann, der von seinem eigenen Nachbarn verraten wurde, der ihn den SS-Ungeheuern und ihren Hunden auslieferte. Die Soldaten zerrten den Mann aus der Schlange: »Ist das wahr? Bist du ein Jude?«, brüllten sie.

Als der Mann nickte, traten sie ihn, bis er stürzte. Noch ein paar Tritte gegen den Kopf, dann schoben sie ihn in die Gosse und erschossen ihn. Die Menschen in der Warteschlange sahen weg, als wäre nichts passiert. Jüdische und nicht-jüdische Polen haben Seite an Seite gegen die Deutschen gekämpft, doch Hunger und Angst treiben Nachbarn zum Verrat. Niemandem kann man trauen. Sie sind alle zu Wilden geworden. Ein paar freundliche Bäcker erlauben den Juden den Eintritt durch die Hintertür, um einen Laib Brot zu kaufen, aber sie bringen sich damit selbst in Lebensgefahr.

Herr Landau richtet eine Suppenküche für seine Mieter im Haus Nummer 17 ein. Er hat einige Lebensmittel aus einem Lagerhaus am Stadtrand ergattert und teilt sie großzügig mit den Hausbewohnern. Einigen von ihnen rettet er damit das Leben.

Als das Wetter wechselt und die kühlen Herbsttage in den Winter übergehen, verstärken die Nazis ihren Griff. Juden müssen jederzeit einen Ausweis vorzeigen können, sonst werden sie erschossen. Sie dürfen nicht mehr in staatlichen Behörden arbeiten oder irgendetwas von »Ariern« kaufen bzw. ihnen verkaufen. Sie dürfen auch nicht mehr mit dem Zug fahren oder zu einem arischen Arzt gehen. Jüdische Ärzte dürfen arische Patienten nicht mehr behandeln. Yakov ist ständig über die neuesten Gerüchte informiert. Er sagt, es gibt Pläne, alle Juden in Warschau in einen besonderen Bezirk umzusiedeln, ein sogenanntes Getto.

Shmuel Levin glaubt ihm kein Wort. »Das ist doch Unsinn! Kümmere dich lieber darum, etwas zu essen zu finden, statt auf solchen Quatsch zu hören. Es ist bald vorbei, warte nur ab. Bald kommen die Alliierten und schicken Hitler ab nach Sibirien.«

Yakov und Mindla sind da anderer Meinung. Sie glauben nicht mehr an irgendwelche Hilfe von außen. Mit gedämpften Stimmen diskutieren sie zu Hause über die Zukunft. Mindla hat große Sehnsucht nach Kubush. Nachts liegt sie auf ihrem Bett und wartet auf den Schlaf. Und sie träumt immer wieder dasselbe.

Endlich ist sie wieder mit Kubush zusammen, sie leben glücklich in einem kleinen Haus irgendwo auf dem Land. Es gibt keinen Krieg. Sie stellt sich vor, wie Gad über weite offene Wiesen mit üppig grünem Gras läuft und Steinchen in einen Bach wirft. Sie stellt sich eine kleine Küche vor, sonnendurchflutet, auf dem Tisch stehen ein Krug Milch und eine Schüssel mit saftigen Orangen. Kleine Vögel zwitschern auf der Fensterbank.

Träume sind Schäume, aber was bleibt ihr sonst?

Mitten in der Nacht kommen die Deutschen und reißen Männer aus dem Bett. Niemand weiß, wohin sie gehen und ob sie jemals zurückkehren werden.

Kurz vor Morgengrauen Ende November fahren Lastwagen vor der Ulica Nalewski Nummer 9 vor, einem Mietshaus genau wie das, in dem Mindla wohnt, nur ein paar Straßen weiter. Alle Männer in dem Haus werden zusammengetrieben und weggebracht. Dreiundfünfzig Männer. Tag für Tag warten ihre Frauen mit den Kindern vor dem Büro der jüdischen Gemeinde und bitten die Leiter, ihnen zu helfen, damit sie ihre Männer finden und nach Hause bringen können. Ein Hoffnungsschimmer glimmt auf, als die Nazis ein Lösegeld fordern, Tausende Zlotys. Wenn das bezahlt sei, würden die Männer und Väter sicher heimkehren.

Der Judenrat sammelt das Geld und übergibt dem Steuerbüro einen Scheck, aber Josef Meisinger, der Befehlshaber der deutschen Sicherheitspolizei, verweigert die Annahme. Er verlangt Bargeld. Am nächsten Tag werden 102.000 Zloty bezahlt. Nicht genug, der Gesamtbetrag sind 150.000.

Der Restbetrag wird auch noch aufgebracht, aber das Ganze ist ohnehin ein einziger Betrug. Am 30. November berichtet die deutsche Propagandazeitung *Nowy Kurier*

Warszawski, alle Männer seien erschossen worden. Die Nazis weigern sich, die Toten herauszugeben, niemand weiß, wo sie begraben sind. Das ist nicht das erste Mal, dass Menschen einfach verschwinden und nie wieder auftauchen.

In derselben Woche tritt eine neue Verordnung in Kraft: Alle Juden müssen Armbinden tragen, um sich erkennbar zu machen: weiße Armbinden mit einem blauen Davidstern. Mindla vermutet, dass es damit noch leichter wird, Juden zu erschießen. »Papa, wir müssen hier weg, solange es noch geht!«, fleht sie Shmuel an.

Shmuels Bruder, Onkel Aldo, lebt in Sokółka, einem Dorf nordöstlich von Białystok, das jetzt unter russischer Verwaltung steht. Mindla glaubt, dort wäre es viel sicherer als mitten in der Nazi-Hochburg Warschau.

»Ich werde Kubush endlich wiedersehen, und wir können bei Onkel Aldo unterkommen, bis der Krieg zu Ende ist«, sagt sie, aber Shmuel tut so, als würde er sie gar nicht hören. Doch nachdem die Lage in Warschau jeden Tag schlimmer wird, denkt sie mittlerweile ernsthaft an Flucht. Der Winter kommt immer näher, sie kann sich nicht vorstellen, wie sie ohne Lebensmittel und Brennstoff für den Ofen überleben sollen.

In Łódź, einer Stadt südwestlich von Warschau, wird eine Gruppe von Frauen zum Arbeitseinsatz zusammengetrieben. Sie sollen die Latrinen im Nazi-Hauptquartier mit bloßen Händen putzen. Als die Frauen sagen, dass sie Lappen brauchen, befiehlt man ihnen, ihre Blusen auszuziehen und ihre Unterwäsche zum Putzen zu nehmen. Am Ende des Tages zwingen die Deutschen sie, ihre Kleider wieder anzuziehen und nach Hause zu gehen, tropfnass und mit Exkrementen verschmiert.

Überall passieren solche schrecklichen Dinge. Einige Geschichten, die man gerüchteweise hört, sind so furchtbar, dass die Levins sie gar nicht glauben können. Mindla redet ständig auf ihren Vater ein, sie sollten nach Osten fliehen, aber er weigert sich. Ihr bleibt nichts anderes übrig, als allein zu gehen. Im Osten wird das Leben besser sein, denkt sie, und sie hat keine Zeit zu verlieren. Mit Yakovs Hilfe findet sie jemanden, der sie auf einem Karren mitnimmt Richtung Białystok. Die Anweisungen, die sie bekommt, sind klar: Im Morgengrauen, sofort nach dem Ende der Ausgangssperre, soll sie abfahrbereit an der Ecke der Ulica Muranowska stehen.

An diesem Abend versammelt sich die ganze Familie am Esstisch. Mindla fleht ihren Vater an, ihr auch die kleine Schwester Shara mitzugeben. Die Kleine ist sechs Jahre alt und strohblond, sie würde leicht als Mindlas Tochter und Gads große Schwester durchgehen.

»Wir haben nichts mehr zu essen, Papa, es gibt keine Schule, und Warschau ist kein Ort für ein kleines Mädchen«, argumentiert Mindla. Eva und Jadzia unterstützen sie, aber Shmuel bleibt unbeugsam. »Shara ist meine Tochter, ich kümmere mich um sie. Was auch immer geschieht, wir bleiben zusammen.«

Mindla tut in dieser Nacht kein Auge zu. Sie wälzt sich im Bett, tausend Gedanken wirbeln ihr durch den Kopf. Sie hat Angst vor der Reise, ist aber froh, Kubush bald wiederzusehen. Lange vor Sonnenaufgang steht sie auf und macht sich fertig. Shmuel ist ebenfalls wach.

»Mindla, ich möchte, dass du das hier mitnimmst«, sagt er und drückt ihr die kostbare goldene Uhr in die Hand, die er einmal von seinem Vater geschenkt bekommen hat. »Gib sie Onkel Aldo oder benutze sie, wie es nötig ist.«

»Aber Papa …«, protestiert sie unter Tränen.

»Nein, bitte, keine Diskussion«, sagt er und küsst sie zum Abschied auf die Stirn.

Yakov ist auch schon aufgestanden. »Leb wohl, Mindla«, sagt er und umarmt sie fest.

Mit einer Tasche in der einen Hand und ihrem schläfrigen Sohn auf der Hüfte schließt sie leise die Tür hinter sich und geht, im Herzen die Hoffnung, ihre Familie eines Tages wiederzusehen.

Kapitel 13

Der Pferdewagen wartet auf der Ulica Ogrodowa in den Schatten, so wie Yakov es ihr versprochen hat. Es wird gerade hell, ein halbes Dutzend Frauen ziehen ihre verschlafenen Kinder an den noch bettwarmen Händchen durch die Straße. Ihre Männer tragen Koffer, die zum Bersten mit ihren Habseligkeiten gefüllt sind. Was nicht in die Koffer passte, tragen sie am Leib: Hemden und Pullover in Schichten übereinander, die Mäntel darüber. In der eiskalten Morgenluft ist das ein wahrer Segen.

Mindla fürchtet, dass sie viel zu viele sind, um auf den wackeligen alten Pferdewagen zu passen, aber der Fahrer versichert ihr, dass er diese Reise schon viele Male gemacht hat, manchmal mit noch mehr Fahrgästen. Die Frauen und Kinder werden auf dem Wagen sitzen, die Männer müssen abwechselnd nebenherlaufen. Doch der drahtige alte Mann warnt sie, dass sie sich beeilen müssen, denn die Deutschen werden auch wach, bald geht es los mit den Kontrollen. Wenn der Wagen angehalten wird, stehlen die Nazis im besten Fall das Gepäck. Im schlimmsten Fall stehlen sie die Menschen als Frischfleisch für ihre Arbeitskolonnen.

Die Männer gehen schneller, hängen ihre Taschen an die Seiten des Wagens, während die Mütter und Kinder sich auf der Ladefläche drängen.

Mindla sitzt eingequetscht zwischen zwei Frauen auf einer provisorischen Holzbank. Sie haben kaum Platz zum Atmen, aber niemand beschwert sich. Wenn sie nicht ohnehin schon Läuse haben, denkt sie, werden sie sie hier bekommen. Sie lächelt die Frau neben sich halbherzig an – ein bisschen Höflichkeit, mehr nicht. Die Kinder sitzen zwischen den Hafersäcken, die allmählich kleiner werden, weil der Fahrer damit das alte kastanienbraune Pferd füttert, das sie in die Freiheit bringen soll. Die Kleinen sind müde, wollen nur zu gern noch ein bisschen schlafen.

»Beeil dich doch«, flüstert eine Frau ihrem Ehemann zu, als die letzte Tasche festgebunden wird. Er klopft an die Wand des Wagens, und der Fahrer schnalzt mit den Zügeln, damit das Pferd losgeht. Langsam, still rollt der Wagen an.

Es ist noch gar nicht lange her, da wurde dieser alte Holzkarren benutzt, um Rüben auf die Märkte der Stadt zu bringen, doch nachdem die von Bomben zerfurchten Felder jetzt abgeerntet sind, verdient sich der Fahrer seinen Lebensunterhalt mit menschlicher Fracht. Und die Geschäfte gehen gut.

Der grauhaarige Mann, der die Zügel des Zugpferdes in der Hand hält, sitzt gebeugt unter der Last seiner Verantwortung auf dem Bock. Er weiß, dass er mehr transportiert als die kostbarsten Habseligkeiten dieser Menschen: Es sind auch ihre Hoffnungen, ihre Träume, ihr Leben. Und all das kann ihnen je nach Lust und Laune eines ehrgeizigen oder gereizten Deutschen blitzschnell genommen werden. Er würde wirklich lieber Rüben fahren.

Mindla hält auf dem Weg durch die Ulica Leszno die Luft an. Ihr Herz rast, sie hält die Augen geschlossen und spitzt die Ohren. Wenn jetzt eine Trillerpfeife der Wehrmacht ertönt, ist alles aus. Sie ist nicht die Einzige, die vor

Furcht fast erstarrt ist. Auch die Frau neben ihr starrt vor sich hin, wagt nicht, sich umzusehen oder auch nur einen Muskel zu rühren.

Als sie endlich die Straße Richtung Radzymin am Stadtrand von Warschau erreichen, atmen alle erleichtert auf und lockern ihre Finger. Unwillkürlich hatten alle die Fäuste geballt. Das rhythmische Schaukeln des Wagens, der jetzt auf der Landstraße etwas schneller fährt, beruhigt ihre verängstigten Seelen. Als sie heute früh ihre Wohnungen verlassen haben, wusste keiner von ihnen, ob sie es durch die Ulica Leszno schaffen würden, geschweige denn bis Białystok, doch die Aussicht auf ein Leben jenseits der Grenze war das Wagnis wert. Mindla wirft einen Blick über ihre Schulter und betrachtet ein letztes Mal die Silhouette der Stadt. Rot geht die Sonne vor ihr auf.

Leb wohl, Warschau.

Viele Stunden später, nach einer Fahrt durch von Granaten zersiebte Felder, erscheint Radzymin am Horizont. Vor dem Einmarsch der Nazis haben hier mehrere Tausend Juden gelebt. Diejenigen, die überlebt haben, sind geflohen. Hier befindet sich eine Art informeller Kontrollpunkt für die vielen Menschen, die Richtung Grenze fliehen, deshalb patrouillieren auf den Straßen deutsche Soldaten. Im Prinzip ist die Grenze geschlossen, aber der Fahrer sagt, gegen einen kleinen Obolus drücken die Deutschen ein Auge zu. Es hängt ein wenig von der Laune des jeweiligen Soldaten ab, ob er den Wagen einfach durchwinkt oder ein Bestechungsgeld verlangt.

Mindla läuft ein kalter Schauer über den Rücken, als der Wagen über das Kopfsteinpflaster in die Stadt fährt. Hinter einer Straßenecke werden sie von einem Meer aus olivgrünen Uniformen und Helmen begrüßt. Wenn die Soldaten nicht gerade eine Zigarettenpause machen und mit einem Kameraden plaudern, sind sie dabei, unglückliche Reisende zu filzen oder die letzten Läden zu plündern. Was sie finden, laden sie auf ihre wartenden Lastwagen.

Mindla und die anderen Frauen halten den Kopf gesenkt und starren auf ihre Füße. Bloß kein Blickkontakt, auf keinen Fall Aufmerksamkeit auf sich ziehen. Der Wagen fährt weiter, solange er nicht von einer Trillerpfeife oder einem Hund aufgehalten wird.

Kopf runter. Rollen, rollen, rollen.

Zum Glück ist an diesem Tag an der Grenze viel Betrieb und die Deutschen sind beschäftigt. Der Wagen wird durchgewinkt.

Als sie die Stadt durchquert haben, fährt der Kutscher wieder schneller, jetzt Richtung Jadow, wo sie die Nacht in einer Scheune verbringen werden, gleich neben den Schweinen. Die Scheune ist voller Stroh und relativ warm, der Geruch der Schweine ist eine angenehme Abwechslung nach dem Gestank des Todes, der über Warschau hing.

Mindla sucht sich eine Ecke, in der sie und Gad ausruhen können. Der Kleine ist froh, seine Beine ausstrecken zu können, und läuft mit den anderen Kindern im Kreis, bis ihnen schwindlig wird. Die Kleinen sind begeistert von den Schweinen, solche Tiere haben sie noch nie gesehen. Gad ist richtig verliebt in die kleinen Ferkel, die offenbar auch die Gesellschaft der Kinder genießen. Ein schwarz-weißes Ferkel steckt die rosa Schnauze durch die hölzerne Abtrennung des Kobens, und die Kinder kitzeln es an der Nase, bevor sie zu ihren Eltern zurücklaufen. Der Bauer kocht ihnen freundlicherweise Haferflocken zum Abendessen, sodass sie mit vollen Bäuchen einschlafen.

Im Morgengrauen fahren sie wieder los Richtung Ostrow Mazowiecka, wo sich der nächste deutsche Kontrollpunkt befindet. Nach dem Einmarsch haben die Nazis alle Juden aus Ostrow Mazowiecka vertrieben und über die Grenze ins besetzte Gebiet gebracht. Die Dorfbewohner wurden aus ihren Häusern geworfen und konnten nicht mehr mitnehmen als die Kleider, die sie auf dem Leib trugen. Jetzt hausen die Deutschen in den Häusern und beanspruchen alle Kleidung, Möbel und Geschirr für sich. Alles gehört jetzt ihnen.

Mindla fragt sich, wie man auf dem Kopfkissen eines Menschen schlafen kann, dem man alles gestohlen hat. Wer Widerstand leistete oder sich weigerte zu gehen, wurde ein paar Wochen zuvor bei einer Massenerschießung brutal hingerichtet. Man sieht überall noch die Erinnerungen an die Toten: das leere Klassenzimmer, wo die Kinder hebräische Gedichte rezitierten, einen Familiennamen auf dem Schild eines Lebensmittelladens, ein Kinderfahrrad, das an einem Gartenzaun lehnt.

Diesmal haben sie nicht so viel Glück, die Deutschen lassen keinen Wagen ohne Durchsuchung Ostrow Mazowiecka passieren. Als sie sich dem Kontrollpunkt nähern, winken die Soldaten den Fahrer mit ihren Gewehren an den Straßenrand.

»Zejsc!« – Aussteigen!, brüllt einer von ihnen auf Polnisch und lässt seine Trillerpfeife ertönen.

Sie stellen sich in Reihen auf, die Männer auf der einen Straßenseite, die Frauen ihnen gegenüber. Die Kinder bleiben still unter den Bänken und auf den Hafersäcken liegen, wie sie es vorher geübt haben.

»Habt ihr Waffen?«, schnauzt der Soldat.

Sie schütteln die Köpfe.

»Ausziehen!«, brüllt er und zeigt mit seinem Gewehrlauf auf den Boden, wo sie ihre Mäntel und Mützen hinlegen sollen. Einer nach dem anderen werden sie auf versteckte Wertsachen untersucht.

»Arme hoch!«

Als Mindla an die Reihe kommt, klopft der Soldat ihre Beine und Hüften ab, dann fährt er mit den Händen über ihren Bauch. Er sieht ihr fest in die Augen, während er mit seinen Fingern langsam die Kurve ihrer Brüste abtastet. Sie krümmt sich, als er fest zudrückt, um festzustellen, ob sie etwas in ihrem Büstenhalter versteckt hat. Es kostet sie übermenschliche Anstrengung, ihm nicht ins Gesicht zu schlagen, aber sie ist klug genug, still stehen zu bleiben, zuckt nicht mit der Wimper, sondern starrt nur geradeaus. Einatmen, ausatmen, ein, aus.

Er nimmt ihren Mantel und schüttelt ihn, ein Auge auf das, was vielleicht herausfallen könnte, das andere bei ihr. Nichts.

Ihr Herz klopft wie verrückt. Wenn er ihr jetzt befiehlt, die Schuhe auszuziehen …

Wütend über die ergebnislose Suche, wirft der Soldat Mindlas Mantel wieder auf den Boden und geht weiter zur nächsten Frau. Sie ist fertig.

Der Fahrer hat vom Kutschbock aus zugesehen, ohne ein Wort zu sagen. Wie zufällig hebt er den Deckel seiner Bank und zieht ein frisches Päckchen Zigaretten hervor. Dann zündet er sich eins der kostbaren Stäbchen an und nimmt einen langen, befriedigenden Zug, bevor er sich wieder hinsetzt. Es ist das erste Mal, dass Mindla ihn rauchen sieht.

Die Soldaten halten inne, als sie den süßen Tabakgeruch wahrnehmen, wie Hunde, die Fleisch wittern. Der Fahrer bietet jedem von ihnen eine Zigarette an und schenkt den Rest dem Zugführer. Nachdem sie die Bestechung angenommen haben, sind sie am Rauchen mehr interessiert als an der Durchsuchung. Ein weiterer Wagen kommt in Sicht. Als die Soldaten ihre beruhigenden Zigaretten geraucht haben, steht er schon am Kontrollpunkt. Mindlas Fahrer wird weitergeschickt.

Die Menschen schnappen sich ihre Mäntel und taumeln zurück zum Wagen. Es könnte ja sein, dass die Deutschen es sich noch einmal anders überlegen. Als der Wagen anfährt, lächelt der Fahrer in sich hinein. Er ist ein listiger Mann, und spätestens jetzt ist Mindla sicher, dass sie bei ihm in guten Händen ist. Sie schließt die Augen, und als sie ihre Zehen bewegt, kann sie Papas goldene Uhr in der Schuhspitze fühlen.

Der Wagen rollt Richtung Grenze, durch schlammiges Ackerland, große Wiesen und Wälder aus silbrigen Birken, so dicht, dass die Straße selbst mitten am Tag in Dunkelheit getaucht wird. Ab und zu biegen sie auf eine Wiese ab und strecken die Beine aus, während das Pferd gefüttert wird. Die Kinder laufen im Kreis herum, glücklich nach der langen Zeit auf dem Wagen. Hier und da kommen sie an Apfelbäumen vorbei, die noch ein paar späte Früchte tragen. Fast immer befinden sich die Äpfel hoch im Wipfel, wo niemand an sie heranreichen kann, doch der Mann von Mindlas Sitznachbarin ist so geschickt, dass er bis ganz nach oben klettern und die letzte Beute pflücken kann. Die Kinder stürzen sich förmlich darauf.

Am Abend kommen die müden Reisenden zum Haus des Bauern, der ihnen über den Grenzfluss Bug helfen wird. Es sind noch sechs Kilometer bis dorthin. Bis zu diesem Hof geht die Fahrt auf dem Wagen, und kaum haben sie ihre Taschen abgeladen, da ist der Fahrer auch schon verschwunden. Er fährt zurück nach Warschau, um die nächste Fuhre verzweifelter menschlicher Fracht aufzunehmen.

Der Bauer holt alle eilig ins Haus und schließt die Tür schnell hinter ihnen. Er sagt ihnen, dass sie absolut still sein müssen und sich nicht sehen lassen dürfen, auch die Kinder nicht. Regelmäßig patrouillieren deutsche Soldaten in der Gegend, und sie nehmen es nicht gut auf, wenn die Bauern Flüchtlinge beherbergen. Mindla stürzt die heiße Suppe und den Tee herunter, den die Bauersfrau anbietet. Jeder Löffel voll Wärme sickert direkt in ihre kalten Arme und Beine. Die Frau deutet ihnen, dass sie sich schlafen legen sollen. Ihre Freundlichkeit erinnert Mindla an ihre eigene Mutter. Es ist lange her, dass jemand für sie gesorgt hat. Sie saugt die Kraft der Frau förmlich auf, um sich für die nächste Etappe ihrer Reise zu stärken. Mitten in der Nacht werden sie zu Fuß zum Grenzfluss Bug gehen und über den Fluss in die neutrale Zone zwischen Russland und Deutschland gelangen.

Um drei Uhr morgens werden sie geweckt. Gad schläft tief und fest an Mindlas Schulter. Der Bauer sieht, dass sie schwer zu tragen hat, und sie nimmt sein Angebot dankbar an, ihr mit dem Koffer zu helfen. So leise wie möglich geht sie in die Finsternis hinaus und folgt den anderen über die Wiesen hinunter zum Fluss. Es ist kalt, sie spürt den Windzug vom Wasser her an ihren Beinen.

Niemand sagt ein Wort, als sie im Dunkeln durch das hüfthohe Gras gehen. Wie versprochen, wartet ein kleines Boot in den Schatten. Ohne ein Geräusch zu machen, klettern die Frauen und Kinder an Bord und sind nach wenigen Minuten sicher auf der anderen Seite. Dann fährt das Boot zurück, um die Männer zu holen.

Der Bauer verlangt zwei Zloty pro Person für seine Hilfe. Der Menschenschmuggel über die Grenze ist gut organisiert, viele Menschen verdienen an den Flüchtlingen. Der Schleuser kann über Leben und Tod entscheiden. Einige üble Betrüger nehmen unschuldigen Menschen ihr Geld ab und setzen sie dann irgendwo aus, wo sie dem sicheren Tod überlassen sind. Doch bis jetzt hat Mindla das Gefühl, Glück gehabt zu haben. Sie ist sehr dankbar, dass Yakov ihr geholfen hat. Man sagt ihnen, sie sollen ein paar Kilometer die Straße entlanggehen und beim dritten Haus klopfen. Glücklicherweise werden sie dort von einem sehr netten alten Bauern und seiner Frau in Empfang genommen. Für ein paar Zloty bietet er ihnen ein Nachtlager in der Scheune an und wird sie am nächsten Tag mit seinem Pferdewagen nach Białystok bringen.

Einige der Mitreisenden beschließen weiterzugehen, aber für Mindla und die anderen Frauen mit kleinen Kindern ist das Angebot von Brot, Kaffee und einem sicheren Schlafplatz einfach zu verlockend. Jeder Zentimeter ihres schmerzenden Körpers schläft tief und fest, und sie weiß ja, dass sie am nächsten Tag Kubush wiedersehen wird.

Kapitel 14

Doch es ist nicht Kubush, sondern Stalin, der Mindla in Białystok begrüßt. Sein dicker Schnurrbart und sein väterlicher Blick lächeln ihr von Bildern entgegen, die an die Türen und Fenster in jedem Dorf genagelt sind, durch das sie am nächsten Morgen kommt. Rote Fahnen mit Hammer und Sichel in Gold flattern im Wind. Die Blumenkästen sind mit Blüten aus rotem Papier oder Stoffresten geschmückt. Wie kann dieser Landstrich, der noch vor wenigen Wochen polnische Kultur atmete, auf einmal dem Kommunismus so stolz ergeben sein? An den Anblick freundlicher Soldaten muss sie sich auch erst gewöhnen.

Das erste Mal, dass sie eine feldgrüne Uniform und die spitze Mütze der Roten Armee sieht, läuft ihr ein Schauer über den Rücken. Doch zu ihrer Erleichterung lächelt der Soldat nur und winkt die zerzausten, hoffnungsvollen Menschen weiter in Richtung Białystok. Und so geht es weiter.

Der schwarze Schatten der Deutschen verschwindet mit jedem erschöpfenden Schritt auf die Stadt zu. Zum ersten Mal seit Monaten spürt Mindla keine Angst. Sie freut sich, Kubush ist dort, sie werden wieder zusammen sein. Wie sehr sie sich danach sehnt, ihn an sich zu drücken und in seinen Armen zu schlafen!

Białystok ist eine hübsche Stadt. Die breiten Straßen sind mit Lindenbäumen gesäumt, deren lange Äste einen hohen Tunnel bilden, durch den die müden Frauen und

Kinder in die Stadt einziehen. Überall sind Menschen und Soldaten zu sehen, niemand duckt sich oder flüchtet, es herrscht ein geordnetes Chaos.

Als sie den Bahnhof erreichen, verabschiedet sich Mindla von ihren Reisegefährten. Der gemeinsame Weg ist zu Ende. Sie sieht Tausende von Menschen um den Bahnhof herum lagern, alle in der Hoffnung, eine der kostbaren Fahrkarten nach Moskau oder Leningrad zu ergattern. Es fahren nur wenige Züge, die Fahrpläne sind chaotisch. Normalerweise gibt es nur einen Zug pro Tag, und wer das Glück hat, am frühen Morgen eine Fahrkarte zu bekommen, wartet reisefertig, bis die Waggons am Bahnsteig bereitgestellt werden. Schulter an Schulter stehen die Menschen aufgereiht, oft vom Morgen bis zum Abend, wenn der Zug tatsächlich einfährt.

Einige Menschen warten tagelang auf eine Fahrkarte, doch niemand wird wütend oder regt sich auf. Die Russen verteilen heißes Wasser und Brot und jeder übt sich in Geduld. Was soll man auch sonst machen? Die leichte, fast fröhliche Atmosphäre der Stadt bildet einen enormen Kontrast zu den Ängsten und bösen Vorahnungen in Warschau.

Die eisige Angst, die Mindla in den letzten Wochen getragen hat, schwindet dahin und macht einer überwältigenden Erschöpfung Platz, sobald sie sich den Gedanken gestattet, dass ihre Reise fast zu Ende ist. Jetzt muss sie nur noch den Zirkus finden, dann kann sie ausruhen. Gad ist auch müde, er zieht ständig an ihrem Arm, weil er getragen werden will, aber sie hat einfach nicht mehr die Kraft, ihn hochzuheben.

»Wir finden bald den Papa«, sagt sie in dem Versuch, den Kleinen zu beruhigen. »Nur noch ein bisschen.«

Białystok ist eine weitläufige Stadt, aber sie geht zum Hauptplatz, wo sie sich orientieren und den Zirkus finden kann. Ab und zu fragt sie Passanten nach der Richtung. »Cyrk?«, fragt sie.

Doch die meisten schauen sie nur ratlos an. Sie sind selbst neu in der Stadt und haben keine Ahnung, wo hier ein Zirkus sein soll.

Irgendwann deutet ein Soldat in die richtige Richtung. »Plac Wyzwolenia«, sagt er und weist sie an, am Branicki-Schloss vorbei und über den Fluss Biala zu gehen, dann noch ein paar Querstraßen weiter. Trotz der Kälte an diesem Wintermorgen brennen ihre Füße, und die Wunde, wo ihre Zehen gegen Papas Uhr stoßen, sticht schmerzhaft. Doch der Gedanke, jetzt bald Kubush zu sehen, drängt sie vorwärts. Sie klopft sich den Staub vom Mantel und schüttelt die Wollmütze aus, die sie in den letzten Tagen warm gehalten hat.

Dann fährt sie sich mit den Fingern durchs Haar, um ihre wirren Locken zu ordnen und sich ein bisschen hübsch zu machen. Es ist Tage her, seit sie in einen Spiegel geblickt hat oder sich waschen konnte, geschweige denn baden. Ach, wie sehr sie sich nach einem Bad in heißem Seifenwasser sehnt!

Kubush wird das egal sein, sagt sie sich. Er wird so stolz auf sie sein, wenn sie ihm erzählt, wie schrecklich es in Warschau zugeht und wie tapfer sie all dem entkommen ist. »Ich habe immer gewusst, dass du stark bist, Mindla«, wird er sagen. Gad schlurft hinter ihr her, sie nimmt ihn auf die Hüfte, um schneller voranzukommen. Ihren Koffer nimmt sie in die andere Hand, dann marschiert sie triumphierend los. Ihr Herz und ihre Hoffnung treiben sie voran.

Mindla erinnert sich nicht mehr daran, wie ihr die Beine den Dienst versagt haben. Auf einmal wird alles weiß, und sie erwacht in einer Küche mit einer Frau, die sie noch nie gesehen hat. Ein gerahmtes Bild von Stalin auf dem Fensterbrett ist das Erste, was sie erkennt. Sie ist verwirrt.

»Trink, Kindchen!«, sagt die ältere Frau und reicht ihr warmen Tee. »Du musst trinken.«

»Mein Sohn!«, keucht Mindla auf, als sie sich der fremden Umgebung bewusst wird.

Die Frau zeigt auf den Boden, wo Gad auf einer Matte am Ofen sitzt und fröhlich auf einem Stück Brot herumkaut. »Du bist ohnmächtig geworden«, erklärt die Frau.

Einfach so, auf einmal, war sie weg. Der Nachbar der alten Frau hat sie hereingetragen.

»Alles wird gut«, sagt ihre Gastgeberin. »Du musst essen.« Sie schiebt ein gekochtes Ei über den kleinen Tisch auf Mindla zu. Dann erinnert sich Mindla allmählich. Sie war um die Ecke auf den Plac Wyzwolenia eingebogen – und da war nichts. Kein Zirkus, keine Zelte, keine Clowns. Nur ein leerer Platz, auf dem der Zirkus einmal gestanden hatte. Erst dachte sie, es wäre die falsche Adresse. »Ozsuka!«, hat sie sich selbst beschimpft, ihren Koffer ins Gras gestellt und Gad vorsichtig heruntergelassen. Während der Kleine über die Wiese hüpfte, hat sie einen Mann angehalten, der gerade vorbeikam. »Entschuldigen Sie, mein Herr, ist das Wyzwolenia?« Und er hat entschieden genickt. »Ja, ja, hier, meine Dame!« Und er zeigte auf den grünen Park unter ihren Füßen.

»Ich suche den Zirkus«, sagte sie.

»Odszedl«, erklärte er einfach. *Weg.*

In diesem Moment fing Mindla am ganzen Leib an, heftig zu zittern. Sie war so weit gekommen, hatte fest damit gerechnet, Kubush heute wiederzusehen. Auf einen anderen Ausgang, als endlich wieder bei ihm zu sein, waren ihre Gefühle nicht vorbereitet. Ihre Beine gaben nach und sie glitt zu Boden. Der freundliche Mann trug sie über die Straße zu der Wohnung der alten Frau, die in einem Mietshaus am Rande des Parks lag.

Jetzt reißt Mindla sich zusammen und erklärt ihre Not. Die Frau sagt ihr, dass der Zirkus wohl hier war, aber weitergezogen ist. Mindla ist am rechten Ort, aber der Zirkus ist vor einer Woche aus der Stadt gerumpelt.

»Sehr traurig«, sagt die alte Frau kopfschüttelnd. »Die Tiere sind fort.«

Als Gad auf Mindlas Schoß klettert, fällt die wochenlange Anspannung von ihr ab, Tränen kullern über ihre Wangen. Zum ersten Mal seit dem Tod ihrer Mutter weint sie.

Die Gedanken überschlagen sich in ihrem Kopf. Wo wird sie heute Nacht schlafen? Sie hat nur sehr wenig Geld bei sich und die Uhr ihres Vaters will sie nur im äußersten Notfall versetzen.

Die alte Frau bringt ihr noch eine Tasse Tee und streichelt ihr sanft die Hand. Vom Küchenfenster aus kann Mindla den Platz überblicken, auf dem sie ihren Mann erwartet hatte.

Sie zeigt der Frau ein kleines Foto von Kubush, das sie in ihrem Koffer bei sich trägt. Er sieht so gut aus im Anzug und mit Hut! Als sie Gad ansieht, könnte sie schwören, dass sie in Kubushs große blaue Augen blickt.

»Hast du Familie hier?«, fragt die Frau. Mindla schüttelt den Kopf.

»Du darfst nicht auf der Straße schlafen, nicht mit dem Kleinen«, sagt die Frau. »Für eine Nacht kannst du hierbleiben.«

Mindla schläft auf einem Sessel, Gad auf der Matte vor dem Ofen. Die Frau sagt, bald kommt ihr Mann nach Hause, aber er wird das verstehen. Sie schlägt vor, Mindla solle am nächsten Morgen zur Verwaltung oder zur Synagoge gehen. Vielleicht kann ihr dort jemand helfen.

Morgen beginnt Mindlas Reise von Neuem.

Kapitel 15

Der hypnotische Rhythmus der Achsen, der Kubush in den Schlaf gewiegt hat, verändert sich plötzlich. Langsam kommt der Zug zum Stehen. Es ist eine Weile her, dass die letzte Welle Applaus über sie hinweggegangen ist. Sie sind schon lange unterwegs, aber noch längst nicht zu Hause. Kubush knufft den Mann auf dem Feldbett neben sich, legt den Finger an die Lippen und zeigt zur Tür.

Auf allen vieren kriecht er über den zersplitterten Boden und legt das Ohr an eine Ritze. Es ist dunkel, aber er kann Lala hören.

»Meine Artisten schlafen«, sagt sie mit gespielter Empörung, laut genug, um sie alle zu warnen, aber nicht so laut, dass ihr jemand auf die Schliche kommt. »Wir sind der beste Zirkus Europas und werden in Warschau erwartet, Sie halten uns auf.« Dann fügt sie wachsam hinzu. »Und wir haben keine Juden dabei.«

Kubush läuft ein kalter Schauer über den Rücken, als das Mondlicht auf den Helm des Soldaten fällt, mit dem Lala spricht. Still kriecht er zu seinem Feldbett zurück, macht Faivel ein Zeichen, und sie ziehen beide die silbernen Kettchen mit den Kreuzanhängern hervor, die sie unter ihren Hemden versteckt tragen.

Sie schließen die Augen und liegen still in der Dunkelheit, tun so, als würden sie schlafen.

Stiefel knirschen über den Kies. Die Leiter des alten Zirkuswagens wird heruntergeklappt.

Kubush umfasst den Anhänger an seinem Hals und betet zu jedem Gott, der ihm zuhören will.

Atmen.

Der Offizier schiebt sich durch die rot karierten Hemden und Jacken, die von einer provisorischen Wäscheleine hängen, die an den Wänden des Wagens befestigt ist. Er leuchtet mit seiner Taschenlampe und durchsucht jede Ecke des Wagens auf Anzeichen jüdischen Abschaums.

Der Lichtkegel fällt auf die riesigen Zehen der überdimensionierten Lederschuhe, dann auf eine Bibel, die unter Dosen mit weißer Schminke und Talkumpuder liegt, auf einen kleinen runden Spiegel auf einer umgedrehten Holzkiste, ihren provisorischen Schminktisch.

Langsam fährt das Licht die Linie von Kubushs Körper ab und hält an seiner Schulter inne. Der Offizier schlägt mit der Mündung seines Gewehrs die Decke zurück, dann fällt das Licht auf das kleine Silberkreuz, das man an Kubushs Hals gut sehen kann.

Zufrieden verlässt der Offizier den Wagen und geht weiter.

Atmen.

*

Shmuel schlurft zur Tür, so schnell ihn sein müder Körper lässt. »Ich komm ja schon!«, ruft er, um denjenigen, der an der Tür ist, zu besänftigen. Es ist früh am Morgen, noch vor Aufhebung der Ausgangssperre. Zu dieser Zeit kommen nur Menschen, die nicht eingeladen sind, und er betet, es mögen nicht die Nazis sein.

Als er die Tür öffnet, steht sein Schwiegersohn vor ihm. »Kubush!«, ruft er und umarmt ihn herzlich. Beide sind vollkommen überrascht. Shmuel kann gar nicht glauben, dass Kubush wirklich vor ihm steht, und Kubush ist fassungslos, als er sieht, wie sehr Shmuel in den letzten Monaten gealtert ist. Er kann fast fühlen, wie morsch die Knochen des alten Mannes sind, als er ihn fest an sich drückt.

Shmuel holt ihn herein und wirft einen schnellen Blick ins Treppenhaus, um zu überprüfen, ob ihm auch niemand gefolgt ist. Hoffentlich hat er die Nachbarn mit seinem Klopfen nicht gestört!

»Ach, Kubush, ich freue mich ja so, dich zu sehen«, sagt er und stellt den Wasserkessel auf den Herd. »Setz dich doch, setz dich!«

Kubush bemerkt, dass die Hände des alten Mannes, die einst so kräftig waren von seiner Arbeit mit dem Leder, ganz sehnig und knotig geworden sind. Seine früher eher untersetzte Gestalt wirkt jetzt drahtig und ist sichtlich gebeugt.

»Wo hast du denn Mindla?«, fragt Shmuel.

»Ist sie nicht hier?«

Sie lassen beide die Schultern sinken, als sie begreifen, dass etwas Ungutes in der Luft liegt. Sie haben sich offenbar viel zu erzählen.

In der Stille des Morgens, bei einer Tasse Tee, setzen die beiden Männer das Puzzle zusammen. Sie begreifen, dass Mindla über Radzymin nach Białystok gereist ist, während Kubush über stille Nebenstraßen durch Ostpolen Richtung Warschau fuhr. Wäre sie doch nur noch ein paar Tage geblieben!

Yakov kommt als Erster zu ihnen an den Frühstückstisch. »Kubush!«, ruft er und reibt sich die Augen, als hätte er ein Gespenst gesehen.

Yakov ist seit ihrer letzten Begegnung sehr gewachsen. Er ist kein Junge mehr, und er streckt seinem Schwager höflich die Hand entgegen, aber Kubush nimmt ihn fest in den Arm, und Yakov kann seine Freude kaum bezähmen.

Shmuel schneidet eine dünne Scheibe Brot für Kubush ab, die letzte von einem halben Laib, den sie vor ein paar Tagen zum Glück von Herrn Landau bekommen haben. Kubush sieht gleich, wie schwierig das Leben für die Familie geworden ist. Ein kleiner Beutel Kasha ist das Einzige, was noch auf dem Brett unter dem Küchenfenster liegt, wo früher all die Gläser mit Kräutern standen, die Chana im Garten ihrer Cousine pflückte und dann trocknete. Dort standen auch die Pakete mit Mehl und Hefe und manchmal Gemüse oder Obst, das sie liebevoll einmachte.

Still schiebt Kubush seine Scheibe Brot hinüber zu Yakov, der seine eigene magere Portion schon gegessen hat. Er nickt ihm zu: Iss! Im Stillen nimmt er sich vor, ihnen Lebensmittel zu besorgen. Die Staniewskis werden schon helfen.

Dies ist nun wahrlich nicht die Heimkehr, von der Kubush geträumt hat. Die Lage in Warschau ist viel schlimmer, als er sich vorstellen konnte, auf alle Fälle verzweifelter als in Białystok. Die Männer versichern sich gegenseitig, dass Mindla inzwischen sicher bei Onkel Aldo in Sokółka gelandet ist, in Sicherheit. Sie wissen ja, Mindla ist stark und schlau, sie kommt schon zurecht.

Ein Familienmitglied nach dem anderen erwacht und

findet Kubush in der Küche vor. Zum ersten Mal seit Monaten herrscht so etwas wie Freude am Küchentisch. Er erzählt ihnen, dass die Nazis auch nach Białystok gekommen sind, über das Blutvergießen und die Verzweiflung über den Verlust ihrer geliebten Zirkustiere. Sie haben die Löwen begraben, die am Schock über das ohrenbetäubende Kreischen der Tiefflieger gestorben sind. Die Pferde haben sie einfach losgelassen, bevor sie sich in ihren Boxen verletzten. Und die wunderbaren Schweine haben sie den Einheimischen angeboten, damit diese etwas zu essen hatten.

Ihm kommen die Tränen, als er das fast menschliche Heulen der verängstigten Schimpansen beschreibt, das ihn immer noch bis in die Träume verfolgt. Lala hat sie in ihrem Wagen in die Arme genommen und gewiegt wie kleine Kinder, um sie zu beruhigen.

Und dann hat die Sowjetarmee sie gerettet. »Mindla und Gad sind dort in Sicherheit«, versichert er ihnen.

Sobald es hell wird, will er sich Warschau ansehen. Shmuel gibt ihm eins der neuen Armbänder mit dem blauen Davidstern, das Juden jetzt tragen müssen, und dann führt ihn Yakov ein paar Stunden lang durch die Überreste seiner geliebten Stadt.

Kubush ist fassungslos über das Ausmaß der Zerstörung. Die Parks und Gärten, in denen er mit Mindla spazieren gegangen ist, sind schlammige Flächen, zerhackt vom Artilleriefeuer und von den Ketten der Panzer, von Schützengräben und provisorischen Bunkern durchzogen, die die Polen bei ihrem Rückzug hinterlassen haben. Doch nichts kann ihn auf den Anblick des ausgebrannten Kraters vorbereiten, den er dort vorfindet, wo einst der große Zirkus

Staniewski stand. Er lässt sich auf den Boden hinunter, um in dem stinkenden Schutt den Ort wiederzufinden, wo einst Tiere herumliefen und Magie stattfand.

Heute gibt es hier keine Magie, nur noch Tränen.

Als ein paar deutsche Soldaten an ihnen vorbeigehen, zieht Yakov Kubush am Arm, damit er aufsteht und schnell mit ihm weitergeht. Sie verlassen den Bürgersteig und machen den Soldaten Platz. Juden dürfen nicht auf der gleichen Straßenseite gehen wie Deutsche und müssen in die Gosse treten, sobald ein Deutscher auftaucht. An jeder Ecke hängen die Plakate mit der Aufschrift »Bekanntmachung!«. Die Schlagzeilen listen die neuen Regeln auf, die die Juden befolgen müssen.

Auf dem Weg an verschiedenen Gebäuden vorbei berichtet Yakov von den Schrecken, die hier passiert sind, und gibt die Gerüchte wieder, die von den Widerstandskämpfern gehört hat. Geschichten von Soldaten, die in Wohnungen stürmen und dort plündern. Von Frauen, die mit den Nazis in ein Zimmer gesperrt werden und dort gezwungen werden, unaussprechliche Dinge zu tun, immer mit der Waffe am Kopf, während ihre Ehemänner alle Wertgegenstände auf die Lastwagen der Nazis laden. Die Deutschen rechtfertigen diese »gynäkologischen« Untersuchungen durch Soldaten mit der Unterstellung, die Frauen könnten Wertgegenstände in ihren Körperöffnungen versteckt haben.

Jeden Tag finden solche Plünderungen statt. Niemand weiß, wann oder wo die Deutschen auftauchen oder wie brutal sie sich aufführen. Ständig kommt es zu willkürlichen Erschießungen. Manchmal werden sechs oder sieben

Männer erschossen, manchmal fünfzehn oder mehr. Der Gestank des Todes liegt schwer in der Luft.

Kubush bemerkt Leute, die versuchen, ihr normales Tagwerk zu erledigen, aber niemand spricht. Sie eilen dahin, mit gesenktem Kopf, zielstrebig. In den Warteschlangen vor den Läden stehen eingefrorene Gestalten mit leeren Gesichtern und gesenkten Köpfen. Niemand nimmt Blickkontakt mit anderen auf. Niemand hält sich auf. Die Lebensfreude ist aus der Stadt verschwunden. Es gibt keine Gespräche über Verwandte oder Freunde, bevorstehende Bar-Mitzwas oder Hochzeiten. Es gibt auch keine Märkte. Soldaten in feldgrüner Uniform hängen drohend herum, rauchen und warten auf eine Gelegenheit, jüdisches Blut zu vergießen. Die Straßen sind seelenlos und traurig, jeder ist nur mit Überleben beschäftigt.

Kubush wohnt mit Faivel und den letzten Artisten, die nicht nach Hause können, in der Wohnung der Staniewskis. Er besucht Shmuel und die Familie, sooft er kann. Mit Lalas Hilfe kann er ihnen ein bisschen Brot und Kartoffeln besorgen, an guten Tagen auch einen Kohlkopf und manchmal ein paar Handvoll Mehl.

Vorsichtig bewegt er sich durch ruhige Seitenstraßen, durch Ruinen oder Höfe, um die großen Straßen zu meiden. Er kommt auch immer zu verschiedenen Tageszeiten, um keine Aufmerksamkeit auf sich zu ziehen. Ihm ist vollkommen klar, dass ein gesunder junger Mann schnell zur Zwangsarbeit verpflichtet werden kann. Wenn er junge Frauen mit Kindern auf dem Arm sieht, denkt er an Mindla und Gad. In seinem Herzen weiß er, dass sie eines Tages wieder zusammen sein werden.

Kapitel 16

Onkel Aldo ist verblüfft, als sich die junge Frau vor seiner Tür als seine Nichte vorstellt. Sie war kaum älter als Gad, als er sie das letzte Mal gesehen hat, und es ist auch Jahre her, dass er seinen Bruder Shmuel gesehen oder mit ihm gesprochen hat.

Doch Familie ist Familie, und er heißt die hübsche Fremde mit dem Kind in seinem Haus willkommen und nimmt sie auf, wie es ihr Vater erwartet hat. Sie will nicht lange bleiben, ihr Herz ist in Warschau, und sie hofft, bald heimreisen zu können. Die Alliierten müssen doch bald kommen!

Mindla ist dankbar für das warme Bett, in dem sie einstweilen schlafen können. In der ersten Nacht bekommt sie von Onkel Aldo einen Eimer mit warmem Wasser und Seife – richtige Seife! Zum ersten Mal seit Wochen kann sie sich waschen.

Langsam bindet sie ihre Schnürsenkel auf, um den Trauring nicht zu zeigen, der unter der Zunge des rechten Schuhs festgebunden ist. Dann befreit sie ihre geschundenen Füße aus dem Leder. Die Kälte des Steinbodens wirkt überraschend beruhigend auf die Blasen und Wunden, an die sie sich fast schon gewöhnt hat. Sie greift in den linken Schuh und zieht das Stückchen Baumwolle heraus, in das Papas goldene Uhr eingewickelt ist. Die will sie Onkel Aldo geben, wenn er ihr hilft, die Rückreise zu organisieren.

Wie durch ein Wunder haben sie und Gad keine Läuse, aber ihre Kleider sind kaum noch zu retten. Jede einzelne Wollfaser ist durchtränkt von Schmutz und Schweiß, dem Geruch der Pferde und der Schweine, mit denen sie in einem Raum geschlafen haben. Erst als sie sich ganz ausgezogen hat, wird ihr klar, wie furchtbar sie riecht. Sie wäscht Gad zuerst.

Er kichert, als das Seifenwasser durch sein Haar und den Rücken hinunterrinnt. Immer wieder schöpft Mindla das Wasser mit der kostbaren blauen Teetasse, die sie bei sich trägt.

Dann wäscht sie sich langsam mit einem Schwamm. Das warme Wasser läuft über ihre Haut. Sie bemerkt, wie dünn ihre Arme geworden sind und dass man die Muskeln um ihre Schultern sieht, weil sie das Kind auf dem einen Arm und einen Koffer in der anderen Hand getragen hat, einmal quer durch Polen.

Onkel Aldos Frau gibt Mindla einen gestreiften Baumwollpyjama und ein Hemd von Aldo, das Gad als Nachthemd tragen kann. In dieser Nacht drückt Mindla ihren Kleinen fest an ihre Brust und schläft tief. Die Schuhe stehen ordentlich unter ihrem Bett. Wie gut es doch ist, sich wieder als Mensch zu fühlen!

Wegen Mindlas Erfahrung und Geschicklichkeit bekommt sie von den Russen Arbeit in der Gerberei von Sokółka. Der fette Gestank von verwesendem Fleisch trifft Mindla jeden Morgen schon auf dem Weg dorthin. Die Gestelle, auf denen die frischen Tierhäute zum Trocknen aufgehängt sind, erinnern sie an die Lederfabrik von Herrn Landau, allerdings hat es dort nicht so schlimm gerochen. Sie vermisst ihr Leben vor dem Krieg. Und Herrn Landau vermisst sie auch.

Unter den wachsamen Augen von Stalins Männern müssen die Frauen schwer arbeiten. Bald wird es Winter, ihre Soldaten brauchen Stiefel und Handschuhe. Schneller, schneller! Mindla hat die Aufgabe, dafür zu sorgen, dass die Häute seidenweich sind, bevor sie gefärbt werden.

Die Haare werden mit einer Säurelösung aus Taubenkot, Salz und Kalk von den Häuten entfernt, aber damit geht nie alles ab. Immer wieder fährt sie mit einer fast stumpfen Klinge über die Haut und kratzt die letzten Stoppeln ab, die nach dem Bad in dem stechend riechenden Gebräu noch verblieben sind. Zu ihren Füßen ringeln sich verfilzte Locken. Die Arbeitstage sind lang und der Gestank der Gerberei setzt sich auf ihren Schleimhäuten fest und geht nicht mehr weg. Nie geht er weg. Trotzdem ist sie froh, überhaupt Arbeit zu haben, und dankbar, dass ihre Verwandten auf Gad aufpassen.

Sokółka ist ein hübscher Ort, aber es ist kalt dort. Eisige Winde aus dem Norden Russlands brausen über die flache Landschaft und kündigen einen harten Winter an. Die Gerberei liegt am Ortsrand, damit der Gestank von den Häusern weggehalten wird, nicht weit von der Bahnlinie, die zwischen Warschau und Leningrad verläuft. In den wenigen Minuten, die Mindla jeden Morgen braucht, um zu ihrer Arbeitsstelle zu kommen, stellt sie sich vor, wie still die ungepflasterten Straßen wohl vor dem Krieg waren.

Jetzt muss sie um die Warteschlangen herumgehen, die

vor der Suppenküche der Russen anstehen. Dort werden die vielen Flüchtlinge versorgt. Viele schlafen auf der Straße. Die Stadt ist voll von ihnen und alle suchen etwas zu essen und einen Schlafplatz. Die Synagogen und Kirchen platzen aus allen Nähten. Ganze Familien hausen in allen möglichen Ecken. Die Lebensmittelläden machen allmählich wieder auf, nachdem sie monatelang geschlossen waren, aber ihre Regale sind leer, und auf den Feldern wächst ja nichts, jetzt, da der Winter kommt. So sind die Menschen von den Lebensmittellieferungen der Russen abhängig.

Onkel Aldo hat Mindla erzählt, wie die Nazis die Stadt in den wenigen Tagen, die sie die Kontrolle über Sokółka hatten, vollkommen ausgeplündert haben. Bewaffnet mit Schlagstöcken und Peitschen durchsuchten sie Häuser, Firmen und Geschäfte, darunter auch Aldos Lebensmittelladen, und nahmen absolut alles mit. Mitten in der Nacht hielten die Lastwagen der Gestapo an der Ulica Grodzienska an. Mit vorgehaltener Waffe wurden die Ladenbesitzer aus den Betten gezerrt und gezwungen, ihre Geschäfte zu öffnen und alles herauszugeben. Als die Razzia zu Ende war, standen die Fahrzeuge der Nazis da, bis oben hin voll mit gestohlenen Lebensmitteln, Kleidung und anderen Versorgungsgütern. Für ein paar Tage krümmte sich die kleine Stadt vor lauter Angst. Die Juden versteckten sich in den Kellern und auf den Dachböden, bis die Russen kamen und sie befreiten, erzählt Aldo. Doch Sokółka ist immerhin von Bombenangriffen und Brandanschlägen verschont geblieben.

*

Der erste Kriegswinter trifft Warschau brutal schnell. An einigen Tagen ist der Himmel morgens, wenn die Levins aufwachen, ebenso weiß wie die Straßen. Schneestürme haben den Horizont mit den Resten der zerstörten Stadt vermischt. Im Januar liegt Warschau unter einer dicken Schneedecke, an einigen Stellen ist der Schnee mehrere Meter hoch. Viele blutige Geheimnisse der Besatzung liegen jetzt eingefroren auf dem Grund der zugefrorenen Weichsel. In Siedlce, östlich von Warschau, fällt das Thermometer bis auf minus 41 Grad.

Kubush hofft, dass die harte Witterung die Aktivitäten der Nazis dämpfen könnte. Aber er irrt sich. Die Deutschen machen fleißig weiter, gut gewärmt durch die Pelze und das Brennmaterial, das sie den hart arbeitenden Juden gestohlen haben. »Verboten!«, schreien die Plakate. Jeden Tag ein neuer Befehl. Regelmäßig finden Verhaftungen statt: junge Männer, alte Männer, auch Frauen verschwinden einfach von den Straßen. Der Winter macht neue Grausamkeiten möglich. Es geht das Gerücht von einem jungen Juden, den die Nazis gezwungen haben, bei Temperaturen unter null Eisbrocken zu schleppen, und zwar ohne Handschuhe. Seine nackte Haut blieb an den gefrorenen Blöcken hängen und schälte sich im Laufe des Tages Schicht für Schicht ab. Seine blutigen Hände mussten amputiert werden.

Eine Gruppe von bekannten Juden, darunter Ärzte, Zahnärzte und Anwälte, wird von der Gestapo verhaftet und in den Kampinos-Wald nahe dem Dorf Palmiry vor den Toren Warschaus gebracht. In einem Moor, umgeben von Birken, werden sie hingerichtet, ihre Leichen werden in tiefe Gräben geworfen, die zu Massengräbern werden.

Eine Frau wird aus der fahrenden Straßenbahn geworfen; viele jüdische Frauen werden in die Bordelle der Nazis verschleppt. Die wenigen, die überleben, kommen krank zurück.

Alle Synagogen und Gotteshäuser sind geschlossen. Jeden Tag neue Schrecken. Es gibt kaum Lebensmittel, geschweige denn Brennmaterial. Kohlen sind überhaupt nicht zu bekommen. Die Gesichter der Menschen, die sich auf die Straßen wagen, sind hohläugig vor lauter Hunger. Kinder rennen Kohlenwagen hinterher und fegen den Kohlenstaub auf der Straße zusammen. An guten Tagen fällt vielleicht mal ein Stück Kohle herunter. Einige Juden verbrennen inzwischen die Bücher der örtlichen Büchereien, um sich warm zu halten. Andere riskieren eine standrechtliche Erschießung, indem sie in den nahen Wald schleichen, um Holz zu sammeln. Doch niemand, mit dem Kubush spricht, glaubt, dass das noch lange so weitergehen kann. Die Alliierten müssen doch bald kommen!

Kapitel 17

Februar 1940

Die Kinderklinik von Bersohn und Bauman auf der Ulica Sliska soll wieder aufmachen. Sie war geschlossen, seit die Deutschen vor sechs Wochen ohne Vorwarnung hineinstürmten und sie schlossen, weil dort angeblich Typhus grassierte. Seither stehen SS-Wachen vor der Tür und nur die Toten dürfen hinaus.

Die Leiterin der Klinik, Dr. Anna Braude-Hellerowa, war außer sich vor Zorn, aber machtlos. »Natürlich gibt es Typhusfälle in unserem Krankenhaus«, erklärte sie. »In der ganzen Stadt grassiert der Typhus!«

Die Ärzte und Schwestern müssen auf dem Fußboden des Krankenhauses schlafen, und es gibt nur unverdünnten Alkohol in medizinischer Dosierung, um die Kälte und die Infektionsgefahr zu bannen.

Nachdem das Krankenhaus jetzt wieder öffnet, hat Kubush seinem Freund Faivel vorgeschlagen, zur Feier des Tages einen Besuch der berühmten Clowns aus dem Zirkus Staniewski zu organisieren. Faivel stimmt sofort zu. Endlich mal eine Abwechslung von der ständigen Jagd nach Essen oder dem Versteckspiel mit der Gestapo, mit dem sie ihre Tage zubringen.

Die beiden malen sich ein breites Lächeln ins Gesicht und hoffen, die Kinder von ihren Schmerzen abzulenken. Doch als sie auf die Station kommen, bleibt Faivel wie angewurzelt stehen. Wenn es eine Hölle auf Erden gibt, dann muss sie hier sein, denkt er. Riesige Augen voller Hoffnung und Krankheit starren sie an. Kubush lässt sich nichts anmerken. Er bleibt beim ersten Bett stehen und streckt einem kleinen Jungen seine Hand entgegen. Als er die knochigen Finger des Kindes spürt, zieht Kubush heimlich an dem unsichtbaren Draht, der durch seinen Jackenärmel geführt ist. Und plötzlich springt eine leuchtend grüne Haarlocke auf dem Kopf des Clowns hoch. Die Kinder kreischen vor Lachen auf.

»Jetzt ich, jetzt ich«, bettelt der kleine Junge im Nachbarbett, der aus seinem Elend erwacht ist.

Kubush geht an den Metallbetten entlang und führt immer wieder denselben Trick vor. Die Kinder wissen genau, was kommt, aber sie saugen jeden Moment auf. Wie sehr hat Kubush die Freude vermisst, die er empfindet, wenn er sein Gesicht bemalt und Menschen zum Lachen bringt!

Auch Faivel hat sich rasch wieder gefasst und kümmert sich um die andere Seite des lang gestreckten Krankensaales. »Wenn Schönheit Zeit wäre, dann wären Sie die Ewigkeit«, sagt er zu einer der Schwestern in gestärkten Uniformen und gestreiften Häubchen. Er zwinkert ihr zu, als sie durch die große Station eilt und sich um hustende Kinder und blutverschmierte Laken kümmert. Sie kichert leise und lächelt ihm zu, als er so tut, als zöge er den Hut vor ihr.

Dann nimmt er eine Münze und hält sie einem kleinen Mädchen vor die Nase, bevor er sie vor ihrem wachsamen Blick in seiner Faust versteckt. Sie passt genau auf, wie er die Münze von einer Hand in die andere nimmt, und versucht mitzubekommen, wo der Silbergroschen jetzt ist.

Nach ein paar geheimnisvollen Bewegungen und ein bisschen Zirkuszauber ist Faivel bereit für das große Finale.

Er öffnet die eine Faust – keine Münze. Dann die andere – auch keine Münze.

Er dreht und wendet seine Hände, um dem Kind zu zeigen, dass die Münze verschwunden ist. Dann schüttelt er seinen Arm, um zu beweisen, dass die Münze auch nicht in seinem Ärmel versteckt ist.

»Wo ist sie?«, fragt das Mädchen.

»Das ist Zauberei.« Faivel blinzelt der Kleinen zu. Dann klopft er auf die Brusttasche seines Kostüms, wo er die Münze deponiert hat, während das Mädchen auf seine Hände achtete. Eine einfache, aber meisterhaft ausgeführte Illusion, die immer Freude macht.

Faivel tritt sehr gern vor Kindern auf. Sie verurteilen ihn nicht, machen sich nicht lustig über seine kurzen Beine und seine flache Stirn. Sie lachen mit ihm, nicht über ihn. Er wächst ein bisschen über sich hinaus, wenn er daran denkt, dass er heute genauso viel erreicht hat wie die Ärztinnen und Pflegekräfte. Hier gibt es keine Manege, keine Lichter und keine tanzenden Pferde, und die Zahl der Zuschauer ist ungewöhnlich klein. Doch es ist ein dankbares Publikum.

Als sie nach ihrem Auftritt durch die grauen, freudlosen Straßen Warschaus zurück zur Wohnung der Staniewskis gehen, ziehen sie abwechselnd an einer kostbaren Zigarette. Jeder Zug erfüllt ihre Nasen und Kehlen mit etwas anderem als dem Geruch des Todes, der in der Klinik herrschte.

Beide Männer hängen ihren eigenen Gedanken nach. Faivel leidet unter der Vorstellung, dass viele der wunderbaren kleinen Kinder das Krankenhaus nicht lebend verlassen werden, und er nimmt sich insgeheim vor, so bald wie möglich wieder dorthin zu gehen. Kubush denkt an Gad und sehnt sich nach den großen blauen Augen, die ihm das Herz erwärmen.

Mindla spürt den bevorstehenden Wechsel der Jahreszeiten. Die Sonne ist noch schwach, aber sie raubt der kalten Morgenluft einen Teil ihrer eisigen Kraft. Die Schneedecke, die seit Wochen die Straßen Sokółkas bedeckt, lässt allmählich hier und da ein wenig Grün durch. Zwar muss sie immer noch Eisflächen umrunden, doch sie fügen sich langsam den warmen Strahlen der Sonne.

Als der Frühling kommt, ist sie erleichtert. Der Winter war lang und hart, die sibirischen Winde haben der Ebene rund um Sokółka schwer zugesetzt. Mit dem Frühling kommen ein bisschen Glück und die schwache Hoffnung zurück, der Krieg könnte bald vorüber sein. Zumindest wird das Leben ein bisschen leichter. Als sie die Straße Richtung Stadt entlanggeht, fragt sie sich, ob jetzt schon erste lila Krokusse am Ufer der Weichsel sichtbar sein werden und ob bald die Schlüsselblumen aus den Wiesen sprießen. Ein Teppich von hübschen Blüten würde die entstellten Felder schmücken.

Kaum ist sie in der Gerberei angekommen, werden die Arbeiterinnen zu einer Versammlung gerufen. Die Sowjets haben angekündigt, alle zu registrieren. Die Flüchtlinge müssen sich entscheiden, ob sie Sowjetbürger werden oder nach Hause gehen wollen.

Das klingt ganz harmlos, aber am Abend erklärt Onkel

Aldo ihr, dass dahinter ein schreckliches Russisch Roulette steckt. Es ist eine Fangfrage, die über Leben und Tod entscheiden kann. Denn die Russen fordern die Flüchtlinge damit letzten Endes auf, sich zwischen Stalin und Hitler zu entscheiden.

Wer sich für die Sowjetunion entscheidet, wird nicht länger im Grenzgebiet leben, sondern in die Gulags im Landesinneren deportiert, ohne Garantie, sie nach dem Krieg wieder verlassen zu können. Es könnte sein, dass Mindla nie mehr Gelegenheit bekommt, nach Hause zu gehen. Doch wenn sie das jetzt tut, weiß sie, dass sie Hitler geradewegs in die erbarmungslosen Arme läuft. Wenn sie aber bleibt, muss sie das angenehme Haus ihres Onkels verlassen und nach Sibirien gehen, ohne Freunde oder Verwandte, die ihr helfen könnten. In ein brutales Arbeitslager. Was für ein schreckliches Dilemma!

Wochenlang überlegt Mindla fieberhaft, was sie tun soll. Sie weiß, die Uhr tickt. Trotzdem versucht sie, die Entscheidung so lange wie möglich aufzuschieben. Doch als sie erfährt, dass ein deutsches Flüchtlingskomitee auf dem Weg nach Sokółka ist, muss es sein.

»Vielleicht gibt es noch eine andere Möglichkeit, Mindla«, schlägt Onkel Aldo leise vor. »Wenn du wirklich zurückwillst – ich kenne einen Mann, der dir helfen könnte.«

Nur eine Woche später schaut Mindla durch das kleine Fenster neben der Haustür und beobachtet die Straße. Ihre Tasche ist gepackt, sie hat ihren Verwandten schon Lebewohl gesagt. Sie wird über die Grenze gehen. Das Risiko muss sie eingehen.

Kurz nach Anbruch der Morgendämmerung kommt die Kutsche. Der Schleuser redet nicht viel. Er ist ein junger Mann mit lustigem Gesicht, kaum älter als Yakov. Sie ist traurig, von Onkel Aldo Abschied nehmen zu müssen, er war so gut zu ihr, und sie ist dankbar für seine Freundlichkeit und die gute Aufnahme, die er und seine Frau ihr und Gad bereitet haben. Sie ist als Fremde gekommen, aber jetzt spürt sie eine warme familiäre Verbindung. Er umarmt sie fest und küsst sie ein letztes Mal auf die Stirn, dann drückt er ihr Shmuels kostbare Uhr wieder in die Hand. »Aber nein, Onkel, du musst sie behalten«, sagt sie.

»Du brauchst sie mehr als ich. Vielleicht kann sie dich einmal retten. Pass auf dich auf, Kind«, sagt er mit demselben Blick, den auch ihr Vater hatte, als sie Warschau verließ. Zum ersten Mal bemerkt sie eine Ähnlichkeit zwischen den beiden Männern.

Sie schaut nicht zurück, setzt Gad in eine Ecke des Wagens und stellt ihre Tasche unter die hölzerne Bank. Eine Minute später sind sie schon fort. Der Schleuser erklärt ihr, dass es den ganzen Tag dauern wird, bis sie an der Grenze sind. Sie werden in Białystok rasten und dann weiter Richtung Westen fahren. Die Nachrichten von der Grenze sind nicht gut, sagt er, denn die Kommunisten und die Deutschen haben an allen Übergängen Wachen aufgestellt. Niemand kommt hinaus oder herein ohne Genehmigung, und wer bei einem illegalen Übertritt aufgegriffen wird, kommt sofort ins Gefängnis. Manche werden auch erschossen.

Doch er versichert ihr, dass er die richtigen Leute und einen sicheren Übergang kennt. Alles wird gut gehen.

Mindla fragt nicht weiter und der Schleuser sagt nicht viel mehr. Sie kennt seinen Namen nicht und nimmt an, dass er auch ihren nicht kennt. Es ist besser so.

Still fährt der Wagen über die Straßen. Abgesehen vom gelegentlichen Quengeln Gads, der sich langweilt, ist kaum etwas zu hören, und die Fahrt verläuft ohne besondere Vorkommnisse. Am Nachmittag kommen sie durch Białystok, dann durch Czyzew, und als die Dämmerung einsetzt, können sie vor sich das Grenzdorf Rostki sehen. Als sie näher kommen, biegt der Fahrer plötzlich in eine enge Seitenstraße ab, die zu einem dichten Wald führt.

Sie kommen vorbei an Feldern und Reihen von geisterhaft grauen Birken. Die Stämme stehen aufrecht da wie Soldaten und werfen lange Schatten, als die Sonne untergeht. Der Wagen fährt weiter in den Wald hinein, die Bäume schließen sich um sie. Als sie ganz tief im Wald angekommen sind, bleibt der Wagen plötzlich stehen, und der Fahrer erklärt, sie müsse absteigen.

»Geh«, sagt er und deutet in den Wald. »Da drüben ist die Grenze.«

Mindla blickt in die Dämmerung. Zwischen Eschen und Erlen kann sie mit Mühe eine Lichtung erkennen.

»Du musst dich verstecken, bis es richtig dunkel ist. Die russische Patrouille wird zwei Mal vorbeikommen, danach kannst du losgehen.«

Und mit einer abschließenden Warnung, sie müsse absolut still sein, denn die Bäume hätten Ohren, fährt er auch schon davon. Mindla nimmt ihr Gepäck, greift nach Gads Hand, und dann laufen sie in die beginnende Dunkelheit.

Nach kaum einer Minute beginnt Gad zu weinen. »Mamo!«, jammert er. Er ist hungrig und müde.

Mindla nimmt ihn hoch und läuft weiter, bis sie in einem Gebüsch ein bisschen Schutz finden. Während sie den Kleinen auf dem Arm wiegt, sucht sie in ihrer Tasche nach einem Stück Brot. Er nimmt es in seine kleinen Hände und lutscht gierig daran. Sie atmet erleichtert auf, als er still ist. Kein Zweifel, in diesen Wäldern wimmelt es von Spionen und Soldaten, sie braucht ein Versteck.

Da ist eine große Schwarzerle mit dicken Wurzeln, die sich über den Waldboden schlängeln. Es ist, als würde der Baum die Arme ausbreiten, um sie in Empfang zu nehmen. In dem alten, ausgehöhlten Stamm ist genug Platz für sie beide. Sie drückt sich hinein und nimmt Gad an ihre Brust. Dann schaufelt sie ein paar Blätter zusammen und bedeckt damit ihre Beine, sodass sie ein bisschen getarnt ist, und streichelt Gads Stirn, bis er einschläft. Während sie so in der Dunkelheit sitzt, rasen ihre Gedanken.

Es ist schlecht zu erkennen, wie weit es bis zu der Lichtung ist und wie weit sie danach noch laufen muss, um auf die andere Seite der Grenze zu kommen. Und dann?

Sie wird durch den Wald gehen müssen, bis sie in ein sicheres Dorf gelangt und von dort aus eine Mitfahrgelegenheit nach Warschau organisieren kann. Sie muss so vieles bedenken, aber sie vertraut darauf, dass ihr Instinkt ihr helfen wird. Erst mal muss sie über die Grenze. Es dauert nicht lange, dann hat der tiefdunkle Himmel den Wald verschluckt.

Mindla sieht kaum ihre Hand vor Augen. Sie hofft, dass der Mond ihnen ein wenig Licht spenden wird, wenn sie losgehen können. Das Warten macht sie ganz mürbe.

Sie hat jegliches Zeitgefühl verloren, aber es ist wohl eine Stunde her, dass sie die Hunde der Grenzer gehört hat, die die erste Runde drehten. Sie waren weit weg und kamen nicht so nah, dass sie sich Sorgen machen musste. Doch dann hört sie in der nächtlichen Stille die Hunde ein zweites Mal. Die zweite Patrouille.

Sie lauscht angestrengt.

Das Echo des Waldes macht es ihr unmöglich zu erkennen, wie nah die Hunde sind. Gad rührt sich, als das Gebell lauter wird. Irgendwo hinter ihr knackt ein Zweig, sie keucht erschrocken auf, nimmt schnell noch etwas Brot aus ihrer Tasche, damit Gad daran herumkauen kann, und hält ihn fest an sich gedrückt. Wenn er doch nur wieder einschlafen würde!

Ihr Herz rast, und sie hält den Atem an, als sie ganz in der Nähe die Stimmen der Grenzer hört. Sie sind so nah, dass Mindla die Hunde riechen kann. Dann wittern sie sie sicher auch, und bestimmt auch das Brot. Dumm von dir, Mindla, sagt sie sich im Stillen.

Sie hält ihr Gesicht dicht an den rauen Baumstamm gedrückt und schiebt sich immer noch weiter in die Höhlung. Wie schön wäre es, wenn der Baum sich jetzt öffnen und sie verschlucken würde!

Dann durchbohrt ein Todesschrei die Stille und die Stimme eines Grenzwächters schallt durch den Wald. »Stehen bleiben!«

Die Hunde bellen wie verrückt ihre Beute an. Mindla empfindet Mitleid mit der armen Seele, die sie gefunden haben.

Als der Wald wieder still wird, weiß Mindla, dass sie ge-

hen muss. Die zweite Patrouille ist durch, und der Schleuser hat ihr gesagt, danach muss sie über die Grenze laufen.
Inzwischen ist ihr klar, dass in diesem Wald viele Menschen
wie sie auf ihre Chance warten. Wird einer von ihnen so
mutig sein, sich zu zeigen? Sie löst sich von dem Baumstamm und klopft die Blätter von ihrer und Gads Kleidung. Dann schaut sie ihn an und legt einen Finger an die
Lippen, um ihm zu zeigen, dass er ganz still sein muss.

Langsam gehen sie los. Sie hält Gads Hand fest umklammert, in der Dunkelheit kann sie kaum sehen, wohin sie
geht. Die Lichtung liegt im Mondschein, aber als sie näher
kommt, verlässt sie fast der Mut. Mitten auf der Lichtung
ist ein hoher Stacheldrahtzaun gespannt, dessen Spitzen im
fahlen Licht funkeln.

Du lieber Gott! Wie soll sie denn jemals diesen Zaun
überwinden? Nur noch ein paar Meter liegen zwischen ihr
und der Lichtung. Sie bewegt sich vorsichtig durchs Unter-
holz und sucht nach einer Öffnung.

Tatsächlich!

Ein frisch gegrabenes Loch unter dem Draht ist zu sehen, gerade groß genug, um einen kleinen Erwachsenen
durchzulassen. Jemand muss heute Nacht schon hier
durchgekommen sein. Sekunden später rennt sie los, zieht
Gad hinter sich her und schiebt ihn durch das Loch.

»Krabbeln!«, flüstert sie ihrem Kleinen zu, der sich zur
anderen Seite durchwindet.

Dann schiebt sie ihre Tasche unter dem Zaun hindurch
und lässt sich auf den Bauch fallen, um selbst durchzukrie-
chen. Das ist das Letzte, woran sie sich erinnert, bevor der
Gewehrkolben ihre Schläfe trifft.

Kapitel 18

Als Mindla zu sich kommt, liegt sie auf der Ladefläche eines Lastwagens, der über Nebenstraßen durch das Grenzland holpert. Ihr Kopf tut weh, sie liegt auf einer schmutzigen Segeltuchplane.

Als sie schluckt, schmeckt sie Blut in ihrer Kehle. Sie ist benommen, aber klar genug, um zu spüren, dass Gad neben ihr sitzt.

»Mein Kleiner!«, flüstert sie und will das verängstigte Kind umarmen, aber sie wird durch ein Seil aufgehalten, mit dem sie an einem Metallteil festgebunden ist.

Die Augen von drei Männern in der grünen Uniform der berüchtigten russischen Geheimpolizei NKWD schauen sie an. Alle drei betrachten ihre menschliche Beute eindringlich. Auch ein paar Männer sind bei dem Versuch, die Grenze zu überqueren, heute Nacht gefangen worden. Ein schöner Erfolg für die Patrouille. Wenigstens sind es nicht die Nazis, dankt Mindla.

Mitten in der Nacht fahren sie in die Ulica Kopernika und der Wagen rollt durch die riesigen Tore des Gefängnisses von Białystok. Die Männer werden in die eine Richtung abgeführt, Mindla und Gad werden in einen separaten Verhörraum gebracht und eingeschlossen. In der Mitte des Raumes stehen ein kleiner Holztisch und zwei Stühle.

Stalin starrt von einem Bild an der kahlen grauen Wand auf sie herunter. Das Bild ist auf einen rechteckigen verspiegelten Rahmen geklebt, durch den sie mit Sicherheit beobachtet wird. Sie fängt an, durch den kleinen fensterlosen Raum zu gehen, wiegt Gad auf der Hüfte und klopft ihm den Rücken, um ihn ein wenig zu beruhigen. Er ist jetzt fast drei Jahre alt, kein Baby mehr und ziemlich schwer. Immer wieder wechselt sie die Hüfte, um ihren Rücken zu entlasten.

Nach etwa einer Stunde kann sie nicht mehr und setzt sich mit Gad auf dem Schoß in eine Ecke, um ein bisschen auszuruhen. Es fühlt sich gut an, die Beine auszustrecken, und sie lehnt den Kopf an die Mauer in der Hoffnung, die kalten Steine könnten ihre Kopfschmerzen lindern. Eine Uhr gibt es nicht, sie hat keine Ahnung, wie lange sie schon hier ist. Aber es müssen Stunden sein. Ab und zu hört sie Geräusche von draußen, ein Krachen, vielleicht einen Schrei, das Lachen der Wächter.

»Sind Sie Deutsche?«, wird sie plötzlich angesprochen. Sie fährt zusammen und erwacht, als der Offizier hereinkommt, die Tür hinter sich zumacht und am Tisch Platz nimmt. Ordentlich breitet er Papiere vor sich auf dem Tisch aus.

»Polin«, erwidert sie und legt Gad auf den Boden, damit sie sich dem Mann gegenüber hinsetzen kann.

Er schaut Gad an, als müsste er seine blonden Locken und blauen Augen studieren, und wendet sich dann wieder Mindla zu.

»Sie sind Deutsche«, sagt er dann. Es ist keine Frage, sondern eine Feststellung. »Was haben sie in dem Wald gemacht?«

Mindla bleibt ruhig und erklärt ihm, dass sie keine Deutsche ist, sondern Polin aus Warschau. Dann führt sie aus, dass sie versucht, zu ihrem Mann zurückzukommen, aber er befragt sie immer wieder, stellt immer wieder dieselben Fragen. Offenbar glaubt er ihr nicht.

»Wer hat Sie geschickt? Die Gestapo?«, fragt er. »Und warum waren Sie in Sokółka?«

Plötzlich begreift Mindla, dass ihre Verhaftung kein Zufall war. Man hat ihr eine Falle gestellt. War der Schleuser ein Informant, der ihr gar nicht helfen wollte, sicher über die Grenze zu kommen? Er hat sie direkt in die Arme der Geheimpolizei geführt. War sie einfach nur dumm, dass sie dachte, sie könnte die Russen zum Narren halten?

Sie fragt sich, wie lange sie schon beobachtet wurde und wie viel der kleine Mistkerl für jedes Lamm bekommt, das er zum Schlachter bringt.

»Ich will einfach nur nach Hause zu meinem Mann. Er gehört zum Zirkus Staniewski. Kennen Sie den?«, fragt sie.

»Sie sind eine Spionin«, sagt er und schiebt abrupt seinen Stuhl zurück. »Herr Hitler wird Sie so bald nicht wiedersehen.«

Dann marschiert er aus dem Raum, knallt die Tür hinter sich zu, und Mindla hört, wie der eiserne Riegel wieder vorgelegt wird. Einstweilen atmet sie tief durch. Eine Weile später kommt eine Frau herein. Sie ist älter, untersetzt und trägt eine andere Uniform als die Wachen. Eine russische Uniform, aber Mindla hat keine Ahnung, was sie zu bedeuten hat. Ein Wächter hält die Tür auf.

Die Frau geht direkt auf Gad zu, der auf dem Boden spielt, und hebt ihn hoch. »Es tut mir leid«, flüstert sie Mindla zu, als sie das Kind hochhebt und hinausschlurft.

»Halt!«, schreit Mindla. »Mein Kind, warten Sie! Mein Kind!«

Doch die Tür wird wieder abgeschlossen und Mindla hört nur noch Gads Weinen. Dann weint sie auch. Sie tritt mit aller Kraft gegen die Eisentür, schreit die Wachen an, sie sollen ihr ihr Kind wiederbringen, aber das alles hat überhaupt keinen Sinn. Sie fällt auf den Boden, weint, würgt und krümmt sich vor Schmerzen.

Irgendwann, als sie vollkommen erschöpft ist, kommt der Offizier wieder herein, der sie verhört hat. »Sind Sie jetzt bereit, mir zu sagen, was Sie in dem Wald wollten?«, schnauzt er sie an.

»Wo ist mein Kind?«, fleht sie. »Bitte, bringen Sie ihn zu mir.«

»Der kleine Deutsche ist in Sicherheit, man wird sich um ihn kümmern«, erwidert der Mann streng. »Wer hat Sie geschickt, die Gestapo?«

Sie schüttelt den Kopf und wiederholt ihre Geschichte, aber damit ist er nicht zufrieden. Sie fleht ihn an, versucht ihm zu erklären, dass sie keine Spionin ist. Frustriert schließt er die Tür auf und weist sie an, mitzugehen. Er führt sie durch die engen Gänge des dunklen Gefängnisses. Sie hofft, er würde sie zu Gad bringen, doch stattdessen kommt sie in eine Zelle, die bis zum Bersten mit anderen Frauen gefüllt ist.

»Vielleicht erinnern Sie sich hier, wer Sie geschickt hat«, sagt er, öffnet die Tür und schiebt Mindla in die Zelle. Vielleicht dreißig Frauen stehen in einem Raum, nicht größer als eine kleine Küche, und starren sie an. Eine Frau nickt ihr zu, sie solle sich setzen, und sie drücken sich alle ein bisschen enger zusammen, damit sie Platz hat. Langsam nimmt Mindla ihre Umgebung wahr. Dicke Ziegelmauern, ein Betonboden mit etwas Stroh, keine Betten, keine Schlafplätze, keine Stühle.

Die Frauen drängen sich zusammen, kauern auf dem Boden, die Glücklichsten haben einen Platz an der Wand, wo sie ihren Rücken ausruhen können. Ihre ausgemergelten Gesichter sind fest auf die Neue gerichtet. Einige stehen und versuchen, ihre Beine auszustrecken.

Plötzlich bemerkt sie den Geruch. Ein Eimer steht in der Ecke, er fließt über vor Exkrementen. Das Adrenalin, das sie in den vergangenen Stunden aufrecht gehalten hat, lässt nach, und sie beginnt zu zittern. Jeder Muskel in ihrem Leib krampft sich zusammen. Vielleicht ist es der Schock.

Das Tageslicht dringt durch dicke Gitterstäbe in einem kleinen Fenster oben in der Mauer. Mindla fragt sich, warum man ein so kleines Fenster so stark sichert. Nicht einmal ein Kind könnte sich hindurchquetschen.

Ein anderer Wärter kommt mit dem Frühstück. Die Frauen stellen sich auf, um ein kleines Stück Brot und eine kleine Blechtasse mit Kaffee entgegenzunehmen. Eine ältere Frau, die Mindla gegenübersitzt, nickt ihr zu, aufzustehen und sich ebenfalls anzustellen. Mindla hat eigentlich keinen Appetit, aber sie weiß ja nicht, wann es wieder etwas zu essen gibt. Jeder kleine Schluck von dem bitteren Kaffee brennt in ihrer Kehle, die noch ganz wund ist vom Weinen.

In der ersten Woche lernt Mindla schnell die Regeln und Routinen des Frauenblocks. Weil sie so wenig Platz haben, können die Frauen nur umschichtig schlafen. Einige stehen, während sich andere hinlegen, um auszuruhen. Sie

Mindla, Gad und Kubush in Moskau.

Kubush (rechts) mit anderen Clowns im Zirkus Staniewski.

Kubush (*links*) bei einem Gastspiel des Zirkus in Krakau vor dem Krieg; (*rechts*) mit Faivel. *Unten*: Lala Staniewska bei einer Einladung lokaler Würdenträger mit Mimi der Schimpansin.

Der Zirkus Staniewski war einer der bedeutendsten Zirkusse in der Welt. Er war bekannt für seine Wassermanege und seine vielen Tiere. Das feste Haus befand sich an der Ecke Ulica Ordynacka/Ulica Okolnik; im Sommer wurden auch Tourneen durchgeführt.

Wie durch ein Wunder überlebten diese Fotos aus den Vierzigerjahren die lange Reise der Familie Horowitz. *Oben links*: Gad und ein Bär im Moskauer Zirkus, Mai 1941. *Oben rechts*: Mindla im Camp Nyabeya, Masindi: mit Gad und Henry ... *Unten links*: ... mit Henry ... *Unten rechts*: ... mit Kubush vor dem Haus in Afrika.

In Camp Nyabeya, dem kuriosen polnischen Dorf mitten in Afrika, konnten die Überlebenden des Krieges ihr zerbrochenes Leben wieder zusammensetzen. Hier waren sie in Sicherheit, aber noch lange nicht zu Hause. Die Fotos zeigen Mindla im Badeanzug (*ganz oben links*) auf dem Weg zum Lake Albert; Faivel (*oben links*) mit einem erlegten Krokodil; Gad (*oben rechts*) auf Faivels Schoß neben seiner Mutter und anderen Dorfbewohnern.

Unten links: Die Familie auf dem Petersplatz in Rom während eines Ausflugs vom DP-Lager in Cinecittà. *Unten rechts*: Mindlas geliebte Söhne Gad, Maks und Henry kurz vor der Abreise nach Australien.

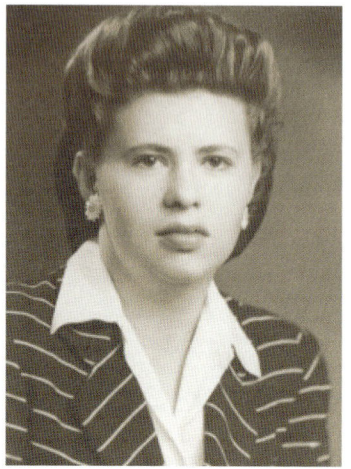

Oben links: Mindla nach dem Krieg. *Oben rechts*: Mindla ließ keine Gelegenheit aus, sich schick anzuziehen. Sie und Kubush hatten viele Freunde in der jüdischen Gemeinde in Melbourne und feierten gern.

Vor dem Haus der Familie in Moorabbin mit Maks und Henry. Hier konnten sie viel Platz und Sicherheit auf einem großen Grundstück genießen.

Jadzia, Samuel und ihre geliebte Tochter Hanna in Deutschland, März 1949.

Unverbesserliche Entertainer – Faivel, Kubush und ein Freund.

Mindla liebte Kartenspiele. Hier spielt sie mit Freunden in Melbourne, Faivel neben ihr, Kubush dahinter.

Jadzia, Hanna, Kubush und Mindla
nach dem Krieg in Melbourne.

Mindla mit ihren Enkeln Ben (*Mitte*)
und Ralph, Mitte der Siebzigerjahre.

Kubush mit seinem Enkel Ralph
bei dessen Bar-Mizwa, Anfang der
Achtzigerjahre.

Kubush umarmt seine Enkel David
(*links*) und Paul.

Kubush im Kostüm
als Sloppo der Clown.

Kubush mit seinem Kollegen Norm Brown. Die beiden traten zusammen als
Sloppo und Boppo auf.

Bei den Dreharbeiten zur
Tarax Show und hinter den
Kulissen. Kubushs alter Trick
mit der springenden Haarlocke,
der schon die Zuschauer im
Zirkus Staniewski zum Lachen
gebracht hatte, sicherte ihm die
Fernsehrolle.

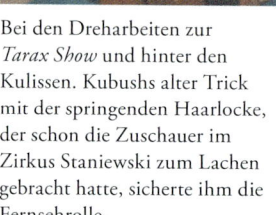

Kubush als Sloppo der Clown
auf einem Werbefoto der
Tarax Show.

Mindla im Festkleid und stolz
wie Bolle bei der Hochzeit
ihres Enkels Ralph
(im Brautkleid die Autorin).

Mindla und Kubush lebten für ihre Kinder, Enkel und Urenkel. Mindla, die nie ohne perfekten Nagellack, Lippenstift und Schmuck zu sehen war, hier mit ihren Enkeln Noah (*oben links*) und Jake (*oben rechts*). *Unten*: Hier feiert Mindla den ersten Geburtstag ihrer Urenkelin Alexandra, zusammen mit Ralph (mit Alexandra), Sohn Henry, Schwiegertochter Meg und Urenkel Charlie.

schlafen immer nur kurz, ein paar Stunden am Stück. Als Mindla an die Reihe kommt, liegt sie da und denkt an Gad. Sie weiß, dass man ihn wahrscheinlich in ein sowjetisches Waisenhaus gebracht hat, das in der Nähe liegt. Es tröstet sie ein bisschen, dass er nicht an diesem grausigen Ort mit ihr eingesperrt ist.

Die Frauen sind freundlich, aber sehr zurückhaltend. Wenn man hier überleben will, darf man niemandem trauen. Junge und alte Frauen werden unter irgendeinem Vorwand von der Straße weg verhaftet, manchmal aufgrund einer Denunziation durch eine misstrauische Nachbarin oder einen bezahlten Informanten.

Eine Woche nach Mindlas Ankunft darf sie die Zelle zum ersten Mal verlassen. Sie erfährt, dass die Häftlinge einmal pro Woche auf einen kahlen, schmutzigen Hof geführt werden, um sich ein wenig zu bewegen. Zellenweise gehen sie in kleinen Gruppen, die Frauen den einen Tag, die Männer den anderen, und so weiter. Es wird dafür gesorgt, dass sich die Insassen verschiedener Zellen nicht begegnen.

Am Anfang tut das Stehen ihren Beinen und Knien weh, aber sie genießt es bald, wieder herumlaufen zu können, und außerdem bekommt sie auf diese Weise auch etwas mehr von ihrer Umgebung zu sehen. Die Wärter führen sie hinaus durch die engen Flure, an denen viele Zellen mit Männern, Frauen und älteren Kindern untergebracht sind, alles »Gäste« des NKWD.

Das Gefängnis von Białystok ist für tausend Häftlinge ausgelegt. Derzeit sind hier fast viertausend Menschen untergebracht, und jeden Tag kommen neue dazu, Dutzende von ihnen, Menschen, die man willkürlich irgendwo verhaftet hat. Einige wurden beim Versuch erwischt, die Grenze zu überqueren, so wie Mindla, andere, vor allem Akademiker und Intellektuelle, werden des Landesverrats verdächtigt. Das Gebäude platzt aus allen Nähten.

Die Zellen sehen alle gleich aus und liegen im Keller des Gefängnisses. Ein kalter Betonboden, ein kleines Fenster ganz oben, wo Wand und Decke zusammenstoßen. So sieht man nur eine Andeutung von der Außenwelt. Dünne, immer dünner werdende Arme ragen zwischen den Gitterstäben hindurch, als die Frauen vorbeigehen.

Mindla versucht, nicht hinzuschauen. Sie und ihre Zellengenossinnen werden nach oben gebracht, vorbei an einem Trakt mit Einzelzellen für Häftlinge in Isolation, dann geht es auf den Hof. Wachen mit Gewehr im Anschlag patrouillieren auf dem Dach und beobachten die Frauen mit Adleraugen. Mindla bleibt kurz stehen, um frische Luft zu atmen, dann schließt sie die Augen und lehnt sich mit dem Rücken gegen die Ziegelwand, die von der schwächlichen Sonne gewärmt wird.

»Komm«, sagt eine ältere Frau warnend zu ihr. »Weitergehen … sonst erschießen sie dich.«

Ein Karussell aus müden Frauen bewegt sich langsam im Kreis, etwa eine Stunde lang, dann öffnet sich die mit Stacheldraht versehene Tür, und sie werden wieder hineingebracht, zurück in die muffigen Zellen im Keller. Zweimal am Tag bekommen sie zu essen, etwas Brot und Kaffee am Morgen, eine dünne Kohlsuppe am Abend, dazu noch eine Tasse Kaffee. An guten Abenden gibt es vielleicht noch ein bisschen Haferbrei.

Die Würde geht ihnen schnell verloren. Alle Frauen teilen sich den Blecheimer, um ihre Notdurft zu verrichten. Einige beschmutzen sich lieber selbst, als diese provisorische Toilette zu benutzen, vor allem wenn sie anfängt überzulaufen. Der Eimer wird zumeist einmal am Tag geleert, aber eben nicht immer. Manchmal dauert es auch zwei oder drei Tage, bis jemand kommt. Die Frauen müssen ihn selbst hinausbringen, dabei wechseln sie sich ab. Diejenige, die den überfließenden Eimer sauber gemacht hat, darf ihn als Erste wieder benutzen.

Wenn Mindla abends versucht einzuschlafen, denkt sie an die Wärme an ihrem Rücken beim Hofgang und an die wunderbaren Momente mit Sonnenschein und frischer Luft. Diese Gedanken tragen sie durch die nächste Woche in der Zelle. Jeden Tag, den sie überlebt, kommt sie ihrer Entlassung ein bisschen näher. Sie wird wieder mit Gad und Kubush zusammen sein, sie wird sich bald wieder lebendig fühlen.

Kapitel 19

April 1940

Kubush sitzt auf der Armlehne eines gut gepolsterten Sofas im Wohnzimmer der Staniewskis und hört Lala zu, die aus der Zeitung vorliest. »Sie planen ein Getto einzurichten«, sagt sie und zieht intensiv an einer kurzen Zigarette.

Sie reicht ihm die Zeitung herüber und gibt die schwindende Kippe ihrem Mann.

Ohne sich von den Resten ihres roten Lippenstifts stören zu lassen, zieht Bronislaw noch einmal kräftig, bevor er schnell die nächste Zigarette anzündet.

»Sie werden die Leute aus ihren Häusern vertreiben«, sagt er. Er versteht es, zwischen den Zeilen des *Nowy Kurier Warszawski* zu lesen.

»Bastarde.«

Wütend wirft Bronislaw die Zeitung in den Müll und fängt an, durch das Zimmer zu tigern, wobei er eine Rauchfahne hinter sich herzieht. Die Schimpansendame Mimi folgt ihm. Der Zirkusdirektor muss niemandem erklären, wie ernst diese Nachrichten sind.

Eine bunte Schar von Zirkusleuten wohnt seit Beginn des Krieges bei den Staniewskis. Bronislaw und Lala haben ihnen ihre Türen geöffnet und ein Dutzend liebenswerte Verrückte irgendwie mit Bett und Essen versorgt. Clowns, Akrobaten, Trapezartisten, Dompteure und auch ein paar Stallarbeiter sind dabei. Für einige von ihnen ist der Zirkus das einzige Zuhause, das sie kennen. Und viele von ihnen sind Juden.

Lala macht sich am meisten Sorgen um die Lilliputaner. Ihr ungewöhnlicher Gang und ihre runden Stirnen machen sie zur Zielscheibe für die Grausamkeit der Nazis. Faivel ist ihr besonderer Liebling, er bringt sie immer zum Lachen. Und die liebe Weronika Orluk ist schon seit ihrer Kindheit beim Zirkus. Lala betrachtet sie als ihre Tochter.

»Wisst ihr was, ich habe eine Idee«, sagt Kubush.

Am Morgen des 1. Juni 1940 hebt Lala die Klappen des kleinsten Zirkuszeltes, das sie besitzen, und bindet sorgfältig die Seiten zurück, um die Arbeiter hereinzulassen, die die Manege fertigstellen sollen.

An der Ecke Ulica Mokotowska und Krucza gibt es einen kleinen Platz, verglichen mit den großen Spielstätten, die sie von früher gewohnt sind. Das Zelt nimmt den zerstörten kleinen Nachbarschaftspark komplett ein. Ein noch kleineres Zelt an der Ecke zur Mokotowska dient als Kassenhäuschen, ein weiteres an der Krucza als Garderobe. Besser als nichts.

In braunen Reithosen und weißer Baumwollbluse krempelt Lala die Ärmel hoch und zeigt den Männern, wohin sie die letzten Sessel der ersten Reihe stellen sollen. Dann wird der überschüssige Sand weggefegt.

»Das hier müssen die besten Plätze im Haus sein!«, erklärt sie den Männern. »Alles muss perfekt sein, unser Leben hängt davon ab.«

Es war Kubushs Idee, den Zirkus wieder zum Leben zu erwecken. Die beste Art, sich selbst zu retten, muss es sein, sich genau dort zu verstecken, wo man sie am besten sieht. Sie müssen den Deutschen nützlich, ja, unentbehrlich werden, hat er ihnen erklärt. Es bereitet ihm eine Gänsehaut, diese Sadisten zu unterhalten, aber wie sonst sollen sie überleben? Bronislaw fand die Idee genial. Der Zirkusdirektor zog sich den besten Anzug an, Lala ihr elegantestes Satinkleid und die Seidenstrümpfe, und dann besuchten sie den Statthalter des Bezirks Warschau Anfang Mai in seinem Büro im Brühl-Palast.

Bis sie Dr. Ludwig Fischer endlich gegenübersaßen, mussten sie viel Schmiergeld zahlen, und auch Fischer selbst verlangte etwas dafür, dass er Zeit in seinem Kalender für ein Treffen mit dem charmanten polnischen Paar fand. Er ist beschäftigt mit dem Krieg und der Mauer, die er quer durch die Stadt baut, »um die schmutzigen Juden und ihre Krankheiten« von den Deutschen fernzuhalten.

»Volldampf voraus!«, hat er über den bevorstehenden Bau des Gettos geprahlt, während Lala jeden Muskel anspannte, um ihren Abscheu zu verbergen.

Der milchgesichtige Offizier war ganz hingerissen von der üppigen Mrs. Staniewska. Während er über die Idee nachdachte, mit einer Zirkusvorstellung die gelangweilten deutschen Soldaten und ihre Mädchen zu unterhalten, konnte er den Blick kaum von der Edelstein-Brosche abwenden, die sehr hübsch auf dem Gipfel ihres Busens saß.

»Vielleicht, wenn ein paar Zloty den Weg in mein Büro fänden?«, schlug er vor. »Eine kleine Spende für die Kriegsanstrengungen?«

Bronislaw lächelte und verströmte seinen Charme in Richtung des jungen Mannes mit dem stechenden Blick. »Sie sind ein guter Geschäftsmann, mein Herr.«

Und so kam es, dass der Zirkus Staniewski die Erlaubnis bekam, aus der Asche aufzuerstehen.

Um sieben Uhr am Abend ist das Zelt fast voll. Obwohl die Sonne schon untergeht, lastet immer noch die Sommerhitze auf der Stadt. Der Zirkus liegt zwischen Regierungsgebäuden und hohen Mietshäusern, die den Angriffen der deutschen Luftwaffe widerstanden haben. Kein Windhauch flüstert heute Abend durch die engen Straßen.

Das Summen der Zuschauer, die ihre Plätze einnehmen, verleitet Kubush und Faivel dazu, einen Blick durch den roten Vorhang zu wagen. Kubush erstarrt. Alle Artisten wissen, was sie zu erwarten haben, Bronislaw hat sie gewarnt, aber es ist trotzdem verstörend, die gesamte erste Reihe mit Männern in feldgrüner Uniform und auf Hochglanz polierten Stiefeln besetzt zu sehen. »Wo sind eigentlich die hungrigen Löwen, wenn man sie einmal braucht?«, brummt Faivel.

Mitten unter den Nazis in der ersten Reihe sitzt Dr. Fischer, der den Staniewskis eine persönliche Gästeliste übermittelt hat und sehr deutlich dazu sagte, man solle ihm keine Schande machen. Neben ihm erkennt Kubush SA-Oberführer Ludwig Leist, den Stadtkommandanten und engen Verbündeten von Hans Frank, Hitlers Anwalt und Generalgouverneur von Polen. Leist liebt den Zirkus und war sehr erpicht darauf, die Vorstellung stattfinden zu lassen. Er glaubt, das sei gut für die Moral der Stadt.

Bronislaw Staniewski hat eine Vorstellung versprochen, die den kriegsmüden Geist der Stadt heben würde. Er macht sich keine Illusionen über die Folgen, sollte er nicht liefern. Und so sorgt er schon vor Beginn der ersten Nummer für Unterhaltung: Junge Frauen in fließenden Gewändern bieten den Nazis die besten Zigarren an, derer Bronislaw auf dem Schwarzmarkt habhaft werden konnte.

Der Tabak ist eine willkommene Überraschung, ebenso Mimi, die den jungen Damen folgt und pflichtbewusst jedem Raucher Feuer gibt. Fischer lacht lauthals, als die freche Affendame ihn nachahmt. Danach kehren die jungen Frauen mit parfümierten Straußenfedern zurück und fächeln den Deutschen, die in der ungewöhnlichen Hitze schwitzen, fürsorglich frische Luft zu. Die Nazis sind guter Stimmung und sie haben ja auch allen Grund dazu. Es gibt genug zu feiern. An diesem Nachmittag haben sie erfahren, dass die deutsche Luftwaffe einen französischen Zerstörer vor Dünkirchen im Ärmelkanal versenkt hat. Die Eroberung Frankreichs ist nur noch eine Sache von Tagen. Drei Wochen zuvor hat Hitler Belgien erobert. Auch Norwegen, Dänemark, Österreich, die Tschechoslowakei, die Niederlande und Luxemburg stehen unter deutscher Kontrolle. Das Gift der Wehrmacht fließt mit unvorstellbarer Geschwindigkeit durch die Adern Europas.

Kubush spürt, wie sich ihm bei den Gedanken daran, diese blutrünstigen Bestien zum Lachen zu bringen, der Magen umdreht. Die Männer in der ersten Reihe sind verantwortlich für Hunderte, ja Tausende von Toten. An ihren Schreibtischen werden die Befehle unterzeichnet, Lastwagenladungen von Juden zu verhaften und in Arbeitslager zu deportieren – oder, wie man später erfährt, irgendwo im Wald zu erschießen und zu verscharren.

»Wenigstens heute Abend lassen sie uns in Ruhe«, flüstert er Faivel zu.

Hinter dem Vorhang beobachten die beiden Clowns, wie sich die Artisten und Trapezkünstler aufwärmen. Seit Fischer seine Genehmigung für die Zirkusvorstellung gegeben hat, wird eifrig geprobt. Nach einem Jahr ohne Vorstellung waren die Zirkusmuskeln ziemlich steif und schwach, doch sie haben sich den Rost schnell wegtrainiert. Vom Morgen bis zum Abend polieren sie ihre Nummern auf und werden von Stunde zu Stunde geschmeidiger. Es ist ein gutes Gefühl, endlich wieder etwas Sinnvolles tun zu können.

Doch Faivel sieht, wie dünn die anderen Kleinwüchsigen geworden sind, die seit Monaten die Wohnung der Staniewskis kaum verlassen haben, aus Angst, von der Straße weg verhaftet oder aus einer Laune heraus erschossen zu werden.

Ohne die exotischen Tiere als Attraktion für das Publikum und nur mit einer Rumpfbelegschaft von Artisten müssen die Staniewskis sich eine kluge Choreografie einfallen lassen, doch selbst in schwierigen Zeiten macht Bronislaw keine halben Sachen. Und er hat einen absoluten Knüller im Ärmel.

*

Pünktlich um zehn Minuten nach sieben ertönt ein Tusch, der die Aufmerksamkeit des Publikums auf sich zieht. Jetzt ist keine Zeit mehr für Lampenfieber: Showtime. Bronislaw streicht noch einmal die Ärmelaufschläge seines vertrauten roten Jacketts glatt und richtet seinen Zylinder, dann schreitet er in die Manege und ruft: »Meine Damen und Herren, willkommen zur besten Show aller Zeiten!«

In dem Moment, wo er sich verbeugt, fallen zwei Seile von ganz oben in die Manege, und zwei Schönheiten im Paillettenanzug folgen, vor dem sicheren Tod nur durch das Seil bewahrt, das um ihre Knöchel geschlungen ist. Die Mädchen wirbeln synchron durch die Luft, während die dünnen cremefarbenen Seile einen Walzer zu tanzen scheinen. Bald kommt eine Parade von verrückten Clowns, Akrobaten und Stelzenläufern dazu, gefolgt von Hunden, die Bälle auf der Nase balancieren.

Lala hat sich ein wahres Kaleidoskop von Farben und Bewegungen ausgedacht, ein Fest für die Augen, um das Publikum vom ersten Moment an zu fesseln, noch bevor die erste Nummer angesagt wird. Da ihr im Moment keine Artisten mit großen Namen zur Verfügung stehen, konzentriert sie sich voll und ganz auf die Akrobaten und ihre aufregenden Nummern, in denen großes Geschick zur Schau gestellt wird. Licht und Musik helfen, die Spannung aufzubauen und eine Illusion alter Größe zu erzeugen.

Zwischen den Hauptnummern der Jongleure, Entfesselungskünstler und Trapezartisten müssen Kubush und Faivel ihren Zauber entfalten. Sie arbeiten härter als je zuvor, und das aus gutem Grund, denn sie müssen heute Abend viel, viel mehr abliefern als alberne Gesichter und Slapstick. Lala hat sie angewiesen, ihre Augen und Ohren zu sein. In den kostbaren Minuten, die sie die Manege beherrschen, müssen sie das Publikum lesen, Gesichter beobachten und Lala bei ihrer Rückkehr hinter den Vorhang berichten, wie es läuft. Solange die Nazis lachen, ist alles gut.

Kubush studiert die Männer in der ersten Reihe. Seine großen blauen Augen versuchen, in ihre Seele zu blicken. Dr. Fischer wirkt nicht viel älter als er selbst. Seine dicken Backen und der Bauch erzählen von einem Mann, der alles genießt, was das Leben zu bieten hat. Ludwig Leist scheint mit seiner gelackten Frisur und dem kleinen Schnurrbart seinen geliebten Führer zu imitieren und ihm damit aufs Höchste zu schmeicheln. Es scheint ganz klar, dass keiner dieser Männer sich Gedanken über die nächste Mahlzeit machen muss.

Normalerweise gibt es während der Vorstellung keine Pause, aber diesmal brauchen sie eine, damit Bronislaw das große Finale vorbereiten kann. Außerdem können in dieser Zeit die hübschesten Mitglieder der Truppe den durstigen Gästen Getränke servieren.

Bronislaw hat auf dem Schwarzmarkt ein paar Flaschen guten Whisky organisiert, ein Geschenk für Dr. Fischer und seine Freunde zum Dank dafür, dass der Zirkus auftreten darf. Natürlich kostet ihn das Ganze viel mehr als nur ein bisschen Alkohol: Der größte Teil der Abendeinnahmen landet in den Taschen von Dr. Fischer, und das wird auch auf absehbare Zeit so bleiben. Aber das ist es Bronislaw wert.

Während die letzten kostbaren Sekunden der Pause vergehen, klopft Bronislaw nervös ein letztes Mal sein Jackett ab und bereitet sich auf die Schlussnummer vor. Er muss das Publikum dazu bringen, sich eine Fortsetzung zu wünschen. Was für ein unglaubliches Glück, dass er die Neptuntaucher kurzfristig engagieren konnte! In Italien sind sie regelrecht berühmt, und Bronislaw wollte sie schon längst einmal dabeihaben, doch dann hat der Krieg ihm einen Strich durch die Rechnung gemacht. Es hat ihn eine Stange Geld gekostet, sie von Italien hierher zu holen, nicht nur wegen der Reisekosten, sondern auch wegen der Bestechungsgelder, die er brauchte, um sie sicher über die Grenze zu bringen. Er hofft, sie sind das Geld wert.

Als der Vorhang aufgeht, steht ein riesiger Glaszylinder in der Mitte der Manege. Plötzlich richten sich die Scheinwerfer nach oben und einer der Taucher springt aus der Kuppel des Zeltes in das Wasserbecken. Das Publikum keucht entsetzt auf, als der Taucher auf das flache Wasser aufkommt und dann wie durch ein Wunder wieder hochspringt, aus dem Becken heraus, und sich verbeugt.

Der Trick besteht darin, mit möglichst viel Körperfläche auf die Wasseroberfläche aufzukommen, sodass sich der Aufprall verteilt. Dem Publikum ist das aber vollkommen egal, die Leute applaudieren, bis ihnen die Hände wehtun. Der Taucher verlässt die Manege und zwei Nixen senken sich anmutig aus der Kuppel in das Aquarium. Ihre Fischschwänze scheinen sie zu Boden zu ziehen, wo sie sich hinlegen und zu schlafen scheinen.

Drei Minuten lang rühren die Frauen sich nicht und scheinen auch nicht zu atmen. Das Publikum sitzt wie gebannt da, die Spannung steigt mit jeder Sekunde – bis die beiden schlafenden Schönheiten nach fast fünf Minuten vom Kuss eines Tauchers »gerettet« werden.

Dr. Fischer springt auf und animiert das Publikum zu

stehenden Ovationen. Ob es die scheinbare Todesverach-
tung ist, die ihn so begeistert, oder der Anblick der gut ge-
bauten Frauen, die in eng anliegenden Trikots aus dem
Wasser steigen, spielt in diesem Moment keine Rolle.

Sie haben ihr Ziel erreicht.

Die Taucher machen noch zehn Minuten weiter. Den
Höhepunkt bildet eine Frau, die unter Wasser mit ihrer
Nähmaschine ein Kleid näht, während ihr Mann das
Abendessen vorbereitet. Für die Zuschauer ist es so, als
würde das Aquarium gar nicht existieren. Ihnen kommt es
so vor, als säßen sie selbst in diesem Unterwasser-Wohn-
zimmer, während das Leben der menschlichen Fische an
ihnen vorbeizieht.

»Bezaubernd!«, lautet die Schlagzeile am nächsten Tag.
»Phänomenal!« Das Publikum, so der Bericht, sei äußerst
zufrieden mit diesem opulenten Programm gewesen, »das
selbst die anspruchsvollsten Zirkusfreunde begeistert«.

Nach diesen hervorragenden Kritiken sind die Karten
für die nächsten Vorstellungen schnell ausverkauft. Es dauert nur ein paar Tage, dann ist die Sommersaison »im Kas-
ten«. Dr. Fischers Bankkonto füllt sich rasend schnell.

Kapitel 20

Hinter Mindlas Ohr haben sich Läuse eingenistet. Sie kratzt sich, bis ihre Haut wund ist und Blut vom Ohrläppchen tropft. Es juckt am ganzen Körper, die Mistviecher sitzen in allen warmen Falten. Und sie wird immer dünner. Die fadenscheinigen Socken, die sie schon trägt, seit sie Warschau verlassen hat, wimmeln von Läusen, doch sie zieht sie nicht aus, weil sie einem Paar gleichen, das sie für Kubush gestrickt hat. Wenn sie die rote Wolle auf ihrer Haut spürt, fühlt es sich an, als wäre Kubush in ihrer Nähe.

Alle Frauen haben Läuse und auch Krankheiten verbreiten sich rasend schnell im gesamten Gefängnis. Die Wachen lassen sie jetzt einmal in der Woche in den Waschraum und einmal am Tag dürfen sie auch die Latrine besuchen. Man hofft, auf diese Weise die Ruhr in den Griff zu bekommen. Doch was bringt das schon, wenn der verdreckte Eimer nach wie vor in der Ecke vor sich hin gärt.

Alle paar Wochen kommt eine Frau von draußen ins Gefängnis. Sie bringt eine Schneidemaschine mit und schert den Häftlingen die Köpfe. Die Männer sind damit sehr einverstanden, doch die Frauen weigern sich, wohl wissend, dass das Haareschneiden nichts nützt. Die Läuse sitzen auf der Haut und in den Kleidern, warum sollen sie ihre kostbaren Haare opfern? Die Friseurin schneidet so viel ab, wie Mindla zulässt, dann geht sie zur nächsten Frau. Sie zeigt großes Mitgefühl für alle und findet, sie haben schon genug gelitten.

Das Gefängnis ist überfüllt und täglich kommen mehr Häftlinge dazu. Die Rationen werden immer kleiner. Abends bekommen die Frauen jetzt noch eine Tasse »Suppe«, letztlich nur gekochtes Wasser mit ein paar Kartoffelschalen darin. An guten Tagen schmeckt die Brühe nach alten Knochen oder Kohl, das ist dann schon ein Glück. Das Brot ist schwarz und hart und schmeckt nach Erde. Dasselbe gilt für die Suppe und den Kaffee.

Wenn sie das wenige Essen zu sich nimmt, schließt Mindla die Augen und träumt sich nach Warschau. Heute Abend speist sie zusammen mit Kubush in einem Restaurant. Sie bricht winzige Stückchen Brot ab, nimmt sie in den Mund, kaut jeden Krümel langsam und stellt sich dabei vor, sie würde einen kräftigen Eintopf mit Wurst darin essen. In ihrem Tagtraum ist der Wärter vor ihr ein Kellner, der ihr ihren geliebten Apfelkuchen als Dessert bringt. Sie bemüht sich, den köstlichen Geschmack und Duft der Cafés und Feinkostgeschäfte in der Ulica Leszno in ihrer Erinnerung wachzurufen, doch es fällt ihr allmählich schwer. Obwohl ihre Sinne dumpf geworden sind, wird sie wohl nie den Geschmack frischer Orangen vergessen oder das knackige Gefühl eines Apfels frisch vom Baum. Sie klammert sich an diese Gedanken, noch lange nachdem sie den letzten Schluck Spülwasser-Suppe getrunken hat. Die Erinnerungen erfüllen ihr Herz und ihren Geist, und seltsamerweise fühlt sich auch ihr Magen besser an.

Mindla vermutet, dass die Russen sie mit Absicht hungern lassen. Auf diese Weise werden Häftlinge sterben oder wenigstens nicht mehr so oft die Latrine brauchen. Beides würde den NKWD-Leuten das Leben leichter machen.

*

Eines späten Abends, als die Wachen ihre letzte Runde machen, ruft Mindla durch das kleine Fenster in der Zellentür: »Bitte, bleibt stehen! Ich blute.«

Zwei Männer sind heute im Dienst. Ein junger Mann, den Mindla noch nie gesehen hat, schließt die Tür auf. Er hat ein angenehmes Gesicht mit feinen Zügen und dunklen Augen, die sie an Yakov erinnern.

Das grobe Gesicht des älteren Kollegen ist Mindla bekannt. Er war schon ein paar Mal hier, aber sie kennt seinen Namen nicht. Es ist ihr peinlich, dass sie ihre Periode bekommen hat, zum ersten Mal seit Monaten. Blut durchtränkt ihren Rock. »Bitte, kann ich zur Toilette?«, fragt sie auf Polnisch und versucht zu erklären, warum sie sich sauber machen möchte.

Der ältere Mann verzieht das Gesicht, als hätte er Schmerzen, dann stürzt er sich plötzlich auf sie. Er gräbt seine dicken Finger in ihr knochiges Handgelenk und zerrt sie aus der Zelle auf den Gang. Die Tür bleibt offen, sodass die anderen Frauen entsetzt zusehen können. Er schlägt Mindla fest ins Gesicht, sodass sie den Halt verliert und mit dem Kopf gegen die Betonwand prallt.

»Nein, du polnische Schlampe!«, schnauzt er sie an. Sein Speichel stinkt nach Alkohol.

Ein paar Sekunden lang ist sie benommen. Ihr rechtes Auge tut weh und fängt an zu tränen. Er schleudert sie wie eine Lumpenpuppe zurück in die Zelle. Die Häftlinge haben den Befehl bekommen, nicht mehr englisch oder polnisch zu sprechen, nur noch russisch. Mindla hat diesen

Befehl nicht mit Absicht missachtet, sie kann nur ein paar Brocken Russisch, und in diesem Moment hat sie einfach nicht daran gedacht. Was für ein dummer Fehler, sagt sie sich selbst.

Die Zellentür fällt hinter ihr ins Schloss. Für einen Moment sitzen die Frauen schweigend da. Einige senken den Kopf, um Blickkontakt zu vermeiden, andere starren sie an. Mindla kauert sich auf dem Boden zusammen. Eine Frau in einer Ecke ganz hinten zieht ein großes Taschentuch hervor, das sie aus einer alten Tischdecke gemacht hat, und reicht es ihr. Sie nickt Mindla zu, sie könne damit das Blut aufwischen.

Eine andere knöpft ihre Bluse auf und zieht sich aus bis auf das Baumwollhemdchen, das sie darunter trägt. Sie reißt einen Streifen Stoff vom unteren Rand ab und reicht es ihr ebenfalls. Erst da bemerkt Mindla, wie viele Frauen mit ausgefransten Säumen und zerrissenen Röcken dasitzen. Die anderen Frauen lächeln und nicken ihr mitleidig zu. Sie wissen, wie es ihr geht.

Später kommt der junge Wärter zurück und bringt Mindla in die Krankenstation des Gefängnisses. Er muss wohl ein schlechtes Gewissen bekommen haben. Er bleibt draußen vor der Tür sitzen, während die Krankenschwester in dem provisorischen Arztzimmer Mindlas verschwollenes Gesicht versorgt.

Dutzende von kranken Männern liegen in den Betten der Krankenstation. Von den beiden, die Mindla am nächsten liegen, stöhnt einer und schwitzt, sein Gesicht ist ganz verzerrt. Mit trüben Augen starrt er sie an. Sie versucht, nicht zurückzustarren. Der andere Mann liegt stocksteif da, vielleicht ist er schon tot. Sie wagt es nicht, weiter in den Raum hineinzuschauen.

»Typhus«, sagt die Schwester und nickt Mindla zu, sie solle sich auf die metallene Bank setzen. »Halt still«, sagt sie, während sie vorsichtig Salbe auf die geschwollene, lila verfärbte Stelle an Mindlas Wange streicht.

»Ich sehe nicht viele Frauen hier, weshalb bist du im Gefängnis?«, fragt sie neugierig und stellt sich als Zofia vor. Ihr warmer polnischer Akzent klingt tröstlich. Mindla spürt, wie gut Zofia riecht, ein bisschen wie nach Mamas Seife. Doch sie ist vorsichtig und vertraut niemandem. Sie wiederholt nur ihre Geschichte, dass sie nach Hause zu Kubush will. Und dass man ihr Gad weggenommen hat.

»Das tut mir so leid!«, erwidert Zofia. Sie spürt, wie misstrauisch Mindla ist, und versichert ihr, dass sie nichts mit dem NKWD zu tun hat. Viele der Leute, die hier arbeiten, sind einfach Stadtbewohner, Kommunisten oder arme Leute.

Zofia nimmt ein Tuch, das in Alkohol getränkt ist, und reibt damit Mindlas Haaransatz und die Ohren ab, um wenigstens ein paar Läuse abzutöten und die Entzündung zu desinfizieren, die einen Ausschlag hervorgerufen hat. Sie würde Mindla gern baden lassen, aber das ist nicht möglich.

»Ich bin auch Jüdin, aus Białystok«, sagt sie leise, während sie in einer Schublade nach einem Schmerzmittel sucht, um Mindlas Kopfweh zu lindern. Ihre Brüder wurden vor dem Einmarsch der Deutschen in die polnische Armee verpflichtet, seitdem hat sie sie nicht mehr gesehen. Mindlas Herz schlägt immer schneller.

»Warst du schon vor dem Krieg hier?«, fragt sie. »Hast du den Zirkus gesehen? Den Zirkus Staniewski? Mein Mann ist Artist«, sagt sie. Ihre Zunge stolpert fast über die Worte, so schnell spricht sie.

»Ja, den Zirkus kenne ich«, sagt Zofia. »Mein Nachbar ist auch Artist, ein Zwerg namens Faivel. Kennst du ihn?«

»Ja! Ja, natürlich kenne ich den frechen Kerl!«, schreit Mindla auf. Ihre Aufregung schreckt den Wärter auf, der jetzt den Kopf zur Tür hereinsteckt und Zofia anschnauzt. »Beeil dich!«

Langsam entfernt Zofia den Blutfleck von Mindlas Rock und schindet so noch ein paar kostbare Minuten heraus, damit sie weiterreden können. Mindla ergreift Zofias Hand und bittet sie, Kubush zu finden und ihn wissen zu lassen, dass sie am Leben ist.

»Ich kann nichts versprechen, aber ich werde es versuchen«, sagt Zofia.

Die Frauen haben eine Methode entwickelt, um mehr Schlaf zu bekommen. Manchmal schmiegen sie sich aneinander, manchmal liegen sie gegenüber. Auf ein Kommando einer der älteren Frauen hin drehen sich alle um und wechseln die Seite, damit die Muskeln auf dem harten Betonboden nicht zu steif werden. Seltsamerweise ist es ein Trost, einen anderen menschlichen Körper zu berühren, auch wenn die Läuse so von einer zur anderen wandern.

Doch auch wenn sie alle die Augen schließen, ist die Dunkelheit kein sicherer Ort. Alle möglichen Schrecken sickern durch die Wände, sobald die Nacht einbricht. In den Schatten weinen einige der Frauen um Mann und Kinder.

Verstörende Bilder von Krieg und Tod, Blut und Bomben steigen auf. Mindla hat gelernt, das leise Schluchzen um sie herum auszublenden. Sie hat durchaus Mitgefühl, aber sie weiß, sie muss stark bleiben, um zu überleben. Obwohl sie Gad sehr vermisst, bleibt ihr keine Kraft für Gefühle, die ihre Entschlossenheit schwächen könnten. Weinen nützt ja nichts!

Im Gegensatz zu den meisten anderen freut sie sich auf die Nacht, denn wenn es dunkel wird, hat sie wieder einen Tag an diesem schrecklichen Ort überlebt. Und wenn es wieder hell wird, ist sie einen Tag näher an ihrer Entlassung und am Wiedersehen mit Gad.

Manchmal kommen nachts die Ratten. Sie huschen durch die Gänge und an den Beinen der Frauen entlang, immer auf der Suche nach Futter oder einem Weg hinaus. Sie laufen über Gesichter und nagen an Kleidern. Jede Nacht schreien die Frauen auf und schlagen nach den Tieren. Mindla dagegen mag sie inzwischen ganz gern. Sie muss immer lächeln, wenn die kleinen Tiere kommen. Um sie herum ist alles so leblos, alle Menschen welken innerlich und äußerlich dahin. Die Ratten sind lebendig und voller Energie. Manchmal spart sie sogar ein paar Brotkrumen auf, um die Tiere zu füttern.

Ein ohrenbetäubender Krach lässt Mindla hochschrecken, lange bevor das erste Sonnenlicht durch das kleine Fenster hoch über ihr hereindringt. Der Krach ist ihr erschreckend vertraut: Schüsse! Für einen Moment ist sie verwirrt und hat das Gefühl, sie wäre wieder in Warschau. Doch dann folgt ein weiterer Schuss und die Frau neben ihr rührt sich auch. Es ist also kein Traum.

Sie bleibt still liegen, hält den Atem an, um möglichst keinen Muskel unnötig zu bewegen. Weitere Schüsse, der Nachhall ist unmissverständlich. Sie zählt sechs, vielleicht sieben Schüsse in schneller Folge, dann Stille. An Schlaf ist nicht mehr zu denken.

Viele von ihnen haben Geschichten von nächtlichen Verhören mitbekommen. Die Wachen holen schlaftrunkene Häftlinge aus der Zelle, lassen sie tagelang in Isolation und im Dunkeln sitzen, blenden sie dann immer wieder mit hellen Lampen. Einige, die man der Spionage verdächtigte, wurden zusammengeschlagen oder mit Elektroschocks traktiert, bis sie um Gnade flehten.

Doch dieser Schrecken ist neu. Die Frauen sehen sich an, alle haben es gehört, aber keine sagt ein Wort. Später am Vormittag wird auf den Gängen geflüstert, dass in dieser Nacht eine Zelle »gesäubert« wurde. Da das Gefängnis aus allen Nähten platzt, haben die Wachen angefangen, Häftlinge zu exekutieren.

Am Tag zuvor wurden Männer aus einer Zelle am Ende des Ganges in den Garten hinter dem Hauptgebäude gebracht und gezwungen, eine große Grube auszuheben. Danach wurden sie zum Abendessen zurück in ihre Zelle geschickt, doch mitten in der Nacht wurden sie in die Finsternis hinausgetrieben, am Rand der Grube aufgestellt und mit Kopfschüssen getötet, sodass sie einer nach dem anderen in das Massengrab stürzten.

Die Wärter haben Kalk über die Leichen gestreut, aber die Grube ist noch offen. Die Häftlinge vermuten, das wird auch so bleiben, weil man mit weiteren Opfern rechnen muss.

Die verfluchte Zelle wird sofort mit Neuankömmlingen gefüllt. Mindla fragt sich, ob sie ahnen, was mit den Männern passiert ist, die vorher hier geschlafen haben. Die Stimmung im Gefängnis verändert sich erheblich, und die Frauen rechnen damit, dass auch sie so sterben werden. Die Frage ist nur, wann.

Doch nicht nur die Gerüchte über die Hinrichtungen machen die Runde, sondern auch, dass Häftlinge nach Minsk gebracht und von dort aus in Arbeitslager nach Sibirien deportiert wurden. Die Frauen sorgen dafür, möglichst wenig Aufsehen zu erregen. Jedes Mal, wenn ein Wärter hereinschaut, liegt ein unheimliches Schweigen über der Zelle.

Als ihnen zum Abendessen ein kalter Hirsebrei mit Maden darin gebracht wird, akzeptieren sie das ohne Fragen, und plötzlich beschwert sich auch keine mehr über den stinkenden Eimer in der Ecke. Mindla pickt die Maden mit den Fingern aus dem Brei und bewahrt sie auf, um später die Ratten damit zu füttern.

Da immer mehr Häftlinge kommen, haben sich auch die Routinen geändert. Seit Wochen sind die Frauen nicht mehr zum Hofgang gebracht worden. Auch waschen dürfen sie sich nur noch selten. Eines Abends, als sie sich hinlegen wollen, taucht plötzlich ein Wärter an der Zellentür auf. »Aufstehen!«, schnauzt er. Mindla bekommt eine Gänsehaut: Es ist der alte Säufer, der sie geschlagen hat. Die Frauen sehen sich besorgt an; um diese Zeit wurden sie noch nie aus der Zelle geholt.

»Aufstehen!«, brüllt er noch einmal. Eine nach der anderen gehen sie zögernd auf den Flur. Er scheucht sie durch den Männertrakt, vorbei an der »gesäuberten« Zelle. Als sie zu dem Hof kommen, drängt er sie mit vorgehaltener Waffe hinaus und schließt das Tor, nachdem die letzte draußen ist.

Die Frauen stehen still, drängen sich zusammen, keine will sich bewegen. Sie wissen um die bewaffneten Wachen auf dem Dach. Vom Wachturm schießt einer der Männer in die Luft. »Bewegt euch!«, brüllt er. Die Frauen verteilen sich im Hof. Langsam gehen sie, und mit jedem zögernden Schritt wird klarer, dass man sie heute nicht töten wird. Es dreht sich wirklich nur um den Hofgang. Die nächsten paar Stunden spazieren sie im Dunkeln herum, atmen die kalte Nachtluft ein und strecken ihre Glieder. Mindla ist einfach nur dankbar, dass sie heute Nacht nicht bei den Männern liegen werden, die in einem offenen Massengrab verwesen, nur ein paar Meter von ihnen entfernt auf der anderen Seite des Zaunes. Wieder ein Tag geschafft.

Kapitel 21

Ludwig Fischer wartet hinter dem Vorhang, als die Zirkus-vorstellung endet. Ein unheimliches Gefühl durchfährt die Truppe, als sie durch den Vorhang kommen. Der begeisterte Applaus des Publikums ist noch zu hören, aber hier steht der einschüchternde Nazi mit seinen SS-Leibwächtern.

»Dr. Fischer!«, ruft Lala erschrocken aus. »Welchem glücklichen Umstand verdanken wir ihren Besuch?«

»Ich muss mit Ihrem Mann sprechen!«, erwidert er in scharfem Ton, ohne irgendetwas Näheres zu sagen. Sie bringt ihn in ihre provisorische Garderobe und bietet ihm einen bequemen Sessel gleich neben der Kleiderstange mit ihren schönsten Gewändern an. Müßig lässt er den Stoff durch seine Finger gleiten. Sie schenkt ihm einen Drink ein und betet darum, dass er sich von der angenehmen Umgebung besänftigen lässt.

Die Nachricht von dem unerwarteten Besuch verbreitet sich wie ein Lauffeuer und dämpft auf einen Schlag die übliche Fröhlichkeit nach der Vorstellung. Einige, darunter Kubush und Faivel, machen sich sofort aus dem Staub. Bronislaw kommt schnell herein und begrüßt Fischer freundlich. Er schenkt sich selbst den restlichen Whisky ein und nimmt dann an Lalas Schminktisch Platz, mit dem Rücken zum Spiegel, sodass er den Kommandanten ansieht.

»Wir müssen den Zirkus leider schließen«, erklärt Fischer direkt. »Befehl von ganz oben.«

Der warme Alkohol hilft, den Kloß hinunterzuspülen, der sich in Bronislaws Hals bildet. Fischer erklärt ihm, die letzte Vorstellung müsse am 31. Juli stattfinden und sie müssten am nächsten Tag alles abbauen. Noch zwei Vorstellungen sind erlaubt, da die Karten bereits verkauft sind. Er will offenbar jeden Zloty herauspressen, den er bekommen kann.

Der Befehl kommt von SA-Führer Ludwig Leist, aber eigentlich vom Generalgouverneur Hans Frank. »Der Führer liebt den Zirkus«, sagt Fischer, »aber leider nur deutsche Zirkusse.«

Vor dem Krieg hat Hitler sehr oft Zirkusvorstellungen besucht, meistens mit seinem Parteigenossen Hermann Göring. Göring hat immer dafür gesorgt, dass sie Plätze in der ersten Reihe hatten, wenn ein Zirkus an Carinhall, seinem ausgedehnten Landsitz im Wald unweit Berlin, vorbeikam.

Hitler liebt vor allem Trapezkünstler, die jungen Frauen, die in der Luft vor ihm tanzen, die festen Muskeln ihrer athletischen Körper, mit nichts als einer dünnen Schaukel aus Metall zwischen sich und dem sicheren Tod. Er fand es aufregend, dass aufreizend gekleideten Frauen sich in Gefahr brachten, um ihn zu unterhalten. Oft schickte er ihnen am Tag nach der Vorstellung Blumen oder teure Pralinen.

Doch es gab für all das strenge Regeln. Keine Juden in deutschen Zirkussen, weder als Artisten noch als Besucher, und auch Artisten mit gemischter Herkunft waren nicht erlaubt. Schwarze oder Menschen mit Behinderung, z.B. Riesen- oder Kleinwuchs, durften nicht mehr auftreten.

Nachdem der Zirkus Staniewski nun seine Schuldigkeit getan hat, wird ein deutscher Zirkus die Menschen in Warschau unterhalten, der berühmte Zirkus Busch aus Berlin. Der Entfesselungskünstler Houdini ist in diesem Zirkus aufgetreten, und die Truppe hat ähnlich die Staniewski einen guten Ruf, weil sie wagemutige und innovative Nummern aufführt. Die Ankündigung des Zirkus Busch wird von den führenden Nazis begrüßt, und sie werden sich alle Mühe geben, den Auftritt zu einem Erfolg zu machen. Sie haben sogar den Beginn der nächtlichen Ausgangssperre auf Mitternacht verschoben, damit jeder den Zirkus besuchen kann. Die Eintrittskarte gilt als Passierschein, wenn man spätnachts auf der Straße angetroffen wird.

Lala und Bronislaw haben im Schatten des Krieges eine eindrucksvolle Vorstellung auf die Beine gestellt, daran kann es keinen Zweifel geben, doch die Deutschen versichern, das sei alles kein Vergleich mit dem Zirkus Busch, dessen großes Zelt auch noch höher sei. Bald werden die Flügel des Reichsadlers über Warschau schlagen. Größer, besser, strahlender, wie Hitler es befohlen hat.

Kapitel 22

August 1940

Kubush schlängelt sich durch Nebenstraßen bis zur Ulica Muranowska, er hält sich vorsichtig in den Schatten der Höfe, während der Morgen herandämmert.

Auf Zehenspitzen umrundet er schlafende Juden, die aus Krakau vertrieben wurden und jetzt als Flüchtlinge in den Straßen von Warschau kampieren. Jeden Tag kommen mehr von ihnen, lebende Skelette in einer Hülle aus durchscheinender Haut, die in irgendwelche Ecken schlurfen, um dort Unterschlupf zu finden. Arme Teufel, denkt er bei sich.

Es ist riskant, so früh am Morgen draußen unterwegs zu sein, aber nicht so gefährlich wie tagsüber, wenn die Nazis sich einen Spaß daraus machen, einigermaßen fitte junge Männer zu Brei zu schlagen oder verschwinden zu lassen.

Es ist der 8. August 1940. An diesem Morgen hängt an jedem Laternenpfahl ein neuer Befehl der Nazis. Kubush sieht sich um, bis er einigermaßen sicher ist, dass man ihn nicht beobachtet. Er schnappt sich eins der Plakate und steckt es in die Tasche, bevor er damit die hölzerne Stiege der Nummer 17 hinaufläuft und an der Tür klopft.

Shmuel Levin macht ihm auf. Er ist schon lange wach, weil er gehofft hat, Kubush werde vorbeikommen.

Kubush lächelt den alten Mann beruhigend an, als er die Wohnung betritt. Er kommt sooft wie möglich zu Besuch und bringt Lebensmittel, um den Levins zu helfen. Aus seiner Manteltasche holt er ein kleines Paket, das in Zeitungspapier gewickelt ist, und packt es vorsichtig auf dem Küchentisch aus. Etwas Wurst, zwei saure Gurken, ein Stück Brot, eine Zwiebel und etwas Kaffee, genug zum Frühstück für die ganze Familie.

Als er den Kaffee sieht, ringt Shmuel vor Freude die Hände. Wie sehr hat er sich nach einem Tässchen echtem Kaffee gesehnt! »Danke, Kubush, ohne dich wären wir schon längst verhungert.«

Durch Ludwig Fischers Einfluss und den blühenden Schwarzmarkt können die Staniewskis immer noch Lebensmittel auftreiben, um ihre Artisten bei Kräften zu halten. Fischer hält das für eine gute Investition. Lala hat immer mehr erbeten, als sie wirklich braucht, weil sie weiß, die Reste finden ihren Weg zu Menschen, die sie besonders nötig haben. Brot, Haferflocken, Pferdefleisch, auch mal ein paar Eier oder Äpfel und gelegentlich ein Stück Räucherfisch sind so in die Küche der Levins gelangt, und sie sind wirklich sehr dankbar dafür.

Kubush wird nie vergessen, wie Shmuels traurige Augen auf einmal funkelten und so etwas wie Hoffnung zeigten, als er den geräucherten Hering auspackte. Shmuel hat sich über das Paket gebeugt und das kräftige Raucharoma eingesogen. Das macht für Kubush alle Gefahren wett, wenn er vor den blutrünstigen deutschen Schäferhunden in der Ulica Nowolipki flüchtet, um den Fisch durch die Stadt zu schmuggeln.

Kubush hat den alten Shmuel Levin gern und auch Shmuel hat sein früheres Misstrauen abgelehnt. Er ist eine sanfte Seele und schenkt seinem Schwiegersohn Wärme und Trost. Wenn die beiden Männer am Küchentisch sitzen und einfach nur schweigend ihren trüben Gedanken nachhängen, stellt Shmuels Gegenwart für Kubush doch eine Verbindung zu Mindla her. Bei den Levins fühlt er sich zu Hause.

»Hast du was gehört?«, fragt Shmuel zögernd, als Kubush den neuen Befehl aus der Tasche zieht. Er schüttelt den Kopf, wohl wissend, dass Shmuel nach Nachrichten von Mindla fragt, lenkt aber vom Thema ab, weil er darüber möglichst nicht nachdenken will. Es tut zu weh.

»Jetzt ist es so weit«, sagt er und schiebt das Plakat über den Tisch. Auf dem zerknitterten Papier ist die Ankündigung zu sehen, dass alle Juden hinter der Mauer leben müssen, die sie in den letzten Monaten mit ihren mageren Händen selbst erbaut haben. Der Befehl ist von SA-Führer Ludwig Leist unterzeichnet.

Shmuel überfliegt den Inhalt, dann wirft er das giftige Papier ins Feuer und stochert nach, bis es zu Asche verbrannt ist und keine Spur mehr davon übrig bleibt.

Kubush denkt an das sechzehn Jahre alte Mädchen, das erschossen wurde, weil es ein solches Plakat abgerissen hat. »Der Zirkus ist auch fort«, sagt er leise. »Wo sind sie denn alle?« Plötzlich ist ihm bewusst geworden, wie still es in der Wohnung ist.

»Der Judenrat hat Avraham und Laloshe zur Arbeit verpflichtet«, erklärt Shmuel. »Sie gehen jetzt jeden Tag schon vor dem Morgengrauen los, um an der Gettomauer zu bauen. Erst wenn es dunkel wird, kommen sie wieder heim. Und jeden Tag haben sie wieder Schläge bekommen, es ist ganz schrecklich.«

Shmuel beschreibt die barbarischen Arbeitsbedingungen der Männer. Stundenlang müssen sie in einer Menschenkette Ziegel weitergeben, bis ihre Muskeln brennen. Dabei dürfen sie weder zur Seite blicken noch Müdigkeit zeigen, sonst bekommen sie einen Gewehrkolben an die Schläfe oder eine Kugel in den Rücken.

Warschau ist in drei Bezirke aufgeteilt, einen für die Deutschen, einen für die Polen und einen für die Juden. Das »Judenviertel«, wie die Deutschen es nennen, liegt in den ärmsten Straßen der Stadt. Eine hohe Mauer umgibt es, gekrönt von Glasscherben und Stacheldraht.

Avraham und Laloshe kennen den Verlauf der Mauer ganz genau, und Shmuel ist erleichtert, weil die Ulica Muranowska die nördliche Grenze bildet. So müssen sie wenigstens nicht umziehen. Ihre Wohnung liegt nur einen Steinwurf von dem Bahnhof am Ende der Straße entfernt, über den Waren in das neue Stadtviertel gebracht werden sollen. Und obwohl es niemand laut sagt, ist das natürlich eine günstige Lage für Schmuggel.

Keiner von ihnen kann sich vorstellen, dass die »Ware«, die am Umschlagplatz gleich neben den Gleisen geladen wird, menschliche Fracht sein wird: Zehntausende Juden, die man in Viehwaggons stecken und ins Konzentrationslager Treblinka bringen wird.

Jadzias und Avrahams Wohnung in der Ulica Podwale liegt außerhalb des Gettos, sie müssen also umziehen und werden wieder bei der Familie in der Muranowska wohnen. Jadzia ist sehr traurig, ihre schöne Wohnung am Rande der Altstadt zu verlieren. Sie erinnert sich so gern an die Spaziergänge im Sommer mit Siva im Wägelchen, über das Kopfsteinpflaster der Straße, vorbei an der Stadtmauer und durch die großen Gärten um den Raczynski-Palast. Dort hat sie sich gern im Schatten ausgeruht. Jetzt würde sie keinen Fuß mehr in die Nähe der ausgebrannten und ausgeplünderten Ruine setzen.

Stacheldraht-Barrikaden versperren schon viele Straßen und hindern Juden daran, andere Stadtteile zu erreichen. Die meisten Juden kennen die inoffiziellen Grenzen und halten sich daran, um nicht angegriffen zu werden. Eine halbe Million Menschen soll in dem neuen Viertel wohnen, kaum vorstellbar, wenn man bedenkt, dass schon die Juden aus Krakau auf den Straßen lagern müssen. Shmuel glaubt, es sei viel sicherer, alle zusammen in einer Gegend zu sein, abgeschirmt von der Aufmerksamkeit der Deutschen.

»Die Mauer wird auch ein Schutz für uns sein«, sagt er optimistisch zu Kubush. »Sie hält die bösen Blicke der Nazis von uns ab, und wir können in Frieden leben, bis das Ganze vorüber ist.«

Am 25. August kommt es zum ersten Angriff britischer Bomber auf Berlin. Viele, darunter auch Shmuel Levin, begrüßen den Angriff und glauben, damit sei Hitlers Ende besiegelt. »Endlich kommen sie!«, jubeln die Menschen.

Doch die Angriffe fachen Hitlers Entschlossenheit nur noch mehr an. Sein Herz hängt an der Reichshauptstadt, und er beschließt, die Luftwaffe von taktischen Angriffen auf britische Militärstützpunkte umzustellen auf eine direkte Bombardierung der Städte und Menschen. Bald wird der »Blitzkrieg« beginnen.

Fünf Tage später, am 30. August, einen Monat nachdem der Zirkus schließen musste, kommt ein Päckchen in der Nummer 17 an. Der Postbote bringt den Levins nur noch selten etwas, und so ist es eine echte Überraschung, das weiche braune Päckchen im Briefkasten zu finden, adressiert an Herrn Faivel Ditkowski, abgestempelt in Białystok.

Es ist Freitagnachmittag. Die Levins feiern den Sabbat eigentlich kaum noch, aber gestern hatte Gad Geburtstag, und deshalb bringt Kubush auch Faivel zum Festessen mit. Jadzia und Eva haben genug Kartoffeln und Kohl gehortet, dass es für eine dicke Suppe reicht.

Shmuel ist ganz außer sich, als die beiden Männer endlich ankommen. Wild grinsend drückt er Faivel das Päckchen in die Hand. »Was ist das denn? Hast du neuerdings eine Freundin?«, neckt er Faivel.

Faivels Augenbrauen schießen in die Höhe, er wird ganz rot. Tatsächlich ist er ebenso überrascht wie alle anderen. Er betrachtet Kubushs Gesicht, ob ein Trick dahintersteckt, dann drückt er das Päckchen und tastet nach Hinweisen auf den Inhalt. Auf der Rückseite steht in einer fremden Handschrift der Name der Absenderin: Zofia, Białystok. Erst begreift er nicht, aber irgendwann fällt doch der Groschen.

»Zofia ist eine Nachbarin von mir«, erklärt er und öffnet mit hastigen Fingern das Paket. Darin findet er … eine einzelne rote Socke. Keine Notiz, kein Brief, keine Karte, nur diese einzelne rote Wollsocke.

»Die gehört mir!«, ruft Kubush aus, noch verwirrter als ohnehin schon.

»Du redest Unsinn, Schmock, du hast deine Socken doch an«, sagt Faivel, zieht eine kleine Flasche mit Wodka aus der Jackentasche und schenkt jedem einen winzigen Schluck ein.

Doch jetzt begreift Kubush. »Das Paket kommt von Mindla! Diese Socke passt zu einer, die sie mir mal gestrickt hat. Das ist eine Botschaft! Sie lebt!«

Sie drehen und wenden die Socke, um vielleicht weitere Hinweise zu finden, aber vergeblich.

»Ich komme mit«, sagt Faivel, der genau weiß, was Kubush jetzt denkt.

Kapitel 23

Lala Staniewska wälzt sich im Bett hin und her. Seit sie erfahren hat, dass der Zirkus schließen muss, findet sie keinen Schlaf mehr. Sie hat dafür gesorgt, dass die letzte Vorstellung spektakulär wird, aber jetzt macht sie sich Sorgen,
was aus ihren Leuten wird. Wovon sollen sie leben? Die Arbeit im Zirkus bot ihnen allen einen gewissen Schutz vor
den Deutschen – wenn das wegfällt, wird es schwierig.

Die Zirkusleute sind alle jung, fit und stark – ideales
Futter für die Zwangsarbeit. Und was ihre schönen Artistinnen angeht, fürchtet sie das Schlimmste. Regelmäßig
stehen im *Nowy Kurier Warszawski* Suchanzeigen von Familien, die ihre Töchter oder Schwestern vermissen, und
man weiß ja, dass die deutschen Sadisten Frauen von der
Straße weg verhaften und in ihre Bordelle schaffen. Lala
versorgt ihre Artisten mit internationalen Papieren, damit
sie so schnell wie möglich das Land verlassen können, und
sie stockt auch ihre letzten Gagen ein wenig auf, um ihnen
bei der Flucht zu helfen. Doch viele ihrer besonders treuen
Leute sind Juden. Um ihnen zu helfen, sieht sie nur eine
einzige Möglichkeit, und die ist lebensgefährlich.

Wieder begibt sie sich zum Brühlpalast, diesmal allein.
Bronislaw würde gern mitkommen, stimmt ihr aber, wenn
auch zögernd, zu, dass er diese Aufgabe am besten Lala
überlässt. Sie will den Eindruck vermitteln, es handele sich

um einen informellen Besuch, da kann sie ihn nicht mitnehmen.

Die Kastanienbäume des Sächsischen Gartens verlieren schon ihre goldenen Blätter, als sie um den Park herum Richtung Pilsudskiplatz eilt. Eine kühle Brise von der Weichsel herauf kündigt den nahen Winter an, aber sie hilft auch, die Übelkeit zu vertreiben, die ihr schon den ganzen Morgen zusetzt und ihre roten Wangen kühlt. Trotzdem bereitet ihr das bevorstehende Treffen mit Ludwig Fischer großes Kopfzerbrechen.

Als sie an dem kunstvoll geschmiedeten Eisentor ankommt, weiß sie genau, was sie erreichen will, aber ihr Herz rast immer noch, als sie durch die breiten Rokoko-Flure geführt wird. Sie weiß, hinter jeder Holztür, an der sie vorbeigeht, sitzt irgendein Nazikommandant. Sie spürt, wie das Böse durch die dicken Mauern sickert.

Für ihren Besuch in Fischers Büro braucht sie keine Seide und auch keine Pailletten. Stattdessen trägt sie einen braven dunkelblauen Rock, der ihr übers Knie reicht, und eine passende Jacke, die ordentlich unter der Brust zugeknöpft ist und ihre Sanduhr-Figur betont. Inspiriert von dem Hollywoodstar Olivia de Havilland, hat sie ihre dunklen Locken zurückgesteckt, sodass zwei weiche Rollen auf ihren Schultern ruhen. Mit einem Taschentuch trocknet sie ihre schwitzigen Hände, die eine große Handtasche mit Dokumenten umklammern.

Es hat einen Monat gedauert, aber mithilfe von Bronislaws Verbindungen und einer ordentlichen Summe Bestechungsgeld hat Lala falsche Papiere für die meisten ihrer treuen Leute besorgen können. Und sie weiß, wo sie den Mann findet, der diese Papiere abstempeln kann.

Als sie Ludwig Fischers Büro betritt, lehnt er sich in seinem Schreibtischsessel zurück. Er betrachtet sie bewundernd und bietet ihr Platz an. Dann stürzt er sich sofort in einen Monolog über den Fortgang des Krieges, als wollte er sie damit unbedingt beeindrucken. Sie plaudern ein wenig über den Krieg, Fischer stöhnt über den Wechsel der Jahreszeiten.

Lalas Mundwinkel zittern, so sehr muss sie sich anstrengen, ihr Lächeln aufrechtzuerhalten.

Als sie endlich zum Grund ihres Besuchs kommen, schiebt sie den Umschlag mit den Papieren über seinen Schreibtisch, wohl wissend, dass er zwar sehr entspannt wirkt, aber trotzdem unberechenbar ist, und dass die Stimmung jeden Moment kippen kann. Wie zufällig streift sie mit der Hand über seine Finger, als er den Umschlag nimmt. Dabei beobachtet sie sein Gesicht ganz genau. Wird er misstrauisch?

Er studiert die Papiere sorgfältig. »Wer sind diese Leute?«, fragt er eher routiniert als interessiert.

»Unsere treuesten Mitarbeiter, Dr. Fischer. Für uns sind sie wie Familienmitglieder, so lange arbeiten sie schon für uns. Einige seit ihrer Kindheit, wie haben sie aufgezogen, als wären sie unsere eigenen.«

»Sie helfen doch nicht etwa Juden, Mrs. Staniewska?«, kichert er sarkastisch.

»Um Himmels willen!«, protestiert Lala. »Dr. Fischer, ich versichere Ihnen, diese Leute sind gute Arbeiter und dem Führer treu ergeben.«

Und so wird eine Seite nach der anderen mit dem hässlichen Hakenkreuzstempel in roter Farbe versehen und besiegelt ihre Gültigkeit. Sie atmet erst wieder durch, als sie die Papiere sicher in den Umschlag stecken kann. Dann gönnt sie ihm noch ein paar Minuten höflicher, aber angestrengter Konversation, bevor sie endlich gehen kann.

Doch Lalas Vorstellung ist noch nicht zu Ende. Ganz ruhig verlässt sie den Palast und geht heim, macht unterwegs Rast in einem Café, um sicherzustellen, dass man ihr nicht folgt. Keine Hast, keine Eile, keine Panik.

Bronislaw wartet zu Hause angstvoll auf ihre Rückkehr. Als er ihre leichten Schritte auf der Treppe hört, schenkt er ihr einen Begrüßungsdrink ein.

»Mrs. Staniewska, Sie sind ein Genie«, sagt er zu ihr und drückt ihr einen Kuss auf die Stirn.

An diesem Abend schläft sie in seinen Armen tief und fest.

Kapitel 24

Bronislaw lässt Kubush in die Wohnung und schließt rasch die Tür hinter ihm. Dabei legt er einen Finger an seine Lippen – still! Er drückt ein Ohr fest an das Holz der Wohnungstür und lauscht auf Schritte. Lala steht am Fenster und beobachtet diskret durch einen Spalt im Vorhang die Straße. Der Rauch ihrer Zigarette schwebt über ihrem Kopf. Sie ist tief in Gedanken versunken, ihre Silhouette wirkt fast ätherisch.

Razzien und Verhaftungen kommen inzwischen unerträglich oft vor. Jeden Tag wird irgendwo ein Mensch vom Frühstück oder Abendessen weg verhaftet und taucht nie wieder auf. Manchmal holen sie die Ehemänner, Brüder und Söhne aus einem ganzen Wohnhaus. Die Lastwagen der Deutschen bringen sie ins Reich, wo sie in Hitlers Fabriken schuften müssen, oder nach Osten, um Schützengräben zur Vorbereitung des Angriffs auf Russland auszuheben. Die Leichen derer, die versuchen zu flüchten, bleiben auf der Straße liegen und verwesen dort.

Bei einer »Aktion« werden elftausend Männer und Jungen binnen drei Tagen abgeholt. Niemand erwartet, einen von ihnen jemals wiederzusehen. Schauspieler, Ärztinnen, Anwälte, Akademikerinnen und Leute aus der Unterhaltungsbranche werden ebenfalls zur Zielscheibe der Besatzer. Bronislaw fürchtet, dass auch er leichte Beute sein könnte, nachdem der Zirkus und die Möglichkeiten zur Bestechung wegfallen. Man wird abwarten müssen.

Nach ein paar Minuten eindringlichen Lauschens ist er sicher, dass niemand Kubush gefolgt ist. Sie können zur Sache kommen. »In der Truhe …« Lala nickt Bronislaw zu.

Er hebt den Deckel der alten Truhe neben der Anrichte im Esszimmer. Der abblätternde Schriftzug »Cyrk Staniewski«, einst in einem strahlenden Rot, ist auf der einen Seite der verwitterten weißen Bretter noch zu erkennen. Bronislaw sucht darin, wirft eine bunte Sammlung von Perücken, Plakaten und Kostümen auf den Boden. Dann fährt er mit einem scharfen Messer an einem dünnen Holzbrett entlang, das nahtlos in den Boden der Truhe passt. Nur ein Fachmann würde erkennen, dass sich darunter ein doppelter Boden befindet. Vorsichtig zieht Bronislaw eine sauber gefaltete Uniform heraus und reicht sie Kubush.

»Perfekt«, sagt Kubush und atmet erleichtert auf. »Ich weiß wirklich nicht, wie ich Ihnen das je vergelten kann.«

»Leben«, sagt Bronislaw und zieht seinen Schützling in die Arme. »Einfach leben.«

Kubush betrachtet sein Gesicht sorgfältig. Er achtet auf die fein geschnittene Nase und den mandelhellen Hautton des Direktors. Er erschafft ein Bild in seinem Geist, von dem er hofft, dass er es niemals vergessen wird. Dasselbe tut er mit Lala, bevor er sie auf die Wange küsst.

»Geh«, sagt sie. Bloß kein langer Abschied!

*

Kubush geht durch die Stadt zurück zu den Levins, das Paket in seinem Mantel versteckt. Faivel wartet an der Ulica Muranowska auf ihn. Yakov will sich den beiden ebenfalls anschließen.

In dieser Nacht schlafen Kubush und Faivel auf dem Fußboden in der Wohnung der Levins. Kubush träumt von Gads blonden Locken und der Spur von Mindlas rotem Lippenstift auf der Wange des Kleinen. Lange vor dem Morgengrauen verabschieden sich die drei Männer von Shmuel und verschwinden in der Finsternis. Showtime!

Erstaunlicherweise kommt der Zug pünktlich. Als er am Horizont zu sehen ist, tritt Kubush aus den Schatten, von Kopf bis Fuß in die Uniform eines Bahnschaffners gekleidet, und marschiert selbstbewusst zur Bahnsteigkante. »Entschuldigen Sie, entschuldigen Sie bitte«, sagt er und legt die Hand an seine Mütze, während er sich durch die wartende Menge schiebt. Polen dürfen nicht in der ersten oder zweiten Klasse mitfahren, also stellt er sich ans Ende des Bahnsteigs, wo der Dritte-Klasse-Wagen halten wird, und nickt wissend dem vorderen Schaffner zu, während der Zug langsam einfährt.

Wie besprochen, sind auch einige weitere Mitglieder der Truppe lange vor dem Morgengrauen hier eingetroffen und mischen sich unter die hoffnungsvollen Fahrgäste. Juden dürfen überhaupt nicht mit dem Zug fahren, und es gibt keine Garantie, dass ihre neuen Papiere ausreichen werden, wenn sie von einem echten Schaffner kontrolliert werden, aber sie sind alle bereit, das Risiko auf sich zu nehmen.

»Alles einsteigen!«, dröhnt die Stimme aus dem Lautsprecher, und eine Pfeife gibt am Bahnsteig das Abfahrtsignal. Kubush öffnet die Tür und die Fahrgäste zeigen ihm beim Einsteigen ihre kostbaren Fahrkarten. Er hebt ein paar Kleinkinder hinein und hilft den Frauen mit Taschen und Koffern, immer noch erstaunt, dass seine Maskerade tatsächlich wirkt. Faivel wirkt in seinem besten Anzug und mit Hut größer als sonst. Er zeigt Kubush seine Fahrkarte, die er mit der gefälschten Kennkarte gekauft hat. Der falsche Schaffner lässt ihn einsteigen. Dann kommt Yakov an die Reihe, gefolgt von ein paar weiteren vertrauten Gesichtern. Gerüstbauer, Stallburschen und einige Hilfskräfte aus dem Zirkus, die nie im Rampenlicht standen, aber ihr Blut und ihren Schweiß gaben, damit Artisten wie Kubush glänzen konnten, sagen Herrn Hitler heute Lebewohl. Diejenigen, die neue Papiere besitzen, haben denen ohne Papiere die Fahrkarten gekauft.

Kubush lässt die letzten Wartenden rasch einsteigen, und als alles voll ist, hebt er die rote Flagge, die in einem Fach neben der Wagentür steckte, und winkt. Dann schließt er die Tür hinter sich. Die ganze Aktion hat kaum drei Minuten gedauert.

Er legt den Kopf an die hölzerne Innenwand des Waggons und atmet tief durch, als der Bahnsteig hinter ihm verschwindet. Der Zug nach Białystok hat tatsächlich den Bahnhof verlassen. Lalas Kostümbildnerin hat sich selbst übertroffen, indem sie die Uniform der Deutschen Reichsbahn perfekt kopierte. Die einreihige dunkelblaue Jacke ist für eine begabte Schneiderin kein Problem: sechs Knöpfe und ein einfacher Kragen. Doch das Emblem des Dritten Reichs mit dieser Genauigkeit auf den Ärmel zu sticken, dazu bedarf es schon eines besonderen Geschicks. Jetzt ist es so, dass nur ein sehr geübtes Auge die Fälschung erkennen würde.

Viele Menschen haben für diesen Moment ihr Leben riskiert. Kubush ist ihnen allen unglaublich dankbar. Er kneift sich selbst in den Arm, als seine Reise beginnt. Er will Mindla und Gad finden und dann weiterziehen, der Freiheit entgegen.

Ein paar Tage später nimmt Lala Staniewska die Zeitung zur Hand und blättert, bis sie ihren letzten Coup findet. Unter den Todesanzeigen steht es in Fettdruck: »Kubus Armondo, der berühmte Artist des Zirkus Staniewski. Wir haben ihn geliebt. Der Trauergottesdienst hat bereits stattgefunden.«

Kapitel 25

Mindla versucht, sich zu bewegen. Ihr linker Ellbogen drückt sich an die Rippen der Frau, die neben ihr liegt, bei der Frau rechts von ihr ist es genauso. Sie kann nur um Entschuldigung bitten, es gibt ja keinen Platz.

Die Beine hat sie eng an den Körper gezogen, sodass sie ihr Kinn darauflegen kann, wenn sie versucht zu schlafen. Eine Frau sitzt auf ihren Füßen und lehnt sich manchmal an Mindlas Schienbeine, wenn ihre eigenen Muskeln sie nicht mehr aufrecht halten können. Vierundzwanzig Frauen hausten in dieser Hölle aus Beton, als sie ankam. Jetzt sind sie fast sechzig.

Ihre Körper sind so eng aneinander gequetscht, dass sie kaum richtig atmen kann. Manchmal spürt Mindla, wie die dünner werdende Luft aus ihren Lungen gepresst wird. Durch das winzige Fenster hoch über ihnen findet ab und zu ein Windzug den Weg in die Zelle, aber dann kommt auch der Staub von den vorbeifahrenden Militärfahrzeugen und ratternden Pferdewagen herein. Sie kann sich gar nicht erinnern, wann sie das letzte Mal frische Luft geatmet hat.

Und dabei geht es ihnen hier noch gut, es gibt auch Zellen, in denen hundert Menschen eingesperrt sind.

Die einzige Erleichterung kommt durch den Typhus, weil ab und zu fiebernde, halb tote Häftlinge in die Krankenstation oder gleich zu den Massengräbern gebracht werden. Jeden Tag sterben dreißig bis fünfzig Menschen im Gefängnis von Białystok, aber ihr Tod kümmert eigentlich niemanden. Trotz der entsetzlichen Bedingungen werden ständig mehr vom NKWD verhaftet. Sie holen Lehrer, Ärztinnen, Akademiker und Künstlerinnen, alle unter dem Verdacht der Spionage oder des Verrats. Einige bleiben nur eine Nacht und werden dann entlassen, andere ein paar Wochen. Oft werden sie in Abwesenheit wegen ihrer angeblichen Verbrechen abgeurteilt, es gibt keine richtigen Prozesse. Stattdessen entscheidet eine Gruppe von NKWD-Offizieren mit einem Federstrich über das Schicksal der Häftlinge. Die meisten werden in die Gulags deportiert, wo sie zwischen fünf und fünfundzwanzig Jahre absitzen müssen, je nach Laune des Offiziers, der ihren Fall bearbeitet.

Hofgang gibt es gar nicht mehr. Die Frauen sind schon seit Wochen nicht mehr aus ihrer Zelle gekommen. Was würde Mindla geben für einen ausgedehnten Spaziergang in der frischen Herbstluft! Wenn sie intensiv genug träumt, kann sie die frische Brise von der Weichsel her auf ihrem Gesicht spüren. Sie weiß, jetzt werden die Blätter der Linden sich golden verfärben.

Die Kleidung, in der die Häftlinge angekommen sind, ist inzwischen zerrissen oder zerschlissen. Schuhe sind so wertvoll geworden, dass man sie den Frauen abgenommen hat, um sie den Russen in Sibirien zu schicken, für den kommenden Winter. Mindla hat es irgendwie geschafft, vorher heimlich ihren Trauring aus dem Schuh zu entfernen. Seitdem steckt er in der Naht ihrer Rocktasche, aber sie weiß, es würde einem Wunder gleichkommen, wenn er dort bleibt. Ihre Füße hat sie in Lumpen gewickelt, die sie von ihrem Rocksaum abgerissen hat. Der Rock wird ohnehin immer kürzer, weil sie jedes Mal etwas Stoff braucht, wenn sie ihre Periode bekommt. Die kostbare rote Socke, die eine, die ihr noch geblieben ist, steckt jetzt in ihrem Büstenhalter. Wolle ist wertvoll, und es könnte durchaus passieren, dass man ihr die Socke stiehlt, während sie schläft. Sie behält sie nah am Herzen.

Die täglichen Essensrationen sind auf eine Schale Brei mit Maden und einen Schluck Kaffee reduziert worden.

Zofia hat dafür gesorgt, dass Mindla als Hilfe für die Krankenstation arbeiten darf. Sie sagt den Wachen Bescheid, wenn eine der Frauen krank ist, und bringt sie dann zur Krankenstation. Immer wieder fallen Frauen im zunehmenden Gedränge in Ohnmacht. Für Mindla ist das immer eine willkommene Gelegenheit, die Zelle zu verlassen.

In der Krankenstation riecht es nach den lebenden Toten, die dort liegen: eine stechende Mischung aus Desinfektionsmittel und langsam verwesenden Leichen. Trotzdem ist sie froh, wenn sie dort sein kann.

Sie bleibt in der Krankenstation, solange sie kann, macht sich nützlich, erhitzt Wasser und wäscht den Kranken die schweißnassen Gesichter ab. Manchmal bringt sie auch Stapel der Kleidung, die den Toten ausgezogen wurde, in die Wäscherei und hilft dort beim Auskochen, um die Läuse abzutöten. Die Kleider werden danach verpackt und in die Gulags geschickt.

Die Krankenstation hat hundertvierzig Betten, die ständig belegt sind. Die Toten werden unter Laken oder Decken in einer Ecke aufgestapelt, bis ein paar Hilfswillige unter den Häftlingen kommen und sie wegbringen. Mindla zwingt sich, über die steifen Füße hinwegzusehen, die unter den Decken hervorragen.

Zofia arbeitet eigentlich Tag und Nacht, sie verlässt das Gefängnis kaum noch. Manchmal bringt sie Mindla eine oder zwei Zigaretten mit. Mindla liebt das Gefühl des Tabakrauchs in ihrer Kehle. Wenn Zofia ihr zwei Zigaretten mitbringt, steckt sie eine in ihren Büstenhalter, um damit im Notfall einen Wärter zu bestechen. Die andere teilt sie mit den Frauen in ihrer Zelle, die von Anfang an mit ihr dort waren. Sie wäre dumm, wenn sie eine ganze Zigarette rauchen würde, ohne zu teilen.

Es war Zofias Idee, die rote Socke an Faivel zu schicken. Sie wussten beide, dass es ein Risiko war, weil die Deutschen jedes Paket inspizieren, und Wolle ist ein wertvolles Gut. Es käme einem Wunder gleich, wenn sie nicht in der Tasche eines Nazis landen würde, aber eine andere Hoffnung hatten sie nicht, Kubush eine Nachricht zukommen zu lassen – wenn er noch am Leben ist.

Der Zaun ist mit vielen Rollen Stacheldraht gesichert. Die Mauer ist mindestens sechs Meter hoch, und Kubush spürt die Blicke des Wächters, der ihn vom Turm aus beobachtet. Diese Blicke folgen jeder Bewegung, die Kubush macht. Man sieht die Mündung des Gewehrs hinter der Schulter hervorragen.

»Du würdest da nicht mal drüberkommen, wenn ich dich mit einer Kanone hochschieße«, witzelt Faivel.

Ulica Kopernika Nummer 21, Białystok. Das berüchtigte Gefängnis. Sie haben ein paar Tage gebraucht, aber jetzt sind sie hier.

Am Tag zuvor sind sie in der Stadt angekommen und haben sich sofort zu Faivels Familie begeben. Nur ein paar Häuser weiter hat ein Mädchen gewohnt, das Zofia hieß. »Ja, Zofia lebt noch hier«, sagte ihre Mutter, als die beiden Männer an ihre Tür klopften. »Aber sie arbeitet im Gefängnis, ständig arbeitet sie dort«, fährt sie kopfschüttelnd fort. »Diese russischen Hunde!« Das war der letzte Hinweis, der ihnen gefehlt hat. Offenbar ist Mindla im Gefängnis.

Am nächsten Morgen ziehen sie sich ihre besten Anzüge an und gehen los, randvoll mit einem Wagemut, der an Verrücktheit grenzt. Sie wissen genau, dass sie beide im Gefängnis landen können, wenn sie einen falschen Schritt tun.

Kubush beobachtet die Begrenzung des Gefängnisses auf der Suche nach irgendeinem Anzeichen von Willkommen, aber er sieht nur Stacheldraht und Stein, eine kalte, herzlose Hülle. Der einzige Eingang ist eine dicke Holztür unter einem schmiedeeisernen Vordach. Sie liegt ein paar Meter vom Haupttor entfernt, durch das die Lastwagen mit den Häftlingen fahren.

Rechts von dem Tor steht ein Wächter, die Augen starr nach vorn gerichtet, ohne Notiz von Kubush und Faivel zu nehmen, die sich verstohlen nähern.

»Ich suche meine Frau«, spricht Kubush den Wächter an, der mit versteinertem Gesicht an ihm vorbeischaut und keine Antwort gibt.

»Könnten Sie mir bitte helfen? Ich suche nach meiner Frau, sie heißt Mindla«, wiederholt Kubush. Der Wächter zuckt nur mit den Schultern. Doch so schnell gibt Kubush nicht auf. Er erzählt vom Zirkus und dass sie getrennt wurden, dass er aus Warschau gekommen ist, um sie und ihr Kind zu finden, ihr kleines, wunderschönes Kind. »Sie ist eine gute Frau, und es ist ein schreckliches Missverständnis, dass sie hier im Gefängnis sitzt«, sagt er.

Während Kubush den Wächter um Hilfe bittet, verschwindet Faivel diskret und spaziert um die Ecke. Er sieht, dass das Gebäude drei Stockwerke hat, doch es gibt offenbar auch noch ein Kellergeschoss mit vergitterten Fenstern alle paar Meter. Das müssen Zellen sein.

Beim ersten vergitterten Fenster kniet er sich hin und späht hinein. »Mindla?«, ruft Faivel. »Ich suche Mindla. Mindla?«

»Sei still!«, schnauzt eine tiefe Stimme zurück. In dieser Zelle sitzen offenbar keine Frauen, aber es ist eindeutig eine Zelle. Faivel geht zum nächsten Fenster und wiederholt seine Aktion, mit demselben Ergebnis.

An dieser Seite der Mauer befinden sich zehn Fenster. Sie sind klein, vielleicht so groß wie ein kleines Blatt Briefpapier, jedenfalls zu klein, dass auch die zierlichste Frau sich hindurchquetschen könnte. Außerdem ist jedes Fensterchen mit fünf dicken Stahlrohren vergittert. Selbst wenn sie Mindla bei der Flucht helfen könnten, wäre es unmöglich, durch das Fenster zu entkommen. Faivel geht weiter. Beim vierten Fenster ist er kurz davor, die Hoffnung aufzugeben, aber er ruft noch einmal Mindlas Namen.

»Mindla? Ich suche Mindla!«

»Die ist nicht da!«, antwortet eine Frau.

Faivel wirft sich auf den Boden und drückt sein Gesicht an die Gitterstäbe. »Was soll das heißen?«, fragt er. »Wo ist sie denn?« Sein Magen dreht sich um bei dem Gedanken, dass sie sie verpasst haben könnten, dass man sie vielleicht schon in einen Gulag deportiert hat. Aber jetzt mischt sich eine andere Frauenstimme ein. »Sie hat jemanden in die Krankenstation gebracht.«

Faivel steckt seine dicken Finger durch den Spalt zwischen den Gitterstäben und wirft Mindlas rote Socke in die Zelle. »Bitte gebt ihr die«, sagt er schnell. »Und sagt ihr, Faivel war da.«

*

Die beiden Männer laufen so schnell sie können zur Arbeitsvermittlung und stellen sich in die Schlange. Auf den Gängen stehen abgezehrte Gestalten, nur von ihrer Hoffnung und dem Versprechen aufrecht gehalten, dass es in der großen Sowjetunion Arbeit und Wohlstand für alle geben werde.

Sie sitzen den ganzen Nachmittag dort. Ab und zu geht eine Tür auf, der Nächste wird hineingerufen. Kubush ermahnt sich selbst zur Geduld, jetzt, da sie schon so weit gekommen sind.

Als das Amt am Abend schließt, sind sie nicht drangekommen, aber guter Stimmung. Schließlich weiß Kubush jetzt, wo sich Mindla befindet, und er ist sicher, dass er sie irgendwann, irgendwie befreien wird.

Am nächsten Morgen geht er allein zur Arbeitsvermittlung und stellt sich schon vor dem Morgengrauen in die Schlange. Es dauert ein paar Stunden, dann darf er endlich mit einer Angestellten sprechen. Er erzählt der jungen Frau vom Zirkus und dass er von seiner Frau getrennt wurde, als die Deutschen kamen. Er erklärt ihr, dass ein schrecklicher Fehler passiert sein muss, seine Frau gehört mit Sicherheit nicht ins Gefängnis. Und was ist mit dem kleinen Sohn? Er bittet, man möge sie wieder zusammenführen, sie wollen doch nur leben und sind bereit, hart für Stalin zu arbeiten.

Die Frau schiebt einige Papiere hin und her und verlässt dann das Büro. Es dauert eine Ewigkeit, bis sie zurückkommt.

»Sie sind Clown, sagten Sie? Und Sie waren hier, als die Deutschen in Polen einmarschierten?« Es klingt wie ein Verhör.

»Ja«, erwidert er. »Und ich bin bereit, jede Arbeit anzunehmen. Ich kann vieles tun, ich bin gesund und stark und ein guter Arbeiter. Meine Frau ebenfalls. Sie ist eine sehr gute Näherin und hat Erfahrung in der Gerberei.« Er denkt daran, wie er und Mindla sich kennengelernt haben. Da war sie gerade auf dem Heimweg von Landaus Fabrik.

Mit ausdruckslosem Gesicht geht die Frau wieder hinaus und kommt ein paar Minuten später mit einem älteren Mann zurück. Und dieser Mann war tatsächlich kurz vor Kriegsausbruch in einer Vorstellung des Zirkus Staniewski gewesen.

Kubush rennt den ganzen Weg zu Faivels Zuhause. Er kriegt kaum noch Luft. In seiner Hand hält er zwei Stücke Papier. Tatsächlich erinnert sich der Chef der jungen Frau an die Vorstellung des Zirkus Staniewski. Sie hat ihm gut gefallen, und er hat es genossen, zumal es eine der letzten Vorstellungen vor dem Einmarsch der Deutschen war. Er erinnert sich an jede einzelne Nummer und hat Kubush genau befragt, um seine Geschichte zu überprüfen. Als er einigermaßen sicher war, dass Kubush die Wahrheit sagt, kam er zu der Ansicht, Kubush sei ein Gewinn für die Sowjetunion und hat die Dokumente abgestempelt, mit deren Hilfe Mindla aus dem Gefängnis entlassen werden soll.

Kubush soll seine Frau vom Gefängnis abholen, das Kind suchen und sich dann so bald wie möglich am Bahnhof melden. Sie sollen nach Moskau fahren, denn Kubush hat den Befehl bekommen, für den großen Moskauer Zirkus zu arbeiten.

Kapitel 26

Als das Gerassel der Schlüssel die Stille durchbricht, wird Mindla mit einem Ruck wach.

Ihr Blick richtet sich auf das orange-rosa Licht, das durch das Fensterchen hereindringt. Sie vermutet, dass das Geräusch den Frühstückswagen ankündigt, obwohl es ihr heute ziemlich früh vorkommt. Der Gedanke an den halb verfaulten Brei bereitet ihr Übelkeit, aber der schmuddelige Kaffee wird ihr trotzdem guttun, denkt sie.

Doch als die Tür aufgeht, ist da kein Wagen, sondern nur ein einzelner Wärter. Er lässt den Blick durch die Zelle schweifen, bis er Mindla sieht. »Horovitz!«, schnauzt er. »Raus!«

Mindla erhebt sich so schnell sie kann, dann schlängelt sie sich durch das Gewirr von Beinen. Ein paar Mal verliert sie das Gleichgewicht und weckt eine der gequält verkrümmten Frauen.

»Entschuldigung«, flüstert sie und geht auf Zehenspitzen weiter. »Es tut mir wirklich leid.«

Zuerst denkt sie, Zofia würde ihre Hilfe in der Krankenstation brauchen. Doch der Wärter führt sie in die andere Richtung, in den Trakt, wo die Häftlinge auf Lastwagen gepackt und in die berüchtigten Gulags deportiert werden.

Sie fährt mit der Hand über ihre Brust und tastet nach der Zigarette, die sie im Büstenhalter versteckt hat, um sie im Notfall als Bestechungsmittel einzusetzen. Sosehr sie diesen Ort hasst, nach allem, was sie hört, ist er immer noch besser als Sibirien. Tausend Gedanken wirbeln durch ihren Kopf, als sie zum Haupttor kommen. Ihre Hände werden feucht. Wohin wird man sie schicken? Was passiert mit Gad? Wo ist ihr Kleiner? Was werden sie mit ihm machen, wenn man sie wegschickt? Doch sie wagt nicht zu sprechen oder Fragen zu stellen. Sie hat ihre brutalen Lektionen gelernt. Der Wärter schließt eine dicke Stahltür auf und lässt sie hinaus. Das Tageslicht blendet sie und die frische Morgenluft weckt sie wie eine Ohrfeige.

Langsam begreift sie, dass man sie nicht in einen anderen Trakt des Gefängnisses gebracht hat, sondern nach draußen. Sie steht auf der Ulica Kopernika. Verwirrt fragt sie sich, was all die Menschen hier machen.

Dann sieht sie ihn.

Einen hochgewachsenen Mann, der seinen Hut lüpft und ihr grüßend zunickt.

»Kubush! Bist du das? Oh, mein Kubush!«

Sie rennt auf ihn zu und stürzt sich in seine Arme. Erst jetzt begreift sie wirklich, dass sie frei ist.

Zweieinhalb Jahre hat sie ihren Mann nicht mehr gesehen und er kommt ihr noch schöner vor als in ihrer Erinnerung. Sie tritt einen Schritt zurück, um ihn von Kopf bis Fuß betrachten zu können. Dann fährt sie mit der Hand durch seine Haare.

»Du bist es wirklich!«

Kurz darauf besinnt sie sich. »Ich muss furchtbar aussehen«, sagt sie und versucht vergeblich, ihre stinkenden, verfilzten Haare zu glätten. Zum ersten Mal sieht er sie ohne perfekt frisiertes Haar und ohne ihren roten Lippenstift. Ihm kommen die Tränen. Sie ist klapperdürr geworden, so zerbrechlich, dass ihre Wangenknochen hervortreten, aber ihre schönen dunklen Augen haben ihren Glanz nicht verloren, und ihr strahlendes Lächeln erinnert ihn sofort daran, warum er sich in sie verliebt hat.

Er zieht sein Jackett aus und legt es ihr um die Schultern. Dann zieht er ihre schmale Gestalt an seine Brust. Ihr Kopf schmiegt sich unter sein Kinn, als er sie fest an sich drückt, genau so, wie sie sich erinnert. Sie atmet tief durch, als sie seinen Herzschlag hört. Unter heftigem Schluchzen erzählt sie ihre ganze herzzerreißende Geschichte. Die Worte strömen wie ein Sturzbach aus ihrem Mund: ihre Flucht aus Warschau, dass sie Kubush in Białystok nicht finden konnte, die Zeit bei Onkel Aldo und der Verrat durch den Schleuser, ihre Verhaftung und die Zeit in dem elenden Gefängnis.

»Aber das ist jetzt alles vorbei«, sagt sie und reißt sich zusammen. »Kubush, wir müssen noch heute Gad finden. Unbedingt, noch heute.«

Faivels Mutter wartet mit Brot und Kaffee – richtigem Brot und richtigem Kaffee! – auf sie. Mindla nimmt den köstlichen Duft schon wahr, bevor sie überhaupt im Haus sind. Sie ist benommen und trunken vor Glück. Ihre Finger zittern, als sie die Tasse umklammern.

Sie genießt jeden einzelnen Schluck von Frida Ditkowskis heißem Kaffee. Etwas Besseres hat sie noch nie bekommen. Doch nach zwei Stücken Brot ist ihr geschrumpfter Magen wie aufgebläht, ihr wird sogar übel. Immer wieder schaut sie Kubush an, nimmt jede Einzelheit in seinem Gesicht wahr. Er hat sich kaum verändert, sie muss sich kneifen, um zu verstehen, dass er wirklich neben ihr sitzt, heil und lebendig.

»Ich bilde mir das alles nur ein«, kichert sie. »Es ist ein Wunder!«

Frida lässt Mindla ein Bad ein und nimmt ihre schmutz-starrenden Sachen mit zum Auskochen. Sie gibt Mindla frische Kleidung aus ihrem eigenen Schrank. Mindla ist so dankbar für all die Freundlichkeit! Nur von ihren wunder-baren roten Socken will sie sich auf keinen Fall trennen, egal, wie schmutzig sie sind. Abergläubisch lässt sie sie nicht aus den Augen. Sie sind ihr Glücksbringer.

Kubush sagt, heute wollen sie ausruhen. Sie muss erst Kräfte sammeln. Von der Stadtverwaltung hat er eine Liste der Kinderheime in Białystok bekommen, die werden sie eins nach dem anderen abklappern, bis sie Gad finden.

Zögernd willigt Mindla ein. Morgen werden sie loszie-hen, um Gad zu suchen.

»Hast du Papa getroffen?«, fragt sie vorsichtig. Kubush versichert ihr, dass ihre Familie in Warschau am Leben ist, aber er verschweigt ihr auch nicht, wie schwierig die Lage ist. »Du kennst ja deinen Vater, Mindla, er ist stark, aber auch stur. Die gute Nachricht ist, dass Yakov mit uns ge-kommen ist. Er ist schon weitergereist nach Russland, um Arbeit zu finden. Wahrscheinlich ist er inzwischen schon in Moskau.«

Frida hat ihnen ein Bett gemacht, und nachdem Mindla gebadet hat, schläft sie in Kubushs Armen ein. Die weiche Decke lockt sie in einen tiefen Schlummer. Neun Monate lang konnte sie sich nicht mehr richtig hinlegen, und an ein Bett, ein echtes Bett mit echten Laken und Decken, war überhaupt nicht zu denken. Sie verschmilzt mit dem Nest aus weicher Baumwolle und verschläft den ganzen Nachmittag und die Nacht.

Als sie aufwacht, weiß sie nicht, wo sie ist. Sie ist taumelig und fühlt sich, als würde sie noch träumen. Als sie ihre Hand nach Kubush ausstreckt, verschränkt er sie mit seiner unter der Decke. So oft in den neun Monaten, die sie im Gefängnis verbracht hat, war sie nahe daran, die Hoffnung aufzugeben. So oft dachte sie, sie würde ihn nie wiedersehen. Doch hier ist er, einfach so neben ihr.

Und heute werden sie Gad finden, verspricht sich Mindla.

Dutzende von hageren kleinen Gesichtern recken sich Mindla und Kubush ein wenig misstrauisch entgegen, als sie das Waisenhaus von St. Martin in der Ulica Koscielna betreten. Fremde sind hier nicht willkommen, und es gibt ohnehin nicht viele Besucher. Hohläugig starren die Kinder das Paar an und rauben den beiden die Hoffnung, mit der sie hier angekommen sind.

Irgendetwas an diesem höhlenähnlichen Barockgebäude, eine Art Kälte, lässt Mindla instinktiv vermuten, dass Gad nicht hier sein kann, aber sie betrachtet all die sommersprossigen kleinen Gesichter von allen Seiten, nur um sicherzugehen.

Kubush spricht mit der diensthabenden Nonne und zeigt ihr das Foto, das vor dem Krieg von ihnen als Familie aufgenommen wurde. Es ist Mindlas Lieblingsbild. Gad sitzt zwischen ihnen, in einem gestreiften Mantel und mit Mütze, seine Augen funkeln. Die Nonne schüttelt den

Kopf und bestätigt, was Mindla bereits im Herzen fühlte: Sie werden Gad hier nicht finden.

Auf eine Weise ist Mindla erleichtert darüber, denn dieses Haus ist kein guter Ort für Kinder. Diese alles durchdringende Stille! Im Hauptraum, der an eine Kirche angrenzt, sitzen dreißig, vielleicht sogar vierzig Kinder, aber man hört kein Geräusch: kein Lachen, kein Kichern, kein Spielen, keine Lieder. Nur diese dumpfe, unheimliche Stille.

Es ist das dritte Kinderheim, das sie an diesem Morgen besuchen. In jedem hängt ein Bild von Stalin, der auf die lieben Kleinen herunterlächelt, deren schreckliche Eltern ihr Vaterland verraten haben. Papa Stalin will verhindern, dass diese Verräter den Rest der Gesellschaft vergiften, so heißt es.

Mindla weiß, sie müssen weiter, dabei würde sie am liebsten jedes einzelne kleine Würmchen aufheben und mit ihm weglaufen.

»Im nächsten Heim finden wir ihn«, sagt Kubush mit mehr Zuversicht, als er wirklich empfindet.

Das letzte Mal, dass Mindla durch diese Straßen ging, versuchte sie, Kubush zu finden. Die Verzweiflung, die sie jetzt empfindet, ist ihr unheimlich vertraut. Die dunkelroten Blätter auf dem Boden machen den Weg glitschig. Nicht mehr lange, dann wird hier Schnee liegen.

Das Kinderheim in der Ulica Listopada bereitet ihnen auch keine Freude. Das nächste auf ihrer Liste befindet sich in der Ulica Slominska. Als sie dort ankommen, schleifen Mindlas Nerven am Boden. Sie hat versucht, sich auf die Möglichkeit vorzubereiten, dass sie Gad nicht finden werden, doch diese Achterbahn der Gefühle, dieses Auf und Ab von Hoffnung und Verzweiflung, nagt mit jedem Kinderheim, das sie wieder verlassen, an ihrem Herzen. Als die Hausmutter in der Ulica Slominska nur den Kopf schüttelt, kullern ihr Tränen über die Wangen. Kubush legt einen Arm um ihre Schultern und küsst ihr die Stirn. »Wir geben nicht auf«, sagt er und führt sie behutsam hinaus.

Als sie schon auf der Straße stehen und um die Ecke gehen wollen, sehen sie, dass eine der Kinderpflegerinnen ihnen gefolgt ist. Sie hält sie auf. »Ich glaube, Sie könnten hier Glück haben«, flüstert sie und schaut sich hastig um, ob ihnen auch niemand zusieht. Dann drückt sie Mindla ein kleines Stück Papier in die Hand.

Die Adresse steht nicht auf der Liste der Waisenhäuser und Kinderheime, die man Kubush mitgegeben hat. Als sie Passanten nach dem Weg fragen, stellen sie fest, dass diese Adresse nur ein paar Straßen von ihrem Standort entfernt ist. Mit neuer Hoffnung gehen sie bergauf und um die Ecke zur Ulica Wiktorii. Dort finden sie ein hübsches Holzhaus mit einem großen Garten.

Es ist das Privathaus eines Führers der kommunistischen Partei, ein zauberhaftes Haus mit einem kleinen Gemüsegarten in einer Ecke. Als sie die Gartentür öffnen, hören sie einen Chor von Kinderstimmen, die Stalin ein Lied singen.

Eine junge Frau kommt an die Tür und lässt sie zögernd ein, als sie erklären, dass sie nach ihrem Sohn suchen. Eine rote Fahne mit Hammer und Sichel hängt im Flur. Die junge Frau bittet sie zu warten und kommt mit einer hochgewachsenen blonden Dame zurück, deren Locken fest zu einem Knoten im Nacken zusammengefasst sind. Die Frau begrüßt sie recht fröhlich und zeigt ihnen ein Zimmer voller Kinder, aber Mindla spürt, dass sie hier nicht wirklich willkommen sind.

Die Frau erklärt ihnen, dass es sich um ihr Haus handelt, in dem sie sich um arme Waisenkinder kümmert. Automatisch sucht Mindla nach Gads blondem Lockenkopf, aber die Kinder haben alle rasierte Köpfe. Doch Mutterliebe wirkt wie ein Magnet: Wenig später hat sie Gad entdeckt, der zwischen den anderen Kindern auf dem Boden sitzt.

»Gad!«, ruft sie und läuft los, um ihn in die Arme zu schließen. Sie hebt ihn hoch, legt ihren Kopf an seinen, doch statt sie zu umarmen, heult er los und schiebt sie weg.

Es ist, als würde ihr Herz mit einem Messer durchbohrt, als er die Arme nach der blonden Frau ausstreckt und »Mama!« ruft.

Sie ist schockiert; auf eine solche Reaktion war sie überhaupt nicht gefasst. Während der langen, einsamen Stunden im Gefängnis hat sie sich das Wiedersehen immer wieder vorgestellt, Sekunde für Sekunde. Die Freude in seinen blauen Augen hat sie beruhigt und jeden Tag überleben lassen. Nie hätte sie sich vorstellen können, dass er sie nicht erkennen würde, und es erschüttert ihr zerbrechliches Herz, als sie sieht, dass er sich an die Beine einer fremden Frau klammert.

»Ich bin deine Mama, Gad. Ich bin's, Bubba«, sagt sie flehend zu ihm und kniet sich hin, um ihm in die Augen zu schauen. Dann singt sie ihm eins der Wiegenlieder vor, mit denen sie ihn früher in den Schlaf gesungen hat, und hofft, damit seiner Erinnerung auf die Sprünge zu helfen.

Die anderen Kinder sind aufmerksam geworden und hören auf zu spielen. Erst jetzt nimmt Kubush sie richtig wahr und sieht, wie dünn und unterernährt sie sind.

Doch sein Blick wandert wieder zurück zu seinem Sohn. Gad ist jetzt drei Jahre alt und hat sich seit dem letzten Mal sehr verändert. Als Kubush auf Tournee ging und der Krieg ausbrach, war er noch ein Baby. Wenn der Kleine seine Mutter nicht wiedererkennt, wie sollte er ihn kennen? Er darf das Kind nicht verängstigen. Es wird eine Weile dauern, bis sie an die alte Verbindung anknüpfen können. Doch wenn es so weit ist, hat er ein bisschen Magie im Ärmel. Jetzt geht es nur darum, Gad aus diesem Heim herauszubekommen.

Während Mindla sich bemüht, Gad zu beruhigen, kümmert sich Kubush um die Formalitäten. Er zeigt der Frau das Foto und die Papiere der Verwaltung. Gad ist kein Waisenkind, er gehört zu ihnen, sagt Kubush. Doch die Frau richtet sich auf und zögert, den Kleinen gehen zu lassen.

»Er ist ein so hübsches Kind«, murmelt sie. »Unser großer Führer Stalin sorgt gut für sie. Sie haben Glück, bei uns zu sein und nicht bei denen, die unser Vaterland zerstören wollen. Stalin sorgt dafür, dass diese Kinder glücklich sind.«

Mindla verbeißt sich einen Kommentar und nimmt Gad auf ihre Hüfte. Er weint immer noch, und es schmerzt sie, ihn so verwirrt und verstört zu sehen, aber sie ist zuversichtlich, dass es ihm gut gehen wird, sobald sie ihn aus diesem Haus bringen.

Sie kuschelt sich an ihn und legt seinen Kopf in ihre Halsbeuge. Er ist älter geworden und schwerer, als sie ihn in Erinnerung hat. Doch sie hüpft fast auf dem Weg zum Haus der Ditkowskis. Endlich sind sie wieder zusammen!

Die Wärme in Fridas Küche und Faivels lächelndes Gesicht erinnern Mindla an zu Hause. Sie kann kaum glauben, dass der Tag, von dem sie so lange geträumt hat, endlich gekommen ist, und sie dankt Faivel für alles, was er getan hat. Sie versammeln sich um Fridas Küchentisch und sie macht Gad ein Honigbrot und schenkt ihm Tee ein. Immer wieder singt sie ihm die alten Kinderlieder vor, lächelt ihn an und tätschelt seine kleinen Händchen, um es ihm leichter zu machen. Doch er fühlt sich noch nicht richtig sicher bei diesen »Fremden«. In seinen Augen sieht sie ein Flackern, als würde er doch allmählich etwas wiedererkennen, aber er weigert sich, sie Mama zu nennen, und sagt stattdessen »Tante« zu ihr. Das tut ihr weh, aber sie weiß, es geht vorüber, sie braucht nur ein bisschen Geduld. Er ist bei ihr, sie sind zusammen, das allein zählt.

Als an diesem Abend Suppe und Brot auf den Tisch kommen, senkt Gad den Kopf und singt ein Tischgebet für Stalin: »Stalins Wort ist mit uns, Stalins Wille ist bei uns, alle Ehre für Stalin, ein dreifach Hoch auf Stalin.«

Seit seiner Ankunft im Kinderheim hat Gad gelernt, Stalin zu verehren: Alles Gute auf der Welt sei sein Werk. Jeden Tag vor dem Essen haben die Kinder am großen Tisch im Speisezimmer gesessen und auf die Küchentür geschaut. Mumma, wie die blonde Frau genannt wurde, hat sie aufgefordert, zu Gott um etwas zu essen zu beten. Die Kinder beteten inständig, aber die Tür ging nicht auf.

»Dann wollen wir mal sehen, was Stalin für euch tun kann«, sagte sie dann und forderte die Kinder auf, noch intensiver zu beten, diesmal aber nicht zu Gott, sondern zu dem großen Sowjetführer. Sie kniffen die Augen zu und falteten die Hände. Und dann ging die Tür auf und ein Wagen voller Essen stand vor ihnen.

»Seht ihr, Kinder? Gott hat eure Gebete nicht erhört, aber Stalin schon. Stalin erfüllt eure Wünsche. Ein dreifach Hoch auf Stalin!«

»Stalins Wort ist mit uns, Stalins Wille ist bei uns, alle Ehre für Stalin, ein dreifach Hoch auf Stalin!«, sangen die Kinder.

Als Mindla ihren Sohn an diesem Abend ins Bett bringt, spricht sie ihr eigenes kleines Gebet und dankt Gott, dass sie ihn wiederhat.

Am nächsten Morgen müssen sie Abschied nehmen. Kubush fällt es schwer, sich von Faivel zu trennen, aber er hofft, ihn bald in Moskau wiederzusehen. Faivel zündet sich eine Zigarette an und gibt sie an Mindla weiter. »Du bist viel zu gut für diesen zweitklassigen Komiker, Mindla«, sagt er.

Mindla nimmt einen Zug von der Zigarette und gibt sie ihm dann zurück, bevor sie Frida umarmt. Es ist lange her, dass sie eine andere Frau umarmt hat. In der Wärme dieser Umarmung fühlt sie sich zu Hause.

»Leb wohl, Kind«, sagt Frida.

Mit Gad auf der Hüfte und Kubush an ihrer Seite geht sie zum Bahnhof. Auf dem Weg dorthin kommen sie an Zofias Haus vorbei. Gad ist zwar kein Baby mehr, aber Mindla lässt ihn auf und ab hüpfen, wie sie es früher mit

ihm getan hat, und er kichert vergnügt bei diesem vertrauten Spiel.

Als sie das Ende der Straße erreicht haben, bleibt Mindla
plötzlich stehen und reicht Gad hinüber zu Kubush. »Warte
mal!«, sagt sie zu ihm und läuft zurück zu Zofias Haus.

Eine ältere Frau, wahrscheinlich Zofias Mutter, kommt
zur Tür. Mindla gibt ihr eine ihrer kostbaren roten Socken.

»Bitte, geben Sie die Zofia mit einem Gruß von mir«,
sagt sie.

Kapitel 27

November 1940

Nach zweieinhalb schrecklichen Reisetagen durch halb Russland, während der Zug auf den rostigen Gleisen rattert und rüttelt, atmen Mindla und Kubush erleichtert auf, als der Schaffner Moskau ankündigt.

In dem metallenen Wagen ist es eiskalt, die Heizung ist ein paar Stunden nach der Abfahrt in Białystok kaputtgegangen. Da sie weder Mäntel noch Decken haben, hat Mindla Gad in alte Zeitungen gewickelt, und Kubush ist immer wieder auf und ab gegangen, um einigermaßen warm zu bleiben.

Als der Zug nach Moskau hereinfährt, erhaschen sie einen Blick auf die Türme des Weißrussischen Bahnhofs. Ihr Verbindungsmann aus dem Volkskommissariat für Kultur, er heißt Walerij, wartet auf dem Bahnsteig auf sie, begrüßt die Familie und begleitet sie zu ihrer Unterkunft. Kubush wird schon morgen früh mit den Proben im Moskauer Zirkus beginnen. Walerij hat den Auftrag, die Familie gut und angenehm unterzubringen. Das ist zunächst gar nicht so schwierig, denn sie haben ja kein Gepäck. Ihre Habseligkeiten beschränken sich auf die fadenscheinigen Kleider, die sie am Leib tragen, und eine kleine Ledertasche mit Kubushs Lieblingskostüm. Die trägt er immer bei sich. Walerij geht vor zu seinem Auto und hält Mindla die Tür auf. Als sie sich in das glänzende Fahrzeug setzt, verbeugt er sich.

»Es ist ein großes Privileg, einen Artisten aus einem so berühmten Zirkus auf sowjetischem Boden begrüßen zu dürfen«, sagt er höflich. Mindla ist ganz perplex über seine Begeisterung und fragt sich, ob er ahnt, wo sie die letzten neun Monate verbracht hat, umgeben von Läusen, Krankheit und dem Gestank von Exkrementen.

Er fährt sie durch geschäftige Straßen und rattert eine Liste von Dingen herunter, die er für sie erledigen wird. Morgen wird er »Herrn Kubush« zum Zirkus fahren, dann wird er »Frau Mindla« zum Einkaufen begleiten. Mindla und Kubush begreifen schnell, dass Artisten und Unterhaltungskünstler bei Stalin und seinen Genossen in hoher Gunst stehen, auf Augenhöhe mit vielen kommunistischen Offiziellen.

»Wir kümmern uns um alles«, sagt Walerij. »Es ist nur sehr schwierig, eine gute Wohnung zu bekommen«, setzt er entschuldigend hinzu. »Sie stehen schon auf der Warteliste, aber es kann ein Weilchen dauern, bis es so weit ist. Bis dahin werden Sie in einem Hotel wohnen, wenn es Ihnen nichts ausmacht.«

»Das ist schon in Ordnung«, erklärt Mindla, die annimmt, es werde eine karge, kleine Unterkunft sein. »Solange wir einen Platz zum Schlafen haben, ist alles gut.« Sie wünscht sich nicht mehr als ein heißes Bad und ein warmes Bett.

Wie sauber und kosmopolitisch Moskau ist! Das Warschau, das sie verlassen hat, war ein einziges Trümmerfeld, während diese Stadt vom Krieg unberührt ist. So hat sie sich das vorgestellt: großartige Gebäude, vergoldete Türmchen – es erinnert sie an die Schönheit ihrer Heimatstadt, bevor Hitler kam.

Sie fahren über die Moskwa und über den Roten Platz, vorbei an den hohen rotbraunen Wänden des Kremls und dem marmornen Mausoleum, in dem Lenins Sarkophag ausgestellt ist. Dann hält der Wagen vor dem Hotel Moskwa im Herzen der Stadt an. Der Rote Platz und der Kreml liegen links von ihnen, das weltberühmte Bolschoi-Theater rechts.

»Da wären wir«, sagt Walerij und nimmt seine Mütze mit dem braunen Hahnentrittmuster ab.

Keiner von ihnen wagt zu sprechen, aber Mindla wirft Kubush einen Blick zu, in dem sich ihre ganze Aufregung spiegelt. Das moderne Hotel bildet einen scharfen Kontrast zu der traditionellen russischen Architektur rundum. Acht imposante Säulen aus Stein heißen die Gäste in dem majestätischen sechsstöckigen Gebäude willkommen. Schon die Eingangshalle ist ein Augenschmaus, Mindla weiß gar nicht, wohin sie zuerst schauen soll. Sie betrachtet die langen Vorhänge und berechnet blitzschnell, wie viele Kleider man aus der üppigen rot und goldfarben gemusterten Seide nähen könnte. Noch nie hat sie so schöne Stickereien gesehen. Dicke Polster, feine Mosaiken und immer noch mehr üppige Stoffe schmücken die Halle. Mindla legt den Kopf in den Nacken, um die bunten Deckenmalereien anzusehen.

Das Hotel wurde auf Stalins Befehl hin im Stil des Barock erbaut, um ihn zu feiern. Hier steigen hohe Regierungsbeamte, die Elite der kommunistischen Partei und Vertreter des russischen Großbürgertums ab, die sich mit ihnen verbünden wollen.

Mindlas Gedanken werden von dramatischen Akkorden

des Flügels zu ihrer Linken unterbrochen. Ihr wird klar, dass es lange her ist, seit sie Musik gehört hat. Ein paar Offiziere sitzen in der Halle, trinken Wodka und unterhalten sich, ohne auf den Pianisten zu achten, dessen Finger über die polierten Tasten gleiten. Es ist noch nicht lange her, da war Mindla in ein schmutziges unterirdisches Verlies gesperrt, und jetzt ist sie hier, umgeben von reinem Luxus. Sie saugt das Ganze förmlich auf, genießt jeden Augenblick. Die Stimmung ist so entspannt und fröhlich, dass sie für einen Moment vergisst, wie Hitler durch Europa marschiert. Vielleicht haben es die Russen auch vergessen.

Plötzlich ist ihr der zerlumpte Rock, den sie trägt, furchtbar peinlich, und ihr Kopftuch kommt ihr viel zu bäuerlich vor. Sie nimmt Gad auf den Arm und hält ihn so, dass seine Ärmchen die Flecken auf ihrer Bluse verbergen. Zum Glück ist ihr Zimmer schon fertig; Walerij kommt von der Rezeption zurück und bringt sie in den vierten Stock.

Als er die Tür öffnet, bleibt Mindla wie angewurzelt stehen. Sie muss schwer schlucken, damit sie nicht aufschreit. Es ist kein Zimmer, sondern eine Suite mit einem weiten Blick über die Stadt. Allein der Salon ist schon größer als die Zelle, in der sie die letzten neun Monate verbracht hat. Dicke afghanische Teppiche liegen auf dem Boden, an der Wand steht ein gepolstertes Sofa, und schwere Seidenvorhänge rahmen die Fenster ein, durch die sie die vergoldeten Türme der Basiliuskathedrale und des Kremls sehen kann. Der Glockenturm Iwans des Großen ist zum Greifen nahe. Die roten Mauern des Kremls stehen in starkem Kontrast zum Hintergrund. In dieser Suite gibt es nichts, was trostlos oder klein wirken würde.

»Vielen Dank, Walerij, damit kommen wir bestens zurecht«, sagt Kubush mit elegantem Understatement und blinzelt Mindla listig zu. Sie kann ihre Begeisterung trotzdem kaum bezähmen. Walerij nickt und setzt seine Kappe wieder auf. Morgen früh um sechs Uhr wird er wieder da sein.

»Ein dreifach Hoch auf Stalin«, sagt er noch. Dann fällt die Tür hinter ihm ins Schloss. Als er fort ist, streichelt Kubush seinem Sohn über den Kopf, bevor er Mindla in die Arme nimmt und einmal herumwirbelt. »Ich habe dir versprochen, dass ich dich behandeln werde wie eine Prinzessin, oder? Nun, Frau Horowitz, ein dreifach Hoch auf Stalin«, scherzt er.

Am nächsten Morgen, noch bevor es hell wird, fahren Walerij und Kubush den Zwetnoj-Boulevard entlang zum Gebäude des Staatszirkus. Seit langer Zeit gehört der Zirkus fest zur russischen Kultur, und Kubush muss sich kneifen, um zu glauben, dass er eine so fantastische Gelegenheit bekommt. Auf den ersten Blick ist die Manege viel kleiner als die seines geliebten Zirkus Staniewski in Warschau. Das Kuppeldach ist zwei Stockwerke hoch und voller Größe und sowjetischem Ehrgeiz, aber mit Bronislaws himmelhoher Manege eben doch nicht zu vergleichen. Doch es geht ja nicht um die Größe der Manege, sondern um den Zauber, der sich darin entfaltet, denkt Kubush.

In der Manege angekommen, stellt Walerij Kubush seinem Ausbilder und Choreografen vor, Michail Rumjanzew, den man in ganz Europa unter seinem Künstlernamen Karandasch kennt. Kubush zieht den Hut vor dem kleinen

Mann, der vor ihm steht. Karandasch ist der wichtigste Clown Russlands, geliebt, ja förmlich angebetet vom russischen Volk. »Ich darf von dem Besten unseres Faches lernen«, sagt Kubush zu ihm. »Ich fühle mich sehr geehrt.«

Karandasch gehörte 1930 zu den ersten Absolventen der staatlichen Zirkusschule und hat sich durch Imitationen von Charlie Chaplin einen Namen gemacht. In letzter Zeit widmet er sich, sehr zum Vergnügen Stalins, einer Hitler-Imitation. Jeden Abend malt er sich ein schwarzes Hitlerbärtchen unter seine spitze Nase, und dann taumelt und stolpert er durch die Arena, während er den Stechschritt der Nazis nachahmt. Er schafft es, den »Führer« aussehen zu lassen wir einen Deppen. Das Publikum, nicht zuletzt aber auch die Zentralverwaltung der staatlichen Zirkusse, kann gar nicht genug davon bekommen.

Die Russen nehmen die Zirkuskunst sehr ernst und der Clown ist das schlagende Herz jeder Vorstellung. Wenn Karandasch nicht auftritt oder probt, unterrichtet er junge Schützlinge in den Feinheiten der Mimik und Artistik, und da es in der Sowjetunion neunundsechzig staatliche Zirkustruppen gibt, hat er gut zu tun.

Karandasch braucht keine ausgefallenen Requisiten oder wilde Tiere, um die Menschen zu unterhalten. Sein Kostüm besteht aus einem einfachen blauen Anzug und einem karierten Hemd mit dazu passendem Fez aus blauem Filz. Seine Schminke ist nur ein dicker Kajalstrich unter seinen dunklen Augen und zwei übertriebene Brauenbögen darüber. Keine weiße Farbe, keine geschminkten Lippen, keine rote Nase. Mit seinem Lächeln und seinen blitzenden Augen verzaubert er alle: ein freches Zwinkern, ein wissendes Nicken, eine hochgezogene Augenbraue zur rechten Zeit, und das Publikum frisst ihm aus der Hand.

»Bring mich zum Lachen«, sagt Karandasch zu Kubush, um seine Fähigkeiten zu testen.

Kubush geht hinter den Vorhang und zieht sein Kostüm an. Als er zurück in die Manege kommt, geht er auf Karandasch zu und schüttelt ihm die Hand. Sofort tritt sein guter alter Hut in Aktion und eine rote Haarsträhne schießt hoch. Karandasch nickt zustimmend. »Sehr schön.«

»Jetzt ohne«, sagt er und deutet auf die Requisiten.

Kubush zieht sich aus, sodass er nur noch in Hemd und Hose dasteht. Dann geht er wieder mit ausgestrecktem Arm auf Karandasch zu, doch genau in dem Moment, als Karandasch ihm die Hand schütteln will, fangen Kubushs gummigleiche Beine an, sich zu verdrehen und zu schütteln, bis es aussieht, als würden seine Gliedmaßen mit dem Boden verschmelzen. Er zittert noch einmal kurz, dann springt er hoch, steif wie ein Brett.

»Gut! Sehr clever«, sagt Karandasch, der sich beeindruckt zeigt, weil der junge Mann beide Arten von Clownskunst beherrscht, den weißen und den roten Clown: den eleganten und den chaotischen.

Kubush wird vom Fleck weg engagiert und mit einem zweiten jungen Clown zusammengespannt, der ebenfalls neu im Staatszirkus ist. Zusammen lernen sie ihre Rollen als stolpernde deutsche Soldaten für Karandaschs Hitler-Nummer. Zuerst fühlt sich Kubush noch ein wenig steif, doch es dauert nicht lange, dann kommt die alte Geschmeidigkeit zurück, die er in der Manege braucht. Bald taumelt und dreht er sich wieder wie einst als Teenager. Sie werden jetzt ein paar Tage proben und nächste Woche kann er schon mit dem ersten Auftritt rechnen.

Während Kubush sich im Moskauer Zirkus einlebt, hilft Walerij Mindla, sich in der Stadt zurechtzufinden. Er bringt sie zu einer Schneiderin, die ihr Maß nimmt, um ihr Röcke und Blusen und vor allem einen Wintermantel zu nähen. Mindla sucht sich einen gepunkteten Seidenstoff für ein Abendkleid aus, das sie im Zirkus tragen will. Gad bekommt einen Mantel, ein Hemd und neue Hosen. Die Schneiderin schlägt einen blau gestreiften Flanell für das Winterhemd vor. Die Kleider sollen am nächsten Tag ins Hotel geliefert werden.

Endlich haben sie auch wieder Schlafanzüge, Jacken, Pullover und Handschuhe für den Winter. Mindla würde ihre alten Kleider, mit denen sie ganz Polen durchquert hat, am liebsten verbrennen, doch am Ende packt sie sie nur weg. Man weiß ja nie.

Walerij besorgt ihnen eine Russischlehrerin, damit sie möglichst schnell die Landessprache lernen, und einen Lehrer für die Lehre der kommunistischen Partei. Sie müssen viel lernen, während Gad ihnen ein ganzes Stück voraus ist. Er plaudert auf Russisch mit Walerij, der vor Stolz fast platzt, wenn der kleine Junge seine Stalin-Lieder singt.

»Mein Sonnenschein!«, sagt er dann zu ihm.

Mindla denkt oft an zu Hause. Es fühlt sich frivol und seltsam an, so viel zu essen auf dem Tisch und so viele Kleider im Schrank zu haben. Nie zuvor hat sie einen solchen Luxus erlebt, und manchmal rührt sich ihr Gewissen. Doch sie weiß, Papa wäre froh und erleichtert, wenn er wüsste, wie gut es ihr geht.

Sie vermisst zwar ihre Brüder und Schwestern ganz schrecklich, aber vielleicht ist es ganz gut, dass sie nicht alles weiß. Die Deutschen haben inzwischen ein Dekret herausgegeben, das Juden verbietet, Polen zu verlassen. Die Grenzen sind offiziell für Juden geschlossen, und schlimmer noch: Alle Juden in Warschau müssen ins Getto umziehen.

Kapitel 28

Als Mindla eines Morgens die Vorhänge zurückzieht, ist die bunte Skyline unter einer winterweißen Schneedecke verschwunden. Der zweite Kriegswinter soll noch härter werden als der erste, heißt es. Das eisige Wetter dämpft Mindlas Lust, ihre neue Umgebung zu erkunden. Mit dem Wind von der Ostsee ist sie immer zurechtgekommen, aber der Nordwind hier, der von der Barentssee herunterfegt, könnte das Herz eines Elefanten gefrieren lassen. An solchen Tagen tut es regelrecht weh, draußen zu sein, da ist sie vernünftig und bleibt in ihrer Suite. Ohnehin wird ihr dort nie langweilig. Sie holt die verlorene Zeit mit Gad auf und genießt die kleinen Seligkeiten des Mutterseins, nach denen sie sich im Gefängnis so sehr gesehnt hat. Und sie bekommt oft Besuch, tatsächlich ist sie selten allein.

Morgens kommt die Sprachlehrerin, nach dem Mittagessen der Kulturkommissar. Russisch zu sprechen fällt ihr leicht, mit dem Schreiben der fremden Buchstaben hat sie mehr Probleme. Walerij kommt auch jeden Tag vorbei, man weiß nie, wann er auftaucht. Er kommt und geht, bringt Päckchen mit Brot oder Käse mit, manchmal auch Kaffee oder Butter, und fragt nach, ob sie irgendetwas braucht.

»Sie machen gute Fortschritte, höre ich«, sagt er, während er mit Gad Hoppe Reiter spielt. »Und Sie schließen Freundschaften.«

Mindla zuckt zusammen. Wahrscheinlich meint er die junge Frau aus der Suite gegenüber. Sie hat sie irgendwann zufällig getroffen, und sie hat sich als Helena vorgestellt.

»Du bist neu hier«, sagte Helena. Eine Feststellung, keine Frage.

Mindla bewunderte den wunderschönen Pelz, den die junge Frau um ihre schmalen Schultern trug. »Was für ein schöner Mantel!«

Sie haben ein bisschen über Mode und das Wetter geplaudert. Helenas Mann ist Musiker im Orchester des Bolschoi-Theaters und hat ähnliche Arbeitszeiten wie Kubush, stellte sich heraus.

»Wollt ihr euch uns nicht mal zu einem Drink anschließen?«, fragte Helena. »Uns«, das sind ein paar Künstler, Sängerinnen, Pianisten und Leute aus der Unterhaltungsbranche, die ebenfalls im Hotel Moskwa wohnen. An den Abenden trifft sich die bunte Gruppe in der Lobby, um noch einen Schlaftrunk zu nehmen, wenn sie von ihren Vorstellungen kommen.

»Aber gern!«, hat Mindla erwidert. »Wir kommen gleich heute Abend nach Kubushs Vorstellung.«

An diesem Abend gibt sich Mindla extra viel Mühe und sitzt lange vor dem Spiegel, um besonders schön auszusehen. Sie legt ihre Haare sorgfältig ein und steckt sie aus der Stirn, wie sie es von Jadzia und Eva gelernt hat und wie sie es auch gemacht hat, als sie zum ersten Mal mit Kubush im Zirkus war.

Sie ist ganz zufrieden mit ihrem Aussehen. Die schweren Zeiten haben sie nicht allzu sehr altern lassen. Sie ist dünner, das schon, aber das halb tote Gerippe, das Kubush aus dem Gefängnis befreit hat, ist einer hübschen Frau gewichen. Selbst ihre verwelkten Brüste bekommen allmählich wieder ihre jugendliche Form, Stalins Großzügigkeit sei Dank.

Sie zieht einen Schmollmund und legt etwas von dem strahlend roten Lippenstift auf, den Walerij ihr besorgt hat. Dann dreht sie sich noch einmal hin und her. Ihre milchweiße Haut sieht mit etwas Rouge lebendiger aus.

Ein letzter Blick in den Spiegel, dann nimmt Mindla Gad an der Hand und geht mit ihm zum Zirkus. Sie sitzen in der ersten Reihe und haben einen perfekten Blick auf die Abendvorstellung. Mindla war schon ganz ungeduldig, aber Kubush hat darauf bestanden, dass sie ein paar Tage wartet, bis er ein bisschen Routine bekommen hat und wieder ganz der Alte ist.

Er hat gar keinen Grund, nervös zu sein. Während der gesamten zweistündigen Vorstellung hält es das Publikum kaum auf den Sitzen. Mindla liebt besonders die tanzenden Bären, vor allem den riesigen Braunbären, der doppelt so groß ist wie sein Dompteur und trotzdem auf einem kleinen Kinderroller durch die Manege fährt. Was für ein kluges Tier!

Gad ist kaum noch zu halten, als ein glänzend schwarzer Seehund in die Manege robbt, ein paar Treppenstufen hoch auf ein kleines Podest klettert und dort mit Bällen jongliert. Der Dompteur wirft die Bälle hoch in die Luft und der Seehund fängt sie mit der Nasenspitze auf und kickt sie dann ins Publikum.

Doch der Höhepunkt der Vorstellung ist natürlich

Kubush. Es ist so lange her, dass Mindla ihn in der Manege gesehen hat! Sie hatte fast vergessen, wie klug er ist. Und Gad hat seinen Vater noch nie in einer Vorstellung gesehen. »Da!«, quietscht er, als Kubush ins Rampenlicht gestolpert kommt.

Karandasch wird ebenfalls begeistert aufgenommen. Er bekommt stehende Ovationen, als er sich am Schluss verbeugt. Was dem Moskauer Zirkus an Glanz und Glamour fehlt, das macht er mit seinem Herzen wett. Dies ist wirklich ein Zirkus des Volkes, das Publikum setzt sich aus den Menschen zusammen, die besonders hart für die kommunistische Sache arbeiten. Karandasch gewinnt ihre Herzen, weil er den arbeitenden Menschen Tribut zollt und die Bourgeoisie lächerlich macht.

Am Ende der Vorstellung, als sie gerade gehen wollen, befühlt die mollige Frau, die neben Mindla gesessen hat, das hübsche gepunktete Seidenkleid.

»Wie viel?«, fragt sie.

»Für das Kleid?«, erwidert Mindla verwirrt. »Das ist nicht zu verkaufen.«

Die Frau zuckt mit den Schultern. »Schade«, sagt sie und geht.

Mindla fragt sich, warum die Frau sich nicht selbst so ein Kleid kauft, wenn es ihr so gut gefällt. Sorgt der kommunistische Staat nicht für alle so gut wie für Mindla und ihre Familie?

Auf dem Weg zurück ins Hotel kommen sie an ein paar Leuten vorbei, die sich vor einem Geschäft versammelt haben. Es schneit und es ist schon fast elf Uhr in der Nacht. Der Laden ist offensichtlich geschlossen. Später erfährt

Mindla, dass es sich um eine Bäckerei handelt und dass die Leute sich anstellen, um morgens Brot zu bekommen. Wenn es hell wird, ist alles ausverkauft. Vielleicht erreicht Stalins Wohlwollen doch noch nicht alle Menschen, überlegt Mindla.

Als sie ins Hotel kommen, bringt Mindla Gad nach oben und steckt ihn ins Bett. Dann schließt sie sich Kubush und ihren neuen Bekannten in der Lobby an, um noch etwas zu trinken. Es gibt Trinksprüche auf Stalin, Hitler wird verflucht, man trinkt Wodka.

Als die Trinksprüche zu Ende sind, wendet sich Mindla an Helena und erzählt ihr von der seltsamen Frau im Zirkus.

»Sie können sich keine Kleider kaufen«, flüstert Helena ihr zu. »Verkauf bloß keine Kleider, es gibt bald keine mehr.«

Bei einem Glas Wodka erfahren Mindla und Kubush, dass einige Künstler schon seit Jahren im Hotel leben und auf eine Wohnung warten. Alle sind ganz zufrieden mit dieser Lösung, denn im Hotel haben sie mehr Platz als in den zugewiesenen Wohnungen mit ihren wenigen Quadratmetern. Außerdem haben sie hier Möbel.

»Wollt ihr irgendwann wieder nach Hause?«, fragt Mindla Helena.

»Wir sind zu Hause, Mindla. Russland ist unser Zuhause«, erwidert Helena und lächelt verkrampft.

»Ja, natürlich«, sagt Mindla schnell.

Später, als sie zurück zu ihrer Suite gehen, hakt Helena Mindla unter und beugt sich zu ihr. »Sei vorsichtig, Mindla«, flüstert sie ihr zu. »Die Wände haben Ohren und der Himmel hat Augen.«

»Wie ich höre, hat Herr Kubush viel Erfolg und ist sehr beliebt«, sagt Walerij, während er eine kleine Dose mit Kaffee auspackt.

»Sie sind so freundlich zu uns, Walerij!«, erwidert Mindla, die seine Großzügigkeit jetzt mit anderen Augen sieht und sein gefährliches Spiel durchschaut. Sie fragt sich, wer er wirklich ist und für wen er arbeitet. Ist er ein NKWD-Mann? Walerij ist mit Sicherheit nicht sein richtiger Name, aber sie nennt ihn weiterhin so. Und sie wird lächeln und dankbar sein und mitspielen. Ob sie wohl jemals frei sein werden?

Während des täglichen Unterrichts singt Mindla eifrig die Stalin-Lieder und spielt die gute kleine Genossin. Wenn Treue zu Stalin gebraucht wird, um zu überleben, wird sie ihr Blut russisch rot färben, so viel ist sicher.

Sie und Kubush haben Gerüchte gehört, dass viele Tausend Polen, die aus Deutschland geflohen sind und in Russland Zuflucht gefunden haben, in die Gulags deportiert wurden. Ihr Verbrechen war die Hoffnung. Sie haben ihre polnischen Papiere behalten, um nach Hause zurückzukehren, wenn der Krieg endet, und nicht die sowjetischen Papiere akzeptiert, wie es Mindla und Kubush getan haben. Die beiden fragen sich, wie es Yakov ergangen sein mag. Niemand hat ihn gesehen, seit er Białystok verlassen hat. Dabei hat er doch versprochen, dass sie sich in Russland wiedersehen.

Mindla macht sich große Sorgen um ihn und denkt auch oft an ihre Schwestern. Manchmal mag sie gar nicht mehr essen, weil sie so ein schlechtes Gewissen hat. Sie gibt ihre Portion an Kubush und Gad weiter. Kubush jedoch erinnert sie daran, dass ihre Lebensmittelversorgung jederzeit enden könnte, je nachdem, wie es Walerij oder einem seiner Genossen in den Sinn kommt. Sie muss essen, sagt er, und dankbar für alles sein, was sie bekommt. Wenn sie in Moskau Hunger leidet, ändert das nichts an der Lage in Warschau. »Das Beste, was wir für die Familie tun können, ist überleben«, sagt er.

Das Neujahrsfest wird in Russland üppig gefeiert. Nicht einmal die ständigen Kriegsmeldungen können die Begeisterung der Moskauer dämpfen, als das Jahr 1940 zu Ende geht.

Mindla und Kubush bekommen eine Einladung in Helenas Suite, um dort mit einem Glas Krimsekt auf das neue Jahr anzustoßen. Kurz vor Mitternacht gehen sie auf den Roten Platz und hören mit Tausenden anderen, wie die Glocken des Kremls das Jahr 1941 einläuten. Als die ersten tiefen Töne der größten Glocken zu hören sind, nimmt Kubush seine Frau in den Arm und küsst sie leidenschaftlich.

»Glückliches neues Jahr, meine Liebste«, sagt er und legt sein Kinn auf ihren Scheitel. »Wer hätte gedacht, dass wir einmal hier feiern würden.«

Moskau ist gut zu Mindla und Kubush gewesen, besser, als sie es sich hätten vorstellen können. So gut, dass sie tatsächlich darüber gesprochen haben, sich hier auch nach dem Krieg dauerhaft niederzulassen. Doch nach ein paar Wochen begreifen sie, wie die Dinge in der Sowjetunion laufen. Sie haben keine Wahl. Niemand kann hier selbst bestimmen, wohin er geht.

Als das Glockengeläut endet, beginnt die majestätische Wachablösung am Lenin-Mausoleum. Das einzige Geräusch, das man auf dem verschneiten Platz noch hört, sind die Lederstiefel, die im Gleichschritt marschieren.

»Lass uns heimgehen«, sagt Mindla. Ihr läuft ein kalter Schauer über den Rücken.

Kapitel 29

22. Juni 1941

Mindla kann nicht schlafen. Es ist kurz vor Tagesanbruch, Kubush ist auch schon wach. Er bietet ihr eine Zigarette an, und sie zieht den mentholgeschwängerten Rauch langsam in ihre Lunge, um vielleicht den Nebel in ihrem Kopf nach der schlaflosen Nacht ein wenig zu vertreiben. Dann gibt sie ihm die Zigarette zurück und geht zum Fenster, um die Vorhänge zurückzuziehen. Es ist die kühlste Zeit des Tages, sie genießt den Sonnenaufgang über der Stadt und trinkt dazu ihren Kaffee. Später wird sie die Vorhänge wieder zuziehen müssen, damit es nicht zu heiß wird. Vielleicht kann sie mit Gad ins Kino gehen, während Kubush probt, da ist es ein wenig kühler.

Sie tappt in die Küche und schaltet das Radio ein, während sie Kubush Frühstück macht. Die sonntägliche Frühgymnastik beginnt gerade. Während sie in der Küche Eier verrührt, bewegt sie träge ein Bein und nimmt sich vor, später am Tag noch ein wenig Sport zu machen.

*

Gegen zehn Uhr verlässt Mindla mit Gad das Hotel, um spazieren zu gehen und Brot zu kaufen, solange es noch nicht allzu heiß ist. Auf dem Roten Platz sitzen Pärchen und trinken Kaffee oder frühstücken. Ein paar Leute lesen Zeitung.

Mindla macht sich nicht viel aus Sport, aber sie weiß, der Moskauer Fußballverein Dynamo hat gestern die Meisterschaft verloren, und die Zeitungen sind voll mit Klagen über das peinliche Ergebnis. In den Moskauer Cafés wird von nichts anderem gesprochen. Auch die Radiosendungen, die auf dem Roten Platz per Lautsprecher übertragen werden, sind voll davon.

Niemand ahnt, dass die Deutschen auf dem Weg sind, bis um elf Uhr die Stimme des sowjetischen Außenministers Wjatscheslaw Molotow die Sportübertragung unterbricht.

»Heute um vier Uhr hat die deutsche Wehrmacht ohne Vorwarnung und ohne eine Kriegserklärung gegen die Sowjetunion unser Land angegriffen«, sagt er mit ernster Stimme. Alles erstarrt. »Dieser ungeheuerliche Angriff auf unsere Nation ist ein Verrat. Das sowjetische Volk wird dem Aggressor einen tödlichen Schlag versetzen.«

Mindla ist in der Schlange vor der Bäckerei fast ganz vorn angekommen, aber jetzt denkt sie nicht mehr an Brot, sondern nimmt Gad an der Hand und rennt mit ihm zurück in ihre Suite. Dort angekommen, schaltet sie das Radio ein und dreht fieberhaft an den Knöpfen, bis sie einen internationalen Sender findet. Trotz des heftigen statischen Rauschens versteht sie genau, was gesagt wird.

Die Wehrmacht strömt über die Grenze, Stuka-Bomber heulen über Russland, deutsche Kriegsschiffe liegen in den Flüssen vor Anker. Panzer, Lastwagen, Motorräder und Tausende Fußsoldaten verstopfen die Straßen des Landes.

Mindlas Körper reagiert heftig auf die Nachrichten. Ihr werden die Knie weich und langsam gleitet sie am Küchenschrank entlang zu Boden. Die Brust wird ihr eng, sie bekommt kaum noch Luft. Innerhalb weniger Sekunden ist sie wieder in Warschau und hört das Pfeifen der Bomben. Wo gibt es hier Luftschutzbunker? Wo können sie sich verstecken?

Der Aschenbecher füllt sich, weil sie eine Zigarette nach der anderen raucht. Als Kubush am späten Abend ins Hotel kommt, sitzt seine Frau auf der Kante des Sofas, um sie herum aufgestapelte Gepäckstücke. Trotz der Hitze sitzt sie in Mantel und Hut da, fertig zur Abreise.

»Wir müssen weg, Kubush, wir müssen noch heute Nacht fliehen, solange es noch möglich ist«, sagt sie. Die Angst steht ihr ins Gesicht geschrieben.

»Mach dir keine Sorgen, Mindla«, sagt Kubush und nimmt ihr sanft Mantel und Hut ab, bevor er sich neben sie setzt. »Stalin wird Hitler die Hölle heiß machen. Morgen sind die Deutschen wieder in Berlin.«

Er will sie umarmen, aber sie schüttelt ihn ab. »Wie kannst du dir so sicher sein?«, fragt sie.

»Du hättest den Zirkus heute Abend erleben müssen. Er war bis auf den letzten Platz gefüllt und niemand schien irgendwie in Panik zu verfallen. Tatsächlich war eher das Gegenteil der Fall. Alle sind sehr zuversichtlich. Als Karandasch mit seiner Hitler-Imitation fertig war, sind die Leute aufgestanden und haben die Nationalhymne gesungen.«

»Es ist sträfliche Dummheit, diesen Mann zu unterschätzen«, erwidert Mindla in flehendem Ton. »Ich habe gesehen, wozu er fähig ist. Ich habe seine Raserei zu spüren bekommen, Kubush!«

»Schau doch mal«, sagt Kubush und zeigt auf den Kreml, in dem noch Licht brennt, was für diese Nachtzeit ungewöhnlich ist. »Stalin sitzt da drüben und macht Pläne, wie er die deutschen Bestien zerschmettern kann. Warte nur ab.«

Am nächsten Morgen will Kubush gerade zur Probe gehen, als es an der Tür klopft und Walerij hereinkommt. Mindla dreht sich der Magen um vor Schreck.

»Guten Morgen, Genossen«, sagt Walerij, verneigt sich ein wenig und legt die Hand auf sein Herz. »Ah, da ist ja mein kleiner Lieblingsbolschewik.« Grinsend fährt er Gad durch die blonden Locken.

Dann küsst er Mindla auf die Wange und geht zum Fenster. »Was für ein schönes Zuhause«, sagt er und schaut über die Stadt. »Stalin sorgt gut für uns, nicht wahr?«

»Es ist gut, Sie zu sehen, Walerij«, sagt Kubush und ignoriert den offensichtlichen Hinweis darauf, dass Walerij jederzeit die Macht hat, sie auf die Straße zu werfen. Er klopft dem Mann auf den Rücken, als wären sie alte Freunde. Sie haben Walerij ein paar Wochen nicht gesehen. Kubush vermutet, er kommt jetzt seltener, weil sie ihre Treue zu Stalin bewiesen haben. Mindla ist da skeptischer, sie vermutet, er muss andere überwachen, deren Treue eher infrage steht.

»Kubush, es sind schlimme Zeiten«, sagt Walerij und kommt damit direkt zur Sache. »Aber die Partei ist bereit und wir werden siegen. Hitler wird bald auf den Knien liegen, das verspreche ich Ihnen. Die Moral unseres Volkes ist jetzt wichtiger denn je, Kubush, und unser Vater Stalin hat große Pläne mit Ihnen«, fährt er fort.

Es stellt sich heraus, dass die Sowjets weit davon entfernt sind, den Zirkus zu schließen, wie Mindla und Kubush befürchtet haben. Stalin plant eher einen Ausbau. Neue Zirkustruppen sollen aufgestellt werden, um an der Front die Soldaten zu unterhalten. Die Ensembles werden in alle möglichen Städte und Dörfer geschickt, um die Moral der Menschen aufrechtzuerhalten. Neben den regulären Vorstellungen, die ebenso wichtig für die Moral der Moskauer sind, soll Kubush nun in der Ausbildung neuer Clowns eingesetzt werden. Der Staat braucht jeden Arbeitseinsatz, der möglich ist.

»Es ist mir eine Ehre«, sagt Kubush. »Lang lebe Stalin!«

Sobald Walerij die Suite verlassen hat, lassen sie sich beide aufs Sofa fallen und sitzen eine Weile schweigend da, nicht ganz sicher, was sie von diesen Neuigkeiten halten sollen.

»Wenn Walerij so sicher ist, dass der Sieg unmittelbar bevorsteht, warum bauen sie dann neue Zirkustruppen für die Unterhaltung der Soldaten auf?«, flüstert Mindla. Kubush stimmt ihr zu. Walerijs gute Neuigkeiten sind in Wirklichkeit eine Warnung, dass sich der Kreml auf einen langen, brutalen Kampf vorbereitet. Der Zirkus soll dazu dienen, die grausame Wirklichkeit des Krieges zu übertünchen.

In den nächsten Tagen nach dem Einmarsch der Deutschen bestätigen die Nachrichten im Radio Mindlas und Kubushs Bauchgefühl, dass tatsächlich nicht alles nach Plan läuft. Molotow ruft die Menschen auf, sich zum Ausheben von Schützengräben rund um Moskau zu melden und Bunker, Schießstände und Luftabwehrstationen zu bauen. Mindla wird ganz kalt bei dem Anblick der

Moskauer, die die Stadtgärten umgraben. Das alles kommt ihr entsetzlich vertraut vor.

Doch im Moskauer Zirkus laufen die Vorstellungen wie gewohnt. So hat es Stalin befohlen. Die Clowns, Akrobaten und Zauberer helfen bei den Kriegsanstrengungen. Sie verbreiten Propaganda und versichern dem Publikum, dass es nichts zu befürchten hat.

Karandasch ist ganz in seinem Element und äfft Hitler weiterhin nach. »Unsere Kunst ist eine Waffe!«, erklärt er seinen Untergebenen während der Probenarbeit. Jeder von ihnen spielt eine patriotische Rolle. Er hat sich eine neue Nummer ausgedacht, in der er mit einer Aktentasche die Manege betritt, die er neben einem der Masten abstellt. Ein kleiner Hund springt aus der Tasche, stellt sich darauf und stützt die Vorderpfoten auf, als hielte er eine Rede. Ohne weitere Aufforderung fängt der Hund an, ins Mikrofon zu bellen.

Karandasch hebt ihn von der Tasche herunter, aber der Hund springt gleich wieder hinauf. So geht es ein paar Mal, und der niedliche Hund bellt die ganze Zeit, bis Karandasch irgendwann ruft: »Hör auf damit!« Da beendet der Hund seine »Rede« und krabbelt wieder in die Tasche. Dann kommt Karandaschs Pointe, denn er sagt: »Die Rede des Propagandaministers Goebbels ist beendet.« Die Menschen lachen, dass die Wände wackeln.

Dann kommt »Hitler« in die Manege getrabt, ein Schwein mit dickem Bauch, fetten Schinken und dünnen Beinen. Die Leute brüllen vor Lachen, Hohn und Spott. Jede Beleidigung der Nazis ist gut für die Moral der Nation.

Am 3. Juli erstarrt die Stadt. »Achtung! Achtung!«, hört man die Stimme aus den Lautsprechern. »Sie hören eine Ansprache des Vorsitzenden des nationalen Verteidigungsrates, Genosse Stalin!«

Mindla ist gerade dabei, die Bettlaken zu bügeln. Sie hält mitten in der Bewegung inne und läuft in die Küche, damit sie es besser hören kann. »Pst, Gad, mein Schatz«, sagt sie zu dem kleinen Jungen, der im Wohnzimmer herumlärmt. »Das ist jetzt wichtig.«

Zum ersten Mal seit Kriegsbeginn wendet sich Stalin an die Öffentlichkeit. Man hört den Vater der Nation atmen, als er vor dem Mikrofon Platz nimmt, sich etwas zu trinken einschenkt und dann mit seiner Ansprache beginnt.

»Genossen! Bürger! Brüder und Schwestern!« Seine Stimme dröhnt. »Trotz des heldenhaften Widerstands der Roten Armee ist der Feind weiterhin auf dem Vormarsch.«

Mindla bekommt feuchte Hände, ihr wird ganz heiß, als Stalin erklärt, Litauen sei gefallen, dazu große Teile Lettlands, der Westen Weißrusslands und Teile der Ukraine. Wichtige Städte wie Murmansk, Smolensk, Kiew und Odessa werden bombardiert. Vormarsch ist gar kein Ausdruck!

»Unser Vaterland ist in großer Gefahr«, spricht Stalin weiter. »Die deutschen Verräter setzen ihre Angriffe fort, und deshalb wende ich mich heute an euch, meine Freunde.«

Er ruft die Menschen auf, sich zur Roten Armee zu melden und bittet alle, Arm und Reich gleichermaßen, »jeden Zentimeter sowjetischen Bodens zu verteidigen bis zum letzten Blutstropfen. Es gibt jetzt keinen Platz für Abweichler, Deserteure und Defätisten.«

Einige Menschen flüchten, aber im Großen und Ganzen haben seine Appelle Erfolg. Fast sofort laufen die Leute zu den Meldestellen, und vor dem Armeekrankenhaus außerhalb Moskaus bilden sich lange Schlangen von Leuten, die Blut spenden wollen.

Kubush und seine Kollegen arbeiten monatelang rund um die Uhr. Tagsüber unterrichten sie Freiwillige in der Zirkuskunst, abends tun sie ihr Bestes, um den Krieg auszublenden und mit ihren Vorstellungen die Moral der Menschen zu heben, wie Stalin es befohlen hat. Wenn ein Clown, der ein flüchtendes Schwein mit Hakenkreuz auf dem Rücken durch die Manege jagt, ein Beitrag zum Sieg sein kann, dann sind sie gern bereit, es zu jagen.

Kapitel 30

Oktober 1941

Kubush hat kaum geschlafen, als er von einem Klopfen an der Tür aufgeschreckt wird. Es ist zwei Uhr in der Nacht, doch das Klopfen geht weiter, er hat nicht geträumt.

Er geht so schnell er kann zur Tür, aber das Geräusch wird eher noch lauter. Da hat es jemand wirklich eilig.

»Stalin flüchtet«, sagt Helena, die vor der Tür steht. »Ein gepanzerter Zug steht am Bahnhof für ihn bereit. Wir müssen weg.«

Mindla hat so tief geschlafen, dass sie gar nicht mitbekam, wie Kubush nach Hause kam. Doch jetzt ist sie hellwach. Helenas Neuigkeiten vertreiben jeden Anflug von Schläfrigkeit.

In den letzten Tagen hat es immer wieder Gerüchte gegeben, dass die Deutschen die Stadt Wjasma auf halbem Weg zwischen Smolensk und Moskau eingekesselt haben. Eine halbe Million der besten Rotarmisten sind von deutschen Panzern eingeschlossen. Und gestern hieß es im Hotel, es seien bereits erste deutsche Soldaten in Moskau gesehen worden. Ladenbesitzer haben ihre Türen geöffnet und die Leute aufgefordert, sich zu nehmen, was sie brauchen. Alles ist besser, als die Waren den Nazis zu überlassen.

Helena sagt, auf dem Bahnsteig stehen Kremlwachen, weil die Evakuierung der Führung jederzeit beginnen kann.

Stalins Stab und Berater sind schon im Zug und warten auf ihn.

Jetzt wird es wirklich ernst, das ist ihnen klar. »Sie sagen, auch Lenins Mumie wurde bereits entfernt«, erzählt Helena. Kein Zarenschmuck und kein Schatz aus der Eremitage in Leningrad bedeutet den Russen mehr als der Sarkophag des geliebten Revolutionsführers. Wohin Lenin geht, werden sie ihm folgen. Das gilt auch für seinen Sarg. Helena läuft am Fenster hin und her und schaut ständig durch die Vorhänge, als fürchtete sie, gleich die Gestapo durch den dichten Nebel marschieren zu sehen, der die Stadt heute einhüllt.

Mindla braucht Helena nicht, um zu begreifen, dass die Deutschen näher kommen. Sie spürt es in ihrem Körper, es ist dieselbe Kälte wie seinerzeit, als die Deutschen nach Warschau kamen. Seit Wochen bereitet sie sich auf diesen Moment vor. Sie hortet Lebensmittel und versteckt sie in einer Öffnung der Decke, falls Walerij oder einer seiner Kollegen kommen. Zum Glück haben er und seine Leute gerade andere Sorgen. Wenn Stalin evakuiert wird, müssen seine treuesten Untergebenen mitgehen. Jetzt kämpft jeder für sich allein.

*

In der Stadt herrscht eine unheimliche Ruhe, als Mindla und Kubush nur eine Stunde später das Hotel verlassen. Keine Menschenseele ist zu sehen. Gad schläft auf Kubushs Arm, den Kopf an seine Schulter gelehnt. Er spürt die allgemeine Panik nicht. Mindla hat ihm noch eine Portion

Haferbrei gemacht, bevor sie gingen, und er hat sie sich brav in den Mund schaufeln lassen, so müde er auch war. Wer weiß, wann es wieder etwas zu essen gibt.

Der Kreml liegt in Dunkelheit, eingehüllt in dichten Nebel, und die bunten Kuppeln der Basiliuskathedrale sind zugeschneit. Das Wetter macht es der Luftwaffe praktisch unmöglich, ausgerechnet heute die Stadt anzugreifen.

Weder Kubush noch Mindla denken lange nach. Sie müssen weg. Moskau ist Hitlers Siegespokal, und wenn er wirklich kommt, wird es keine Gnade für die Bewohner der Stadt geben. Als sie die Metrostation erreichen, wird ihnen klar, warum es in den Straßen so ruhig ist. Hier unten sind so viele Menschen, dass man kaum stehen kann. Hunderte suchen hier Zuflucht vor den erwarteten Bombenangriffen, andere tragen ihre Habseligkeiten auf dem Rücken und wollen über die Wolga nach Süden oder über den Ural nach Osten. Sie hoffen, dorthin könne ihnen die Wehrmacht nicht folgen.

Der nächste Zug soll um kurz nach fünf Uhr fahren. Niemand weiß, ob sie alle hineinpassen werden, doch sie wollen weg. Mindla und Kubush planen, sich nach Tozkoje durchzuschlagen, wo es eine polnische Militärbasis gibt.

Pünktlich um zehn Minuten nach fünf fährt der Zug aus dem Bahnhof, ohne Licht und mit verdunkelten Fenstern, damit man ihn von außen nicht erkennt. Draußen ist es noch dunkel. Die alten hölzernen Waggons sind zum Bersten gefüllt, aber niemand beklagt sich oder sagt sonst ein Wort.

Die Reise dauert quälend lange. Tagsüber kommen sie nur mühsam voran und suchen Schutz in den dichten russischen Wäldern, wenn Flugzeuge zu sehen sind. Manchmal stehen sie stundenlang, bis die deutschen Bomber abdrehen und es wieder sicher ist, weiterzufahren. Auf offenem Feld wären sie leichte Beute. Nachts schleicht der Zug im Stockfinstern durch das Bergland. Die Lichter sind weiterhin gelöscht und die Fenster mit Mänteln, Kleidungsstücken und Decken zugehängt. Mindla fragt sich, ob der Lokführer überhaupt ein paar Meter weit voraus sehen kann.

Es gibt nichts zu essen oder zu trinken im Zug, aber bei jedem Stopp steigen die Evakuierten schnell aus und stopfen sich Hände voll Schnee und Eis in den Mund. Alle leeren Behälter werden aufgefüllt.

Nach drei Tagen fährt der Zug mit seiner erschöpften menschlichen Fracht in den Bahnhof von Tozkoje ein. Erst dort erfahren sie, dass Stalin in letzter Minute beschlossen hat, nun doch in Moskau zu bleiben und zu kämpfen. Er ist der Ansicht, seine Gegenwart könne die Moral der Roten Armee stärken. Einige freuen sich über die Nachricht, andere fürchten, dass es nur noch eine Frage von Wochen ist, bis Stalin tot ist und Hitler siegt.

*

Die kleine Stadt Tozkoje bietet ein entmutigendes Bild davon, was ihnen bevorstehen könnte. Es gibt keine Unterkünfte, nur im Bahnhofsgebäude findet man Schutz vor dem eisigen Wind. Der kleine Bahnsteig ist voll mit Menschen, die nach der langen Reise dort stehen oder auf ein paar Lagen Zeitungspapier sitzen, um sich auszuruhen. Ein paar schlafen tatsächlich ein.

Es gibt noch weniger zu essen in der Stadt, als Mindla ohnehin befürchtet hat. Wasser gibt es genug, der Schnee liegt ja kniehoch, aber die täglichen Lebensmittelrationen, die von der Armee zugesagt wurden, beschränken sich auf etwas dünnen Tee und altbackenes Brot. Wie schrecklich vertraut ihr das alles ist! Zum Glück konnte sie ihre gehorteten Vorräte mitnehmen, aber sie weiß, sie muss sich alles gut einteilen.

Ihre Portion Haferflocken gibt sie Gad, damit er nicht mehr hungrig ist. Sie hat auch noch ein paar Scheiben Käse, steinhart zwar, aber der Kleine schlingt sie gierig hinunter. Was er übrig lässt, wickelt sie sorgfältig wieder ein und versteckt es in einer Tasche, die sie keinen Moment aus den Augen lässt. Wehe dem, der es wagen würde, ihr diese kostbaren Reste zu stehlen!

Gleichzeitig wurden im Rahmen einer Amnestie Tausende polnischer Häftlinge aus den Gulags entlassen. Der Grund ist ein Abkommen zwischen der polnischen Exilregierung und der Sowjetunion. Es ist geplant, eine polnische Armee aufzustellen, die an der Seite der Russen kämpfen soll. Kommandant dieser Einheit ist General Władysław Anders. Doch seiner Armee stehen nur wenige Lebensmittel und kaum Unterkünfte zur Verfügung, ebenso wenig wie den vielen Flüchtlingen aus Moskau, die sich seinen Truppen anschließen.

Eilig werden Zelte aufgebaut, und die Viehwaggons, die an den Zug angekuppelt waren, werden abgehängt und dienen fortan als Unterkunft. In jedem Waggon können etwa vierzig Menschen schlafen, aber es gibt Tausende, die einen Unterschlupf brauchen. Mindla, Kubush und Gad teilen sich den Platz in einem der Waggons mit etwa sechzig weiteren Menschen. Manchmal sind es mehr, manchmal weniger, denn viele Menschen verhungern oder erfrieren oder ziehen weiter, um in einer anderen Stadt ihr Glück zu versuchen. Ein Graben hinter dem Waggon dient als Latrine. Bald sind auch die Läuse wieder da, und Mindla weiß, es wird nicht lange dauern, dann treten die ersten Typhusfälle auf.

Nachts liegen sie zu dritt auf einer provisorischen Pritsche, aber in dem Waggon sind sie besser geschützt als in den Zelten. Trotzdem schläft Mindla kaum. Im Dunkeln hört sie die dumpfen Einschläge von Bomben in der Ferne. Sie weiß nicht, ob sie echt sind oder nur ein dauernder Albtraum, aber das Geräusch verfolgt sie und raubt ihr den Schlaf.

Trost findet sie nur im Heulen eines Wolfs, das über die Tundra ertönt. Sie hört es jede Nacht zur selben Zeit und nimmt die wilde Schönheit in den Rufen des Tieres wahr. Sie vermutet, dass es eine Wölfin ist, eine Mutter, die ruft, um ihre Welpen zu beschützen. Was für ein seltsames Gefühl der Beruhigung, dass sie nicht allein in den Weiten Russlands sind.

Die Anders-Armee nimmt weitere Männer auf, um ihre Reihen zu füllen, und Kubush, der nach der Zeit im Zirkus gesund und stark ist, beschließt, sich zu melden. Er stellt sich mit Hunderten von Männern in die Schlange, Alt und Jung vereint. Polen sind darunter, die in sowjetischen Lagern waren, magere Kerle, die eigentlich nur noch aus Haut und Knochen bestehen, ihre Arme dünner als die Gewehrläufe. Kubush ist zwar jünger und fitter als die meisten und spricht fünf Sprachen, aber man lehnt ihn trotzdem ab. Auch viele andere werden zurückgewiesen. Kubush hört, dass sie keine Juden nehmen; Mindla ist es egal, warum er abgelehnt wird, sie ist froh, dass er sie nicht verlässt. Der Gedanke, wieder von ihrem Mann getrennt die Nacht verbringen zu müssen, ist ihr unerträglich.

Kubush und die anderen Männer im Lager arbeiten für Naturalien in der Kolchose vor Ort. Dort bekommen sie jeden Tag 300 Gramm Hirse und ein paar Kartoffeln. Sonntags gibt es einen kleinen Kohlkopf dazu, gelegentlich auch eine Zwiebel. Die Arbeit unter den eisigen Bedingungen ist schrecklich, selbst wenn er Handschuhe trägt, schält sich die Haut von seinen Händen, weil er gefrorene Kartoffeln aus dem Schnee sammelt. Aber er kann auf diese Weise seine Familie am Leben erhalten, und das ist das Einzige, was zählt.

An einigen Tagen ist das Wetter so schlimm, dass sie nicht arbeiten können. Wenn der eisige Buran-Wind weht, kann man nur im Waggon bleiben. Dieser Wind wirbelt Eiskristalle auf und schlägt damit auf alles ein, was sich ihm in den Weg stellt. Ein Mann, der im pfeifenden Buran draußen ist, erleidet mit Sicherheit einen schrecklichen Tod. Doch sie wissen, dass das grausige Wetter auch seine Vorteile hat. Hitler und seine Leute sind dem brutalen russischen Winter nicht gewachsen. Tiefer Schlamm und gefrorene Ebenen machen den Vormarsch der Wehrmacht unmöglich. Die Panzer frieren ein und viele deutsche Soldaten sterben in der Kälte.

Eines Nachts machen die polnischen Soldaten ein großes Feuer und laden die Evakuierten ein, mit ihnen bei einem Glas Wodka am Feuer zu feiern. Doch tief in ihrem Herzen wissen sie alle: Wenn der Frühling kommt, wird das Ungeheuer der Wehrmacht auferstehen.

*

Das neue Jahr beginnt ohne große Feierlichkeiten, aber am 15. Januar 1942 verkündet Anders den Plan, das Hauptquartier seiner Armee nach Taschkent zu verlegen, 2000 Kilometer Richtung Süden. Und die Zivilisten dürfen mitkommen, heißt es.

Mindla und Kubush haben schon viel von der exotischen Stadt Taschkent gehört, die in einer anderen Welt zu liegen scheint, irgendwo im fernen Kasachstan, nur einen Sprung von der chinesischen Grenze entfernt. Im Lager wird erzählt, dort gebe es Brot und ewigen Sonnenschein. Niemand kann wissen, wie lange der Krieg noch dauern wird, aber Mindla weiß, noch einen Winter in Tozkoje werden sie nicht überleben. Sie muss nur ihren kleinen Sohn ansehen, der schon so lange keine Sonne mehr erlebt hat, dass er sich kaum daran erinnert.

An diesem Abend macht sich ein langer Zug mit angekuppelten Viehwaggons auf in Richtung Taschkent, angetrieben von Hoffnung auf Rettung, Wärme und vielleicht auch Freiheit. Als sie durch die Steppe und über menschenleere felsige Ebenen fahren, denkt Mindla an die wunderbaren alten Basare und bunten Märkte, die sie dort erwarten. Sie stellt sich Früchte vor, wie sie sie noch nie geschmeckt hat, so reif, dass ihr der Saft übers Kinn läuft. Und Gewürze, so üppig und duftend, dass sie sie schon jetzt fast riechen kann. Sie flüchtet sich in diese Tagträume, um die langen Wochen zu überstehen, die es dauert, bis sie in der fernen Stadt ankommen.

Tatsächlich ist der Himmel dort blau. Aber der Krieg lässt sie nicht los. Im Zug grassiert der Typhus, sodass die erschöpften Flüchtlinge in Taschkent erst einmal in Quarantäne ausharren und auf Desinfektion warten müssen. Das dauert viele Stunden. Als Mindla endlich an die Reihe kommt, wird ihr befohlen, sich auszuziehen und in ein Desinfektionsbad zu steigen, während ihre Kleider in riesigen Bottichen mit Chemikalien gewaschen werden. Gads Haut juckt noch Tage später, er weint sich jeden Abend in den Schlaf.

Ihr provisorisches Zuhause in Taschkent ist von Mindlas Tagträumen einer schönen, kosmopolitischen Metropole meilenweit entfernt. Die Stadt ist weitläufig und flach, ein Labyrinth von ungepflasterten Straßen mit einstöckigen Häusern, in denen man sich schnell verlaufen kann, wenn man sich nicht auskennt.

Die vorläufigen Lager für die vielen Flüchtlinge sind in der ganzen Stadt verstreut. Einige kommen auch bei den Usbeken unter, die ihnen in ihren engen Lehmhäusern Zimmer vermieten. Mindla, Kubush und Gad leben in einem der Lager, einer staubigen Ansammlung von Zelten. Jeden Tag vollziehen sie die gleiche Routine: Kubush arbeitet als Baumwollpflücker oder bei der Gemüseernte auf den nahe gelegenen Höfen, während Mindla in den Straßen nach etwas Essbarem sucht. Es gibt aber nicht viel, und wenn irgendwo Brot oder andere Lebensmittel angeboten werden, bilden sich sofort lange Schlangen. Wasser gibt es genug, aber es schmeckt nach Staub. Und überall wird gestohlen.

Mindla fragt sich, ob sie jemals wieder tief schlafen wird.

Jeder Flüchtlingstransport bringt mehr Kranke mit. Über der Stadt liegt nicht der Duft exotischer Gewürze, sondern der Gestank der Desinfektionsbäder.

Es dauert nicht lange, dann wird die Anders-Armee ein weiteres Mal verlegt, und die Karawane der Flüchtlinge zieht mit ihr. Die russische Regierung kann sie nicht länger versorgen, es gibt auch keine Ausrüstung für die Soldaten, keine Stiefel, Uniformen oder Munition. Und die Lebensmittel reichen bei Weitem nicht, um die vielen Tausend polnischen Zivilisten zu versorgen, die mit ihnen ziehen. Man übergibt sie in die Obhut der Briten, was bedeutet, dass sie sich auf den langen Weg ins britisch besetzte Persien machen müssen. Anders und seine Männer sollen dort die Ölfelder bewachen, während die Flüchtlinge, so heißt es, auf verschiedene Gebiete des britischen Empires verteilt werden sollen.

Diese Reise ist nichts für schwache Gemüter, doch Persien, so hören sie, ist unter dem gemeinsamen Besatzungsstatut von Briten und Amerikanern recht gut organisiert. Es gibt reichlich Lebensmittel und die Briten werden ihnen von dort aus ein neues Zuhause irgendwo in ihrem großen Königreich organisieren.

Mit nicht viel mehr als der Hoffnung, die ihre geschundenen Füße weiterträgt, bewegen sie sich über ungepflasterte Straßen und Bergpfade durch Afghanistan und bis nach Persien.

»Bald sehen wir das Meer«, sagt Mindla lockend zu Gad, wenn er müde ist und nicht mehr weitergehen will. Das wirkt und treibt ihn jedes Mal wieder an.

Sie staunt, wie reif ihr Sohn für seine fünf Jahre ist, aber er kennt ja nichts anderes. Sein Leben war bisher eine einzige Achterbahn mit sehr viel Leid und Elend.

Viele der Flüchtlinge überleben die lange Reise nicht, aber Kubush, Mindla und Gad gehören zu den Glücklichen, die nach ein paar Monaten sicher in Teheran ankommen. Und tatsächlich hält das persische Paradies, was man ihnen versprochen hat. Selbst im Winter ist der Himmel strahlend blau und der rote Wüstensand geht in grüne Wiesen und hohe Zypressen über. Auch General Anders steht zu seinem Wort, und die Alliierten kümmern sich tatsächlich um die Menschen, die die brutale Wanderung überlebt haben. Als sie in Teheran ankommen, werden sie in Lagern für Zivilisten untergebracht, wo man ihnen Lebensmittel, große Zelte und heiße Duschen zur Verfügung stellt. Doch letztlich wäre jeder Ort, an dem sie durchatmen und die Sonne auf dem Rücken spüren können, ein Paradies, nach allem, was sie durchgemacht haben.

Kaum angekommen, beginnt die vertraute Routine: Ihre Kleider werden ausgekocht und desinfiziert, um die Läuse abzutöten. Doch als die ersten Lebensmittelrationen ausgegeben werden, weiß Mindla, dass sie sich richtig entschieden haben. Gad kann kaum glauben, was für Köstlichkeiten da vor ihm ausgebreitet werden: Käse, dicke süße Dat-

teln, Brot, Tee und sogar frisches Fleisch! Der Kleine nu-
ckelt an den Datteln, als wären es Dauerlutscher, und
Mindla teilt nur zu gern ihre Ration mit ihm, weil er so
glücklich ist. Es ist wirklich wie im Paradies.

Das Lagerleben ist eher langweilig, aber eines Tages ent-
deckt Kubush eine Gelegenheit, die Dinge ein wenig auf-
zuheitern. Es gibt nämlich eine kleine Bühne für Anspra-
chen und Ankündigungen der Alliierten. Kubush kann es
nicht lassen, er holt ein paar seiner alten Tricks aus der
Mottenkiste der Erinnerung und bringt die Kinder zum
Lachen, sobald er eine Chance dazu sieht. Dutzende von
Kindern leben in diesem Lager, und es erfüllt sein Herz mit
Freude, ab und zu eine kleine Vorstellung für sie zu geben.
Alberne Gesichter, kleine Zaubertricks und ein bisschen
wackelnder Gang – und schon lachen sie. Auch für die mü-
den Erwachsenen ist es heilsam zu sehen, wie die Kinder in
Magie und Freude aufgehen.

Jetzt sind sie fast frei, aber noch nicht zu Hause. Es dauert ein paar Monate, bis die Papiere fertig sind, doch dann
können sie sich auf eine letzte Reise vorbereiten.

Diesmal geht es nach Afrika.

Kapitel 31

Afrika, 1943

»Gibt es da Elefanten?«, fragt Gad.

»Ach, mein Schatz, ob es da Elefanten gibt? Natürlich gibt es in Afrika Elefanten!«, sagt sie und ahmt mit ihren Händen ein Fernrohr nach, das sie an ihr Auge hält. »Ich kann sie schon sehen, die langen Rüssel, wie sie von einer Seite zur anderen schwingen, die schleichenden Löwen und Giraffen mit Hälsen, so lang, dass sie mit der Nase die Wolken berühren können. Und dicke fette Flusspferde, die nur darauf warten, dich zu verschlingen.«

Gad kichert, als sie ihm das Haar aus der Stirn streicht.

»Mein Schatz, in Afrika gibt es so viele Tiere, dass wir unseren eigenen Zirkus aufmachen können.« Lachend drückt sie ihn in ihrer Koje an sich. In den langen Jahren seines kurzen Lebens hat der Fünfjährige es immer wieder geschafft, mithilfe seiner Phantasie die Finsternis in Licht zu verwandeln. Die Spiele an diesem Tag helfen ihnen auch über die Seekrankheit hinweg, denn der kleine Frachter schaukelt nun schon seit sechs Tagen übers Meer. Er bringt sie hinunter an die windige Küste Ostafrikas.

Mindla war noch nie auf einem Schiff und natürlich ist sie auch noch nie über einen Ozean gefahren. Seit Tagen kämpft sie mit der Seekrankheit. Doch es tut gut, nur Himmel und Meer zu sehen; der Indische Ozean ist beruhigend weit entfernt von den Krallen Hitlers.

Vor sechs Tagen sind sie in Karadschi in See gestochen, wo sie noch einmal angelegt hatten, um Lebensmittel und Wasser zu fassen. Jetzt hört sie die Schiffsglocke und kurz darauf den Ruf »Land Ahoj!«. Diesmal gilt dieser Ruf nicht als Warnung für den Kapitän, sondern zur Freude für die Passagiere, die nur darauf warten, einen ersten Blick auf ihr neues Zuhause zu werfen.

Kubush, Mindla und Gad laufen die Treppe hinauf und drängen sich mit Hunderten anderen an Deck. Gemeinsam mit all den anderen Polen beobachten sie, wie die weißen Sandstrände von Mombasa näher kommen. Bald können sie auch die Palmen erkennen und das Wasser um sie herum wird heller und kristallklar.

Eine Reise von 2700 Seemeilen geht dem Ende entgegen. So viele Male hat man ihnen das Paradies versprochen, aber Mombasa ist nun tatsächlich die Erfüllung dieses Versprechens. Es ist der schönste Ort, den Mindla je gesehen hat.

Am Kai wimmelt es von britischen Soldaten, die darauf warten, die Flüchtlinge in ihr neues Zuhause zu bringen. Ein Soldat streckt Gad die Hand entgegen, die der kleine Junge mit ernstem Gesicht ergreift und schüttelt.

»Willkommen in Kenia, Ma'am«, sagt der Soldat zu Mindla.

Sie kann nicht anders, sie muss diesen jungen Mann auf die Wange küssen, so wie es schon einige Frauen vor ihr getan haben. »Ein Kuss für den König«, sagt sie mit strahlendem Lächeln zu ihm. »Lang lebe der König!«

»Lang lebe der König!«, gibt er lachend zurück.

Ihr neues Zuhause ist eine Hütte mit Strohdach im Camp Nyabyeya in Masindi, das im Nachbarland Uganda liegt, nicht weit von der Grenze nach Kenia entfernt. Die Siedlung schmiegt sich zwischen dichten Urwald auf der einen Seite und weite Felder, die sich bis zum Lake Albert erstrecken. Der Unterschied zu dem kniehohen Schnee in Tozkoje und dem Wüstensand in Taschkent und Persien ist kaum zu glauben. Es ist, als wären sie wirklich im gelobten Land angekommen.

Mindla fühlt sich in Camp Nyabyeya sofort zu Hause. Es kommt ihr vor wie ein lebendiges polnisches Dorf mitten in Afrika. Zweitausend Polen können hier ihr zerbrochenes Leben zusammensetzen. Denn niemand hier hat nicht unter den Nazis gelitten.

Die erste Welle von Flüchtlingen hat Hunderte von Hütten gebaut, eine Gemeinschaftsküche, eine Schule und einen Tempel. Es gibt sogar eine Bühne, wo sie sich manchmal treffen, um zu singen und zu tanzen oder Filme anzuschauen. Die meisten Menschen hier sprechen polnisch. Mindla empfindet sofort großen Trost, als sie ihre vertraute, warme Muttersprache hört.

Auf den ersten Blick wirken die Lehmhütten grob und einfach, doch innendrin sind sie überraschend komfortabel. Ihr Häuschen hat zwei große Zimmer und einen Küchenbereich, von den Fenstern aus kann man über die Felder blicken, und über den Betten hängen Moskitonetze. Es ist himmlisch!

Auf dem hölzernen Küchentisch liegen Begrüßungsgeschenke der Alliierten: ein Bündel frische Kleidung, ein paar Bücher und ein kleines Radio, das sie mit Nachrichten aus Europa versorgt. So viel Freundlichkeit rührt Mindla zu Tränen. Zum ersten Mal, seit sie zu dieser schrecklichen Reise aufgebrochen sind, gestattet sie sich zu weinen – die Erleichterung, endlich ein Zuhause zu haben, überwältigt sie. Kubush legt ihr die Arme um die Taille. »Wir haben es geschafft«, flüstert er und küsst sie auf die Stirn. »Wir haben es wirklich geschafft.«

Sobald sie sich ein wenig eingerichtet haben, steht eine Ansprache des Lagerkommandanten auf dem Plan. Die Regeln im Lager sind ziemlich einfach, erklärt er, und wenn sich alle daran halten, können sie hier ein glückliches Leben führen.

»Jeder muss für seinen Lebensunterhalt arbeiten«, sagt er. »Wir arbeiten alle auf den Farmen und im Dorf, sodass wir alle zu essen haben.«

Dann beugt er sich herunter und spricht direkt zu den Kindern. »Hört zu, Kinder, das hier ist sehr wichtig«, sagt er und legt den Finger an seine Lippen. »Ihr dürft nie die Tiere stören.« Er wackelt mit dem Zeigefinger. »Nie, nie, niemals! Wenn ihr einen Elefanten sehr, geht ihr ganz ruhig auf Zehenspitzen weg. Kommt ihm nicht zu nahe, auch nicht den Leoparden und Hyänen. Und bitte, liebe Kinder, geht niemals ohne einen Erwachsenen zum See, sonst machen die Krokodile Zahnstocher aus euren Knochen.«

Der Lake Albert ist ein beliebter Badeplatz, vor allem an heißen Sommertagen, aber dort gibt es nicht nur Fische, Vögel und das eine oder andere Flusspferd, sondern auch Nilkrokodile. Der Kommandant erzählt den Kindern eine gruselige Geschichte von einem kleinen Jungen, der sich vom Lager weggeschlichen hat und allein schwimmen gegangen ist. Er wurde nie wieder gesehen. Ob die Geschichte wahr ist? Darauf kommt es nicht an, sie hat auf jeden Fall die gewünschte Wirkung, denn von diesem Moment an halten sich die kleinen Strolche an die Regeln.

Das Lager besteht aus acht kleineren Siedlungen und größeren Dörfern, die durch eine Hauptstraße miteinander verbunden sind. Die Straße trägt den offiziellen Namen »Mach Was Du Willst-Straße«. Familie Horowitz lebt in Monkey Grove, und Mindla findet auch schon bald heraus, warum ihr Dorf den Namen »Affenwäldchen« trägt: Die Straße grenzt an einen kleinen Wald an, in dem jede Menge dieser Tiere leben. Morgens kommen sie zum Küchenfenster und betteln um Küchenabfälle. Wenn sie das Fenster nicht zumacht, sitzen sie auch gern mal in den Schränken oder flüchten unters Bett.

Einige Dorfbewohner finden die Affen sehr lästig, aber Mindla liebt sie heimlich und streichelt sooft sie kann ihr weiches Fell.

»Mangos! Saftige Mangos!«, singt eine Stimme an der Tür. In den zwei Tagen seit ihrer Ankunft haben Mindla und Kubush geradezu überwältigt die Großzügigkeit ihrer Nachbarn genossen. Sie bekommen Gemüse, frische Milch und sogar Fleisch. Zum ersten Abendessen im Lager hat Mindla ein Steak auf dem Teller, so dick, dass sie es fast nicht in den Mund bekommt. Wenn das hier ihre letzte Mahlzeit wäre, könnte sie glücklich sterben.

Kubush öffnet die Tür in der Erwartung, einen der Ugander zu sehen. Doch draußen wartet eine Überraschung auf ihn.

»Warum haben Sie so lange gebraucht, um hier zu landen, Herr Kubush?«, fragt Faivel mit einem breiten Grinsen im Gesicht.

»Faivel! Du Schmock!« Lachend umarmt Kubush den kleinen Mann, dessen Haut schon ganz dunkel ist von der wunderbaren Sonne Afrikas. »Seit wann bist du hier? Komm rein!«

Viele Stunden lang, während der Kaffee in Strömen fließt und ab und zu auch ein Schluck Whisky dazu gereicht wird, holen sie die verlorene Zeit auf. Sie erzählen sich Geschichten von schrecklichem Hunger und schlaflosen Nächten an flohverseuchten Orten, die sie lieber vergessen würden.

Kurz nach ihrem Abschied in Białystok wurde Faivel verhaftet und von den Russen in einen Gulag unweit des Ural deportiert. Im Zuge der Amnestie wurde er freigelassen und ist dann auf einem ähnlichen Weg wie die Horowitz' hierhergekommen, nur eben mit einem früheren Flüchtlingstransport. Doch das ist jetzt zum Glück alles vorbei und die beiden Männer wollen sich nicht lange bei den schweren Zeiten aufhalten. Ihnen ist vollkommen klar, wie viel Glück sie hatten, einfach weil sie noch am Leben sind.

Faivel lebt im nahe gelegenen Camp Koji und arbeitet im örtlichen Krankenhaus, wo er sauber macht und alle möglichen Hilfsarbeiten übernimmt. Er mag die Krankenschwestern gern und sie haben eine Schwäche für ihn.

»Das Leben hier ist gut, Kubush«, sagt er. »Es gibt genug zu essen für alle und man kann Geld verdienen. Demnächst nehme ich dich mal mit auf die Krokodiljagd.«

Er schlägt einen Besuch im Lagertheater vor, sobald sie

sich ein bisschen eingelebt haben. »Der Kinderchor ist wirklich toll, und den Auftritt der Theaterfrauen darfst du auch nicht verpassen«, sagt er. Dann zieht er ein Gesicht, und es sieht so aus, als wäre ihm gerade eine Idee gekommen. »Das Einzige, was hier noch fehlt, ist ein ordentlicher Zirkus«, sagt er und zwinkert Kubush zu.

*

Sie leben sich schnell ein. Gad besucht jeden Tag mit den anderen Kindern die Lagerschule, während Kubush auf einer Farm arbeitet, die Zuckerrohr und Mais anbaut. Mutter Natur hat diesen Teil Afrikas reich gesegnet, die Böden sind gut, und in dem tropischen Klima wächst fast alles. Die Polen bauen auf großen Feldern Mais, Kartoffeln, Möhren und Kohl an. Ihre Felder sind üppig und grün und höchst produktiv, da der Lake Albert genug Wasser liefert. So können sie auch Kühe halten, es gibt also genug Milch und Fleisch.

Mindla genießt das Wetter. Es ist feucht und fast jeden Tag gleich, und selbst der Regen ist warm. Sie liebt diese Vorhersagbarkeit. Allmählich lernt sie ihre Nachbarinnen kennen, alles Frauen in einem ähnlichen Alter wie sie, deren Gespräche sie an ihre Plaudereien mit Jadzia und Eva erinnern. Immer wenn sie jemanden kennenlernt, fragt sie nach Neuigkeiten aus Warschau. Sie hat Geschichten vom Getto und den Todeslagern gehört, aber irgendwie mag sie nicht so recht daran glauben.

Einmal in der Woche geht sie zur Lagerleitung, um zu fragen, ob es Neuankömmlinge gibt, aber vergeblich. Sie betet, dass Papa, Jadzia, Eva und Yakov eines Tages hier landen könnten. Oh, wie würden Yakov die ausgedehnten Felder und der wilde Urwald um sie herum gefallen! Doch ihr Herz rät ihr, nicht zu viel zu hoffen.

»Sie sind alle fort, Mindla, du musst sie vergessen«, sagt Raizel, die ein paar Hütten weiter lebt. Raizel hat in Polen als Näherin gearbeitet und versorgt die anderen Frauen mit Stoff und Schnittmustern. Sie hat Mindla angeboten, ihr ein neues Kleid zu nähen, um ihr gepunktetes Baumwollkleid und die weiße Bluse zu ersetzen, die wirklich schon bessere Zeiten gesehen haben.

Razels Angebot kommt genau zur richtigen Zeit, denn Mindlas Taillenumfang vergrößert sich von Tag zu Tag. Die Übelkeit, die sie schon auf dem Schiff hatte, ist nicht weggegangen, und inzwischen weiß sie auch, warum. Der kleine Maks kommt am 28. Juli 1943 im nahe gelegenen Krankenhaus von Masindi zur Welt. Das Krankenhaus ist ein wahrer Luxus mit seinen weiß gestrichenen Wänden und Linoleumböden, vor allem, wenn man es mit der Geburt von Gad auf dem Küchenboden in der Ulica Muranowska vergleicht. Diesmal stehen Mindla ein Arzt, eine Hebamme und eine Krankenschwester zur Seite. Maks hat genauso feine blonde Haare und große blaue Augen wie sein Bruder. Mit seinen winzigen Fingerchen umklammert er entschlossen Mindlas kleinen Finger. Sie liebt ihn vom ersten Moment an, ebenso wie Kubush, der im Lager mit seinen Freunden kräftig feiert.

In derselben Nacht, in der Maks zur Welt kommt, bombardieren die Alliierten Hamburg und zerstören die Stadt fast vollständig. Es ist ein Wendepunkt im Verlauf des Krieges, und Mindla hält es für ein gutes Omen. Nach so viel Tod und Traurigkeit könnte es doch vielleicht sein, dass ihr Leben jetzt auch eine Wendung zum Besseren nimmt.

Gad freundet sich leicht mit den anderen Kindern im Lager an. Zusammen holen sie jede Menge Kindheit nach. Solange es hell ist, ziehen sie durch die Gegend und benutzen die rostigen Fahrräder, um auch ab und zu in den Wald vorzudringen. Dort stellen sie allen möglichen Unsinn an und holen sich die Kindheit zurück, die Hitler ihnen gestohlen hat.

Aus den biegsamen Lianen lassen sich wunderbare Schaukeln bauen, und mehr als ein kleines Kinderhaus entsteht aus Nägeln und Holzresten, die die Erwachsenen übrig gelassen haben. Niemand nimmt den Kindern ihre Abenteuer übel, solange sie zum Abendessen zu Hause sind.

Doch wenn die Erntezeit kommt, müssen alle mithelfen, auch die Kinder. Dann wird jede Hand gebraucht. Gad geht mit Kubush »zur Arbeit«, fährt auf dem Traktor mit und hilft, die Lastwagen zu be- und entladen. Jeden Tag verschwindet der Schatten des Krieges und des Leidens ein Stückchen mehr aus den Gesichtern der Kinder.

Faivel hatte recht, was das Unterhaltungsangebot im Lager angeht. Der Kinderchor schlägt sich tapfer, und die Frauen, die Dickens rezitieren, leisten gute Arbeit, aber das kann doch noch nicht alles sein! In den Gesichtern der Zuschauer kann man die Langeweile sehen.

Also machen sich Faivel und Kubush an die Arbeit und

proben. Es dauert nicht lange, dann sind sie wieder auf der Höhe ihrer Kunst. Für die Vorstellung brauchen sie eine Genehmigung des Lagerleiters, aber der gibt ihnen sofort seinen Segen und findet, sie sollen so bald wie möglich loslegen. Auch er glaubt, dass sein Magen keine weitere schief gesungene Version von »The White Cliffs« aushalten wird.

Am Abend vor ihrem ersten Auftritt klopfen Kubush und Faivel an viele Türen und sorgen dafür, dass sich die Neuigkeit herumspricht: »Der Zirkus kommt!« So ist es kaum überraschend, dass das kleine Theater bis auf den letzten Platz gefüllt ist, als die Vorstellung beginnt. Die Kinder sitzen auf dem Boden vor der Bühne, die Eltern in den Sitzreihen dahinter, und ein paar Zuschauer müssen sogar stehen. Mindla schaukelt den kleinen Maks, der genüsslich an ihrem kleinen Finger saugt.

Kurz vor Sonnenuntergang geht es los.

Mit lauter Stimme kündigt der Lagerleiter die beiden Künstler an. »Ladies and gentlemen, bitte begrüßen Sie mit mir den Zirkus Nyabyeya!« Er ist vielleicht nicht der geborene Zirkusdirektor, aber er erfüllt seine Aufgabe zur allgemeinen Zufriedenheit.

Kubush und Faivel kommen auf die Bühne gerannt und verbeugen sich. Dann machen sie sich an die ernsthafte Arbeit, die Menschen zum Lachen zu bringen. Kubush hat mit Faivel einige Tricks geteilt, die er in Russland von Karandasch gelernt hat. Ihre Hitler-Imitation ist ein voller Erfolg. Dann greifen sie auf ihre alten Tricks aus dem Zirkus Staniewski zurück, von denen sie wissen, dass sie dem Publikum immer gefallen.

Sie spielen zusammen, als wären sie nie getrennt gewesen. Kubush weiß genau, wie er das Holzbrett schwingen muss, damit es um ein Haar Faivels Kopf verpasst, und sie schaffen es auch noch, ihre Beine synchron zu verdrehen, sodass sie beim Gehen immer mehr mit dem Boden verschmelzen. Sie haben keine Kostüme, und zum Schminken muss ein Tupfer von Mindlas kostbarem Lippenstift auf den Nasen reichen. Aber das macht nichts, die Sprache des Slapsticks wird auch so verstanden. Die wahre Zauberei passiert ohnehin vor der Bühne, denn das ansteckende Lachen der Kinder verbreitet Glück und Freude im gesamten Theater.

Am Ende ihres Auftritts erhalten sie stehende Ovationen. Donnernder Applaus wärmt alle Herzen. Kubush wirft einen Blick auf seinen Sohn Gad, der so begeistert klatscht, als wollten ihm gleich die Hände davonfliegen. Der Anblick rührt ihn fast zu Tränen. Kein Publikum hat ihm jemals mehr bedeutet als sein Sohn. Er dreht sich zu Faivel um, schaut ihm in die Augen, und als sie sich ein letztes Mal verbeugen, tritt ihm Faivel so in die Kniekehlen, dass er umfällt. Natürlich ist das gut geprobt, aber die Kinder quietschen vor Vergnügen. Faivel genießt das Rampenlicht und verbeugt sich immer wieder. Dann muss er um sein Leben rennen, weil Kubush so tut, als würde er ihm wütend nachjagen. Faivels Lächeln hinter dem Vorhang ist breiter, als er es je hätte schminken können.

In der folgenden Woche sind die Kinder Faivel ständig auf den Fersen. Und ihre Mütter, die ihn früher kaum gegrüßt haben, gratulieren ihm zu seiner Vorstellung. Für den Rest seiner Zeit in Masindi ist Faivel mindestens drei Meter groß.

Kapitel 32

1. Mai 1945

Es ist spät an einem Dienstagabend, die Regenzeit hat begonnen. Kubush schläft tief und fest, er ist erschöpft von der Arbeit in der letzten Woche. Rund um die Uhr haben sie geschuftet, um den letzten Mais einzusäen. In den zwei Jahren seit ihrer Ankunft in Afrika haben er und Mindla die Jahreszeiten gut kennengelernt. Wenn auf einmal Dunst in der Luft hängt, dauert es nur noch ein paar Tage, bis der Regen einsetzt. Gestern sind sie mit Säen fertig geworden, keinen Tag zu früh. Am Nachmittag hat es angefangen zu regnen.

Die Nächte sind zwar kühler, doch die stickige Feuchtigkeit will nicht weichen. Mindla versucht zu schlafen, wird aber von den vielen Mücken gestört, die versuchen, in ihr Moskitonetz einzudringen. Sie ärgert sich, dass die Mistviecher ihr die dringend benötigte Ruhe rauben. Maks kann inzwischen laufen und sitzt, anders als sein Bruder Gad, niemals still. Der kräftige kleine Junge ist schnell und braucht ständige Aufmerksamkeit. Außerdem hat sie mit dem neuen Baby alle Hände voll zu tun: Der kleine Henry ist jetzt sechs Monate alt.

Still liegt sie da, lauscht auf den Regen und hofft, das Geräusch könnte sie von den Insekten ablenken, doch sobald sie ruhiger wird, stört sie ein neues Geräusch auf, ein Geschrei und Gejohle. Irgendjemand feiert da! Mindla ist wütend und hofft, der Krach weckt Henry nicht, der in seinem Bettchen gleich neben ihr schlummert.

Eine Autohupe ertönt. Jetzt ist Kubush auch wach. »Was zum Teufel ist da los?«, fragt er und zieht sich die Hose an. »Verdammte Idioten!«

Als der Lärm immer noch nicht nachlässt, geht er zur Tür, um den Störenfrieden kräftig Bescheid zu sagen, doch in dem Moment, als er hinauskommt, fährt ein Auto vorbei und durchdringt mit seinen Scheinwerfern die Dunkelheit.

»Hitler ist tot!«, rufen die Männer. »Hitler ist tot!« Es dauert nur ein paar Minuten, dann ist das gesamte Dorf wach. Ein paar Stunden zuvor hat Admiral Karl Dönitz im »Reichssender Hamburg« den Tod Hitlers verkündet. Die Nachricht hat sich wie ein Lauffeuer in der ganzen Welt verbreitet.

Mindla weiß nicht, ob sie lachen oder weinen soll. Schließlich steht sie einfach im Regen und tut beides. Eine einzelne Stimme beginnt in der Dunkelheit die polnische Nationalhymne zu singen. Einer nach dem anderen treten die Nachbarn auf die Straße und stimmen in den Chor ein, in dem sich Freude und Trauer mischen. Kubush klopft seinen Nachbarn auf den Rücken, die Männer umarmen sich und singen mit ihren tiefen Stimmen das Lied ihres Vaterlandes. Mindla und die Frauen haken sich unter und singen die Oberstimme.

Den Rest der Nacht kommt die Hauptstraße nicht mehr zur Ruhe. Musik erklingt, es wird getanzt, und selbst die müdesten Männer, die tagelang bis zur Erschöpfung auf den Feldern gearbeitet haben, kippen den selbst gebrannten Wodka. Nicht einmal der Regen kann die Stimmung trüben. Zum Glück ist der Mais im Boden, denn morgen früh wäre wohl niemand in der Lage zu arbeiten.

Es ist gar nicht so, dass die Exilpolen auf Hitlers Grab tanzen, obwohl sie dazu alles Recht der Welt hätten. Sie singen für die Seelen all derer, die sie niemals wiedersehen werden. Sie leihen ihre Stimmen den Schwestern und Brüdern, Müttern und Vätern, Töchtern und Söhnen, die die Nazis ihnen geraubt haben.

Mindla schleicht sich davon, sie braucht jetzt Ruhe. Die Nachricht lässt sie an ihre Familie denken, denn sie weiß ja nicht, ob ihr geliebter Papa, ihre Brüder und Schwestern noch leben. Wie durch ein Wunder haben ihre drei Söhne bei all dem Krach weitergeschlafen. Sie betrachtet ihre Gesichter, während sie ihre klatschnassen Kleider auszieht, und staunt darüber, wie engelsgleich sie aussehen, wenn sie schlafen. Dann gibt sie jedem von ihnen einen zarten Gutenachtkuss. Gad und Max teilen sich ein Bett. »Träumt süß«, flüstert sie ihnen zu. Zum ersten Mal seit Jahren weiß sie, dass das nicht nur hohle Worte sind. Von jetzt an müssen ihre Kinder die bösen Hände Hitlers nicht mehr fürchten. Sobald ihr Kopf das Kissen berührt, schläft sie ein. Jetzt kann sie sicher sein, dass dieser furchtbare Krieg bald zu Ende sein wird.

TEIL 3

Nach dem Krieg

Kapitel 33

»Pst, Henry!«, flüstert Gad und legt dem kleinen Bruder seine schwitzige Hand auf den Mund.

Die drei Horowitz-Jungs und ein paar weitere Kinder aus dem Lager kauern hinter einer dünnen Wand auf der einen Seite eines Filmsets und spitzen die Ohren, um nur ja keinen Ton zu verpassen. Keines der Kinder wagt es, ein Wort zu sagen oder sich zu rühren. Nur der kleine Henry kapiert natürlich noch nicht, was hier los ist.

Auf der anderen Seite der dünnen Sperrholzwand ist eine majestätische Kathedrale aus dem 15. Jahrhundert aufgebaut, komplett mit falschen Fresken und nachgemachtem Marmor. Dutzende von Schauspielern und Filmleuten stehen in Position und warten nur noch auf den Regisseur. »Ruhe!«, ruft der Regieassistent. »Er ist da.« Gad drückt Henry die Hand noch etwas fester auf den Mund und wirft ihm einen warnenden Blick zu: Keine Mätzchen jetzt! Nur das Atmen ist zu hören, als der Regieassistent die Klappe fallen lässt und die Kamera anläuft. »Action!«, ruft er.

»Die Toten dürfen den Lebenden keine allzu große Last aufbürden«, ruft der Schauspieler. »Ich glaube, dass alles, selbst der Tod, mir zum Vorteil gereichen kann.«

Die Jungen können den Mann nicht sehen, aber seine Stimme ist unverkennbar. Es dröhnt im Studio, als er seinen Monolog spricht. Gad schließt die Augen und saugt jedes Wort der tiefen, whiskyweichen Stimme auf. Es ist, als würden die Worte in ihm vibrieren.

Gerade einmal fünf Millimeter dünnes Sperrholz trennen die Kinder von Orson Welles, einem der größten Kinostars auf der Welt. Er dreht *In den Klauen des Borgia* hier in der Cinecittà in Italien, in Europas größtem Filmstudio. Von Mussolini erbaut, um Hollywood Konkurrenz zu machen, wird das ausgedehnte Gelände am Stadtrand von Rom derzeit von der Twentieth Century Fox genutzt. Der Film mit Orson Welles und Tyrone Power wird schon sehnsüchtig erwartet.

Doch Cinecittà ist auch das Zuhause von dreitausend zu Tode erschöpften Flüchtlingen, die hier auf die Weiterreise zu ihrem endgültigen Bestimmungsort warten. Im Hangar neben dem Drehort beginnen gerade die Vorbereitungen für Metro-Goldwyn-Mayers großes Historienepos *Quo Vadis*.

Die Kinder sitzen stocksteif da, während Welles seine Figur spielt, den machtgierigen Fürsten Cesare Borgia. Minuten später ist die Szene abgedreht. »Cut!«, ruft der Assistent und lässt die Klappe wieder fallen.

Die Jungen können den Hollywoodstar kurz sehen, als er an ihnen vorbei in seine Garderobe geht. Er kommt ihnen so nahe, dass sie ihn fast anfassen könnten, aber das würde natürlich keiner von ihnen wagen, abgesehen von Henry vielleicht, doch den hält Gad fest.

Noch lange nachdem der Star gegangen ist, sitzen die Kinder da. Sie hoffen, auch noch einen Blick auf die Hauptdarstellerin Wanda Hendrix werfen zu können, doch heute haben sie Pech. Die Schönheit mit den rabenschwarzen Haaren ist bereits fort, aber sie wird morgen wiederkommen, genau wie die begeisterten Kinder, die jede freie Minute in der magischen Kinowelt verbringen.

Mindla und Kubush sind froh, dass sie ihre Söhne auf dem großen Gelände frei herumlaufen lassen können, denn in der Lagerhalle, die zum Schlafsaal umfunktioniert worden ist, könnten sie sie kaum festhalten. Seit sechs Monaten sitzen sie jetzt hier in Cinecittà, im Niemandsland der Verzweifelten und Staatenlosen. Bei Kriegsende wurden die Flüchtlingslager in Afrika geschlossen, und die Familie hat zwar bereits ein Visum für Australien bekommen, doch das Warten scheint endlos zu dauern.

Faivel hat ebenfalls ein Visum ergattert und ist schon weg, zusammen mit ein paar anderen Glücklichen. Gebürgt hat für sie alle ein Metzger in Melbourne, Julius Redlich, dessen Bruder Ernst mit ihnen in Afrika war.

Faivel schreibt ihnen regelmäßig. »Ich warte sehnsüchtig auf euch«, heißt es in einem seiner Briefe. »Ich bin hier sehr glücklich, und das werdet ihr auch sein … In Australien kann man gut leben, ihr könnt euer eigenes Geschäft aufmachen, niemand muss hier schuften bis zur Erschöpfung.«

Doch so glücklich sie über die Briefe sind, jedes Mal wird die Ungeduld größer. Nach Jahren auf der Flucht sehnen sich Mindla und Kubush danach, endlich irgendwo anzukommen. Sie hoffen sehr, dass die Reise nach Australien ihre letzte ist. Als sie in Genua ankamen, rechneten sie mit ein paar Tagen Aufenthalt, bevor sie aufs Schiff nach Melbourne könnten, doch stattdessen fanden sie sich bald darauf wenige Kilometer außerhalb von Rom in diesem provisorischen Lager für sogenannte »displaced persons«, wo dreitausend Menschen auf den Beginn ihres neuen Lebens in Australien, Kanada oder England warten. Und es sieht nicht so aus, als würde es bald weitergehen.

Hundertvierzig Personen hausen mit ihnen in der umfunktionierten Lagerhalle. Sie schlafen auf groben Jutesäcken, die mit Stroh ausgestopft sind, so dicht zusammengedrängt, dass ihre Nasen nur Zentimeter voneinander entfernt sind. Und sämtliche Bewohner dieser Halle müssen sich ein Bad teilen.

Frustriert schickt Kubush einen Brief nach dem anderen an die Leitung der Internationalen Flüchtlingsorganisation. »Wir haben nur dünne Decken, um uns im eiskalten Winter zu wärmen«, schreibt er. »Die Verhältnisse hier sind einfach schrecklich. In mancher Hinsicht sind sie schlimmer als in den russischen Lagern während des Krieges. Der hygienische Zustand der Latrinen spottet jedenfalls allen Standards eines zivilisierten Landes. Es ist eine Schande! Die Toilette wird Tag und Nacht von hundertvierzig Menschen benutzt, und es gibt dort kein Licht. Es gäbe zwar Strom, aber es gibt keine Glühbirnen. Kein Wunder, dass es dort so schmutzig ist.«

Kubush ist auch deshalb so verzweifelt, weil das bisschen Geld, das er in Afrika gespart hat, um damit in Melbourne ein neues Leben zu beginnen, schnell weniger wird. Er muss ja Lebensmittel und Wintersachen für seine Familie kaufen. Viele Menschen um sie herum werden krank.

»Wir gehören nicht hierher, wir sind hier wie Gefangene«, beklagt er sich. »Ich bin sicher, keiner von denen, die uns hier unter den erwähnten Bedingungen hausen lassen, würde auch nur eine Nacht hier verbringen wollen. Ich kämpfte für meine Grundrechte als Mensch! Ich sollte ein freier Mann sein und kann nur an Sie in Ihrer Funktion als Beschützer der Armen und Heimatlosen appellieren und Sie anflehen, alles Menschenmögliche zu tun, um unsere Weiterreise nach Australien so schnell wie möglich in Gang zu setzen.«

Jede Woche stehen sie wieder vor dem Büro der Lagerleitung und warten auf die Transportlisten, die dort ausgehängt werden. Und jede Woche kehren sie enttäuscht in die Lagerhalle zurück. Mindla legt sich dann auf ihren Jutesack und weint. Sie wünscht sich so sehr, dass dieses schreckliche Auf und Ab von Hoffnung und Verzweiflung endlich vorbeigeht!

Endlich, am 1. Februar 1949, geht es voran.

Kubush steht wieder einmal geduldig in der Schlange, um seinen Namen auf der Liste zu suchen. Mindla kommt schon gar nicht mehr mit, sie hat die Hoffnung fast aufgegeben. Als er endlich dran ist, fährt er mit dem Finger über das sorgfältig getippte Dokument.

»Horky, Horodynski, Horoszko«, murmelt er die Namen vor sich hin. »Horowitz! Horowitz! Das bin ich!« Er packt seinen Hut und eilt ins Büro, um die Papiere zu unterschreiben. Dort bekommt er einen Umschlag mit Dokumenten und die kostbaren Schiffskarten, die sie brauchen, um Ende der Woche endlich in See stechen zu können.

Mit größter Sorgfalt steckt er die Papiere in seine Manteltasche und rennt dann zurück in den Schlafsaal, um

Mindla die guten Neuigkeiten zu überbringen. Sie ist gerade dabei, zusammen mit den anderen Frauen die Betten zu machen und die schmutzige Halle zu putzen.

»Wir fahren!«, ruft er und strahlt sie an. »Wir fahren endlich los!«

Am 3. Februar gehen sie an Bord der *Toscana*. Das Schiff kommt ihnen vor wie ein weißes Leuchtfeuer der Hoffnung. Zusammen mit mehr als achthundert anderen fährt Familie Horowitz ans andere Ende der Welt, in ihr neues Zuhause.

Als die Sonne über der Port Phillip Bay aufgeht, sehen Mindla und Kubush zum ersten Mal die Stadt Melbourne. Straßenlaternen leuchten noch in der Dämmerung und am Horizont sind die grauen Schatten der Häuser zu sehen. Ein leichter Wind aus südlicher Richtung erfrischt ihre müden Gesichter. Sie stehen allein an Deck und teilen sich eine Zigarette. Die Jungen schlafen noch unter Deck, und ihre Eltern wollen sie nicht wecken, sondern genießen diesen Moment der Ruhe.

Kubush nimmt Mindla in die Arme und zieht sie fest an sich. Er kann das Salz in ihren Haaren riechen. Es war eine lange Reise von Italien hierher, durch den Suezkanal nach Ägypten, Ceylon und über die sanfte Dünung des Indischen Ozeans nach Freemantle. Dann ging es an der Küste entlang weiter bis nach Melbourne. Mindla wird schon wieder seekrank, wenn sie nur daran zurückdenkt. Im Leben will sie keinen Fuß mehr auf ein Schiff setzen.

»Wir schauen nicht zurück«, flüstert Kubush seiner Frau zu, die ungewöhnlich still ist. »Es bringt nichts, Dinge zu betrauern, an denen wir nichts ändern können.« Sie nickt zustimmend.

Es ist der 14. März 1949, Labour Day im australischen Bundesstaat Victoria. Die *Toscana* fährt durch die Bucht. Am Vormittag legt das ehemalige Lazarettschiff am Station Pier an. Während Kubush sich um das Gepäck kümmert, sammelt Mindla ihre Söhne ein und schaut noch einmal nach, ob sie auch nichts vergessen haben.

Als sie von Bord gehen, tragen sie die besten italienischen Kleider, die sie mit ihrem bisschen Geld kaufen konnten. »Es gibt keine zweite Chance für den ersten Eindruck«, hat Kubush zu seinen Söhnen gesagt. Auf dem Weg zum Taxi kauft er sich eine Zeitung. Er spricht und liest nicht nur Polnisch, Russisch und Litauisch, sondern auch Englisch, er kann ganz gut Deutsch und hat in Afrika auch ordentlich Suaheli gelernt, doch mit dem fremden australischen Akzent hat er noch Mühe. Es ist kein britisches und auch kein amerikanisches Englisch, sondern irgendwas dazwischen. Er wird sich anstrengen müssen, das zu lernen.

Die Zeitung unter dem Arm und das Wechselgeld in der Tasche, will er gerade weitergehen, aber Gad steht mit weit aufgerissenen Augen neben ihm und verschlingt mit seinen Blicken ein Plakat, das Werbung für Eis macht.

»Papa, krieg ich ein Peters?«, fragt er.

Nachdem der kühle Morgen sich in einen ungewöhnlich warmen Herbsttag verwandelt hat und Kubush in Feierlaune ist, dreht er sich noch mal um, zeigt auf das Plakat und hebt drei Finger. Der Verkäufer nickt und lächelt ihn an.

Gad leckt das köstliche Vanilleeis sorgfältig auf, bis der letzte Tropfen verschwunden ist. »Etwas Besseres habe ich noch nie gegessen«, sagt er.

Henry und Maks nicken zustimmend und beeilen sich, ihr Eis zu verspeisen, bevor es schmilzt. Ihre Finger sind schon ganz klebrig – wunderbar! Alle lachen, und Mindla sucht in ihrer Handtasche nach einem Papiertuch, um die Kinder wieder sauber zu machen. Kubush wirft einen Blick auf die *Sun*, während sie auf ihr Taxi warten. »Der König von England ist am Bein operiert worden«, sagt er zu Mindla. »Er liegt im Krankenhaus.« Mindla nickt und freut sich um jede Nachricht aus Europa.

»Der Krieg hat uns allen viel abverlangt«, sagt sie.

Kubush überfliegt die restlichen Überschriften und stellt fest, dass die Australier sich wohl mehr für das Pferderennen auf der Rennbahn von Flemington interessieren als für die Gesundheit des Königs. Eine dreijährige Stute namens Lady Pirouette wird als Favoritin gehandelt. Kubush blättert weiter, sucht die Stellenanzeigen und merkt sich, dass es bei Roger David doppelreihige Jacketts gibt und Hemden bei Pelaco.

Als die Kinder gerade mit ihrem Eis fertig sind, kommt das Taxi. Bis Kubush ihr Gepäck im Kofferraum verstaut hat, sind die Finger und Gesichter der Jungs wieder sauber, und sie können endlich in ihr neues Zuhause fahren, die Beaconsfield Parade hinunter und über die Esplanade und durch St. Kilda.

»Schau mal!«, quietscht Henry, als sie sich dem großen Tor des Luna Parks nähern. Die Jungen drücken ihre Gesichter ans Fenster und schauen fasziniert auf die Kurven der hölzernen Achterbahn.

»Da ist ein riesengroßer Clown, Papa!«, ruft Gad. »Papa, können wir da hingehen? Bitte!«

»Heute nicht, aber sicher demnächst«, verspricht Kubush.

Ein paar Minuten später kommen sie in der Worthing Road 29 in Highett an. Das Taxi hält vor einem hübschen Haus aus roten Ziegeln mit einem gepflegten Vorgarten und ausgedehntem Hinterhof. Der Hinterhof ist ein bisschen überwuchert und braucht Pflege, aber Mindla denkt schon an einen Gemüsegarten und vielleicht ein Hühnergehege, um den Platz optimal zu nutzen.

»Willkommen zu Hause, Jungs«, sagt Kubush. Die drei ziehen Schuhe und Socken aus und springen durch das wadenhohe Gras.

Mindla setzt sich auf die Vordertreppe und zündet sich eine Zigarette an, während sie ihre Söhne beobachtet. Sie zieht ihren Mantel und ihre Strickjacke aus und lässt sich von der Sonne wärmen. Ein Lächeln zieht über ihr Gesicht, als sie sieht, wie die Jungen ein paar Grasbüschel ausreißen und sich damit bewerfen.

Irgendwo zwischen dem Suezkanal und dem Roten Meer ist sie dreißig geworden, aber sie fühlt sich viel älter. Ihr gesamtes Erwachsenenleben hat sie auf der Flucht verbracht, konnte nie Wurzeln schlagen oder irgendwo Fuß fassen. Sie musste ständig auf der Hut sein. Aber jetzt ist sie zu Hause. Australien hat sie mit offenen Armen aufgenommen und dazu eingeladen, ein neues Leben zu beginnen. Nie mehr weglaufen, nie mehr verstecken. Sie denkt an Warschau und an ihre geliebte Mama. Chana Levin hätte sich nie auch nur vorstellen können, in so einem schönen Haus zu leben.

Mindla erinnert sich an jede Falte im Gesicht ihrer Mutter, an den Mehlstaub auf ihren feinen Händen, den Duft von Brot in ihrem Backofen. Es tut schrecklich weh, wenn sie an ihre Familie denkt. Doch sie muss die Bilder tief in ihrem Herzen bewahren. Sie muss die Gesichter in ihrem Unterbewusstsein verstecken, sonst macht die Traurigkeit sie kaputt. Wenn sie es zulässt, dass sie immer wieder auftauchen, werden Finsternis und Verzweiflung ihre Seele verschlingen, und der Hass wird ihr Blut vergiften. Kubush hat recht: Es bringt nichts, zurückzublicken.

Ein Quietschen holt sie zurück in ihren Vorgarten mitten in Melbourne, diese Stadt mit den hübschen Gärten und dem grünen Gras, den breiten Straßen und lustigen Straßenbahnen und schönen Stränden und Eis für die Kinder. Was sie da hört, ist Gelächter. Maks hat seinem kleinen Bruder eine Schnecke ins Gesicht geworfen.

Sie drückt die Zigarette aus und geht ins Haus, um die Betten zu machen und ihre wenigen Habseligkeiten auszupacken.

Kapitel 34

Mindla hört den Kessel gar nicht, der auf dem Herd pfeift. Der Dampf steigt zur Decke auf, aber sie ist so fasziniert von dem kleinen Mädchen, das vor ihr steht, dass sie nichts davon mitbekommt.

Jadzia, ihre Schwester, die sie so sehr vermisst hat, ist soeben mit Mann und Tochter in Australien gelandet. Kaum zu glauben, dass sie jetzt hier in Mindlas Küche steht. Doch noch unbegreiflicher ist, dass das Kind und der Mann in ihrer Begleitung nicht ihre Warschauer Familie sind. Die beiden sind Mindla vollkommen fremd.

»Der Kessel!«, ruft Jadzia, und die beiden Schwestern kichern über Mindlas Vergesslichkeit. Mindla schiebt eine Tasse Kaffee über die laminierte Tischplatte und greift nach der Hand ihrer Schwester. Sie kann gar nicht aufhören, sie anzusehen, es ist, als säße ein Gespenst in ihrer Küche. Sie streckt die Arme aus, sie umarmen sich noch einmal. Das tun sie schon die ganze Zeit, immer wieder, seit Jadzias Schiff heute früh angelegt hat.

»Hanna, Schätzchen, lauf doch mal ein bisschen raus in den Garten und spiel mit Henry«, sagt Jadzia leise, doch ihre schüchterne Kleine mag ihr noch nicht von der Seite weichen. Kein Wunder, sie sind ja gerade erst angekommen, nach einer langen Schiffsreise, und jetzt sitzen sie in einem fremden Haus mit lauter fremden Menschen.

Mindla weiß, die Schüchternheit wird sich legen. Und sie haben ja alle Zeit der Welt.

»Wie schön, ein kleines Mädchen im Haus zu haben«, sagt sie und schaut Hannas braune Zöpfe und ihre großen blauen Augen an. Sie muss sich zusammenreißen, dass sie der Kleinen nicht in die rosigen Wangen kneift. »Sie sieht aus wie Mama«, sagt sie.

Die Vormittagssonne strömt durchs Küchenfenster herein und beleuchtet jede Falte im Gesicht der Schwestern. Neun Jahre lang haben sie sich nicht mehr gesehen. Neun Jahre und ein ganzes Leben lang. Die Tragödie, die sie erlebt haben, hat sie vorzeitig altern lassen, doch Mindla sieht das vertraute Funkeln in Jadzias mandelförmigen Augen. Sie war total verwirrt, als der Brief von der Internationalen Flüchtlingsorganisation kam, in dem es hieß, Jadzia sei am Leben und wolle nach Australien kommen. Und ob Mindla für sie bürgen würde. Was für eine Frage, natürlich! Mindla ließ alles stehen und liegen und rannte zur Post, um telegrafisch zu antworten. Seitdem zählte sie die Tage. Und jetzt ist Jadzia endlich da.

Der Kaffee wird kalt, als Mindla Mehl aus einer großen Blechdose auf den Tisch schüttet und zwei Hügel bildet. Jadzia schlägt ein Ei in ihren und fängt an, Mehl und Ei zusammenzukneten. Sie werden kochen und reden und ihre Geheimnisse am Küchentisch teilen, so wie sie es auch in Warschau getan haben.

»Als ich die Pfeife hörte, wusste ich Bescheid«, sagt Jadzia. In Hannas Gegenwart wählt sie ihre Worte vorsichtig. Mindla weiß, dass ihre arme Schwester die Szene tausendmal in ihrem Kopf nachgespielt hat. »Ich hätte nicht so früh losgehen dürfen«, sagt Jadzia und schüttelt den Kopf. »Das werde ich mir nie verzeihen.«

»Henry, zeig doch Hanna mal die Hühner und hol mir ein paar Eier«, sagt Mindla und schiebt die beiden Kinder sanft zur Hintertür hinaus. Als sie die beiden draußen lachen hören, entspannen sich Jadzias Schultern, und sie fängt an, Schicht für Schicht von ihrer Trauer abzulegen.

»Als ich wach wurde, war der Vorratsschrank fast leer, und ich war dran mit meiner Lebensmittelkarte«, erzählt sie. »Also bin ich los, um vielleicht irgendwo ein bisschen Ersatzkaffee und Brot zu kriegen, solange Siva noch schlief. Ich hatte solchen Hunger, dass ich nicht klar denken konnte. Mir ist nicht mal aufgefallen, dass die Straße leer war. Ich bin in die Ulica Nalewski abgebogen und hoffte irgendwie, ich wäre früh genug dran. Erst da habe ich hochgesehen.«

Jadzia schaudert, als sie weiterredet, während sie ihr Leben in den Pierogiteig hineinknetet.

»Da war diese Frau auf der Ladefläche des Viehlasters«, sagt sie. »Und ich wusste sofort, ich bin in Gefahr. Also habe ich auf dem Absatz kehrtgemacht und gebetet, dass sie mich nicht gesehen hatten. Aber es war zu spät. Der Soldat brüllte hinter mir her, packte mich am Arm und rammte mir seinen Gewehrlauf in die Rippen. Ich flehte ihn an, mich loszulassen, und sagte, es sei ein Missverständnis. ›Ich wohne gar nicht hier‹, habe ich zu ihm gesagt. ›Ich wohne in der Ulica Muranowska. Ich habe Papiere. Ich will nur etwas zu essen kaufen, für mein Kind.‹ Doch das interessierte ihn gar nicht. Er war auf der Jagd nach Juden, und da kam ich gerade recht. Also hat er mich auf die Ladefläche des Lasters geschleudert wie eine Lumpenpuppe und wenig später waren wir schon in Skarzysko-Kamienna. Dort haben wir Tag und Nacht in der Fabrik der Nazis geschuftet und ihre dreckigen Bomben und Geschütze gebaut.«

Jadzia kommen die Tränen. »Einen Mann haben sie erschossen, als er direkt neben mir stand«, erzählt sie Mindla. »Die SS hat ständig die Fabrik durchgekämmt und willkürlich Arbeiter erschossen, die die Quote nicht schafften. Dabei konnte man so viel Munition, wie sie verlangten, gar nicht fertigen. Ich habe das Blut dieses Mannes in meinen Haaren gespürt. Ich weiß nicht mal, wie er hieß.«

Sie unterdrückt ein Schluchzen, dann fährt sie fort. »Meine Finger haben fast jeden Tag geblutet, aber ich wusste ja, ich muss weitermachen. Wir waren so hungrig! Wenn wir Glück hatten, bekamen wir morgens ein Stück verschimmeltes Brot und eine Tasse schwarzen Kaffee. Na ja, eher Spülwasser. Die Nazis mit ihrem Spruch, Arbeit macht frei … Ich habe gehofft, wenn ich wirklich hart arbeitete, würden sie mich vielleicht früher nach Hause schicken, zu Avraham und Siva. Aber das war natürlich alles gelogen. Als Skarzysko-Kamienna aufgelöst wurde, brachten sie mich an einen ebenso schrecklichen Ort, die Munitionsfabrik bei Czestochowa. Dabei hatte ich wohl noch Glück, denn diejenigen, die nicht auf die Liste für Czestochowa kamen, wurden entweder gleich erschossen oder nach Auschwitz gebracht. Ein paar arme Seelen mussten dableiben und die verwesenden Leichen derer ausgraben, die schon ermordet worden waren. Die wurden dann verbrannt.«

Sie schüttelt den Kopf bei dem Gedanken an all die Schrecken. »Diese Leute wurden dann auch ermordet, damit sie nichts verraten konnten. Ich bin dann weitergekommen nach Bergen-Belsen und von dort aus nach Türkheim, ein Außenlager von Dachau. Da haben sie mir den Kopf rasiert, und von da an war ich nicht mehr Frau Jadzia Ksiazenicer, geborene Levin, Ehefrau von Avraham und Mutter von Siva, sondern schlicht und einfach Häftling Nummer 143838. Ein namenloses Bündel Haut und Knochen. Sie konnten mir nichts mehr wegnehmen.«

Der Gedanke an Avraham und Siva ist zu viel für sie. »Sie sind weg, alle weg!«, schluchzt sie.

Jetzt weint Mindla auch, als sie ihre Schwester umarmt. »Es ist nicht deine Schuld, Jadzia. Es ist nicht deine Schuld. Wie gut, dass du Samuel getroffen hast.«

Jadzia wischt sich die Tränen ab und drückt dankbar Mindlas Arm. Dann kehrt sie zu dem weichen Teig zurück und schlägt mit dem Handrücken auf ihn ein, schiebt ihn vor und zurück. Die Ablenkung tut ihr gut. »Wir haben in derselben Arbeitskolonne Bäume abgeerntet«, sagt sie, schluckt ihre Trauer hinunter und wechselt das Thema. »Er ist mir aufgefallen, weil er noch ziemlich robust aussah. Die anderen Männer waren ja auch nur noch Haut und Knochen. Ich fragte mich, wie er es geschafft hat, so kräftig zu bleiben, denn er arbeitete schwerer als alle anderen. Oft sah ich, dass er eine mickrige Brotration mit jemandem teilte. Und das, obwohl er wusste, dass die Deutschen ihm den Rest auch noch wegnehmen würden, wenn sie ihn erwischten. Wenn die Wachen gerade nicht hinschauten, erzählten wir uns, was bisher passiert war. Samuel war vor dem Krieg ein sehr erfolgreicher Geschäftsmann, er hatte eine Kleiderfabrik in Łódź. Er hat das Getto dort überlebt, dann Auschwitz und Sachsenhausen und kam irgendwann nach Dachau. In den Monaten, die wir zusammen arbeiteten, erzählte er mir, dass auch er einen schrecklichen Verlust erlitten hatte. Seine Frau Esther und seine beiden Töchter Monika und Lea sind in den Gaskammern von Chełmno ermordet worden. Am Anfang waren es unsere Verluste, die uns miteinander verbanden, aber irgendwie wurde Liebe daraus. Bei Samuel fühlte ich mich sicher. Sein Optimismus zog mich an, er schien so sicher, dass es eine Zukunft geben würde, und er hatte dieses ansteckende Lächeln. Wir redeten immer darüber, was wir tun würden, sobald wir rauskämen. Wir zweifelten nie daran. Alberne Träume waren das, aber sie halfen uns durch die langen Arbeitstage. Dabei glaubte ich nicht wirklich, dass wir überleben würden. Im Lager roch es nach Tod und Krankheit, auch wenn wir kaum noch etwas davon wahrnahmen. Als die Amerikaner kamen, sagten sie uns, man habe den Verwesungsgeruch meilenweit gerochen. Stell dir das mal vor, Mindla, dass man sich so sehr an den Tod gewöhnen kann. So sehr, dass man ihn nicht mal mehr riecht. Als wir befreit wurden, schworen wir uns, dieser Ort würde uns nicht zerstören. Wir versprachen uns, ein neues gemeinsames Leben aufzubauen, für uns und für die Menschen, die wir liebten und verloren hatten. Wir feierten die Befreiung, indem wir heirateten, und indem wir das taten, sorgten wir dafür, dass die Nazis uns nicht auch noch unsere Zukunft rauben konnten.«

Ein flüchtiges Lächeln zieht über Jadzias Gesicht. »Hanna hat die Liebe und das Glück in unsere Herzen zurückgebracht«, sagt sie. »Und dann haben wir dich gefunden, Mindla, die Einzige, die noch übrig ist. Es ist ein Wunder.«

Mindla nickt. »Ja, es ist ein Wunder, du meine liebe Schwester!« Sie umarmt Jadzia wieder, bis die beiden ganz mit Mehl bestäubt sind. Jadzia flüstert ihr zu: »Und jetzt wollen wir nie mehr von der Vergangenheit reden.«

*

»Was ist denn hier passiert?«, fragt Kubush mit einem Grinsen im Gesicht, als er aus der Fabrik kommt und überall die Pierogi liegen sieht. »Ein Festmahl! Da können wir ja ein Jahr lang Pierogi essen. Vielleicht solltet ihr beiden ein Restaurant aufmachen.«

Eine seltsame Geruchsmischung von geschmortem Kohl und Zigaretten weht durchs Haus. Mindla schaut auf die Uhr, es ist schon fast halb sechs. Sie haben so viel geredet, dass sie die Zeit ganz vergessen haben.

Samuel kommt kurz nach Kubush. Er hat den Tag damit zugebracht, Wohnungen anzuschauen. Könnte sein, dass er etwas Passendes gefunden hat, die Wohnung liegt in der Inkerman Street in St. Kilda, zwei Schlafzimmer und eine kleine Küche. Die Wohnung liegt nicht weit von der Port Phillip Bay entfernt, ganz in der Nähe des Vergnügungsparks mit dem Riesenclown. Hanna hat ihn auf der Fahrt zum Haus der Horowitz' schon erspäht. Kubush und Mindla haben ihnen großzügig angeboten, bei ihnen zu wohnen, bis sie selbst etwas gefunden haben, und Samuel ist ihnen dafür auch sehr dankbar, aber sie müssen so schnell wie möglich etwas Eigenes finden.

Mindla und Jadzia nehmen die mehlbestäubten Schürzen ab und klopfen sich ab. In einer Pfanne brutzelt die Butter, mit der die Pierogi angebraten werden sollen. Daneben köchelt die Hühnersuppe im großen Topf.

Mindla schlachtet nicht gern, aber das Wiedersehen mit Jadzia verlangt nach einem besonderen Essen. Der kleine Henry war entsetzt, als er mit ansah, wie sein Vater gestern einem der Hühner den Kopf abgeschlagen hat. In der ganzen Nachbarschaft war sein Schrei zu hören, als das kopflose Huhn auf ihn zugelaufen kam.

»Möchte jemand einen Schluck Whisky?«, fragt Kubush und schenkt ihnen allen ein, ohne die Antwort abzuwarten. »Auf das Leben«, sagt er.

»Auf das Leben«, erwidern die anderen.

Beim Essen fährt Kubush alle seine alten Tricks auf, um das Herz der kleinen Hanna zu gewinnen. Er beginnt mit albernen Gesichtern, lässt dann Besteck verschwinden und zieht eine Münze hinter ihrem Ohr hervor, aber sie bleibt unbeeindruckt.

Dann muss er sich eben mehr anstrengen. Kubush schiebt seinen Stuhl zurück und tut so, als ginge er zum Spülbecken, und in Sekundenschnelle verwandeln sich seine Beine in Gelee, wackeln und zucken und wabbeln wie Gummibänder. Als er fast im Boden versunken ist, springt er hoch und steht wieder stocksteif da.

Da plötzlich fängt die Kleine an zu lachen, und ihr ansteckendes Kichern umfasst den ganzen Tisch. Die Jungen haben den Trick schon hundert Mal gesehen, aber Hannas Reaktion gefällt ihnen allen so gut, dass sie mitlachen müssen. Und je mehr sie lacht, desto lauter lachen alle anderen.

»Noch mal!«, fordert sie. Kubush lächelt zufrieden. Nicht nur, weil es nichts Schöneres gibt als Kinderlachen, sondern weil es ihm nach all den Jahren immer noch gelingt, Kinder zum Lachen zu bringen.

In den folgenden Jahren arbeiten Kubush und Mindla schwer. Morgens gehen sie zur Arbeit in der Fabrik, nähen Schulterpolster in Herrenanzüge, fertigen Metallknöpfe oder färben Wolle. Kubush fährt eine Zeit lang auch Taxi. Allmählich kommt so genug Geld zusammen, um ein eigenes Geschäft aufzumachen. Und so werden sie die stolzen Besitzer einer Milchbar an der Ecke Highett und Bluff Road im Vorort Hampton. Mindla genießt es, hinter der Theke zu stehen, und Gad hilft mit.

Sie alle sind der Ansicht, dass Kubush mit seinem begrenzten Englisch besser hinter den Kulissen arbeitet, nachdem er einem Kunden, der Cornflakes bestellte, ein Röhrchen Kopfwehtabletten brachte.

Doch mit harter Arbeit und Sparsamkeit gelingt es ihnen, weitere Filialen in St. Kilda East, Armadale und Ringwood aufzumachen. Die Milchbars sind ein großer Erfolg, doch in Kubushs Seele bleibt eine gewisse Unruhe, als hätte er mit einer Sache noch nicht abgeschlossen.

An den Wochenenden in der Synagoge oder bei Abendeinladungen, Bar-Mizwas oder Kindergeburtstagen kommen die alten Gewohnheiten durch. Faivel und Kubush können es nicht lassen, eine kleine Vorführung zu geben. Mit Zaubertricks und Grimassen bringen die beiden Clowns die Menschen zum Lachen. Es juckt sie einfach, sie brauchen das. Und als Kubush in der Zeitung eine Anzeige für ein Casting beim Fernsehen liest, überkommt ihn die Neugier.

Kapitel 35

Mindla lehnt sich gegen einen hölzernen Hocker im Bade-
zimmer. Als sie die Asche ihrer Zigarette ins Waschbecken
schnippen wird, sieht sie, dass der rote Nagellack an einem
ihrer Finger abgeblättert ist.

»Klutz!«, schimpft sie, greift um Kubush herum in den
Schrank und sucht nach der kleinen Flasche, um den Scha-
den auszubessern.

»Wie findest du es?«, fragt Kubush.

Sie lehnt sich wieder gegen den Hocker, um ihn ganz sehen zu können.

»Dreh dich mal, damit ich die andere Seite sehe«, sagt
sie.

Er dreht sich, und sie studiert jeden Millimeter, um un-
gleichmäßige Stellen zu entdecken. Sie liebt es immer noch,
ihm beim Schminken zuzusehen, die Art, wie er sich in der
Verwandlung verliert, wie er ein bisschen die Brauen zu-
sammenzieht, wenn er sich auf jeden kleinen Strich konzentriert.

»Du siehst aus … wie ein Clown«, sagt sie grinsend.

Kubush überlässt nichts dem Zufall. Er ist mit dem Zug in
die Stadt gefahren und hat sich im Kaufhaus die teuerste
Schminke gekauft, die er kriegen konnte: Mehron, eine
amerikanische Marke, die alle berühmten Entertainer be-

nutzen. Wenn Mindla wüsste, was die Dose gekostet hat, würde sie ihn umbringen.

Die weiße Masse lässt sich gut auf dem Gesicht verteilen, auch wenn sein markantes Kinn mit den Jahren etwas weicher geworden ist. Auch die Hängebäckchen muss er ein bisschen kaschieren. Mit neunundvierzig hat man nicht mehr die glatte Haut wie früher, und die Schminke setzt sich auch in den Fältchen um seine Augen fest, aber er tupft mit der Fingerspitze alles glatt. Seine blauen Augen jedenfalls funkeln noch wie damals, als er Mindla von der Straße rettete, nachdem sie auf dem Kopfsteinpflaster mit dem Fuß umgeknickt war.

Das mit dem Schminken hat er so oft gemacht, er könnte das auch im Schlaf erledigen. Aber es ist lange her, dass er sich so stark konzentriert hat, um nur ja keinen Fehler zu machen. Jetzt stäubt er noch ein bisschen Talkumpuder darüber, um die Schminke zu fixieren, dann gibt er auch noch ein bisschen Puder auf seinen Kopf, damit die Perücke leichter über die Haut gleitet.

»Die Glatzenperücke brauchst du bald nicht mehr«, lacht Mindla. Ja, es stimmt, seine Haare sind oben auf dem Kopf dünn geworden, aber an den Seiten gibt es noch blonde Locken, die er unter der hautfarbenen Gummiglatze versteckt.

Mindla tupft sich etwas Nagellack auf die schadhafte Stelle. Ein letzter Blick in den Spiegel, dann geht sie hinaus. Die Haare hat sie aus der Stirn gekämmt und mit Haarspray fixiert, der rote Lippenstift passt zum Nagellack, und sie trägt das dunkelblaue Kleid, das sie sich anlässlich Henrys Bar-Mizwa gekauft hat. Jetzt hängt es schon ein paar Jahre im Schrank, aber der flache Ausschnitt und der Faltenrock sind zeitlos und kommen nicht aus der Mode.

Sie steckt sich noch eine Zigarette in die Handtasche und klippt die goldenen Ohrringe an, bevor sie das Haus verlässt. Kubush trägt einen schicken braunen Anzug mit offenem Hemd, damit der Kragen nicht an die Schminke kommt. Sein Kostüm liegt auf dem Rücksitz des Autos, er kann damit nicht gut fahren. Sie werden rechtzeitig vor dem Casting dort sein, damit er sich noch umziehen kann.

Als sie im Studiogebäude von GTV-9 in der Bendigo Street im Stadtteil Richmond ankommen, machen sich schon ein Dutzend Kandidaten im Warteraum vor Studio neun fertig. Ein Mann mit Akkordeon begleitet einen kleinen Kinderchor, ein älterer Kerl im Hillbilly-Kostüm und mit Strohhut hat seine Gitarre mitgebracht. Ein junger Clown fummelt an einem Wägelchen herum, auf dem etwas aufgebaut ist, das wie ein Chemiebaukasten aussieht. Jongleure und Tänzerinnen machen sich warm. Kubush ist deutlich älter als alle anderen, die hier vorsprechen.

Und sie sind ohnehin schon eine kleine, glückliche Auswahl. Hunderte Menschen haben sich für das Casting der *Tarax Show* beworben, doch nur wenige bekommen eine Chance.

Ein Mann mit Klemmbrett öffnet die Tür. »Herr Michael Horowitz«, ruft er. »Michael Horowitz.« Kubush nennt sich oft Michael, weil dieser Name den meisten Australiern leichter von der Zunge geht. Michael geht immer.

Er hält sein Kostüm in der Taille fest, als er aufsteht. Seine rot-weiß karierte Jacke spannt sich über den breiten Reif, den er sich um die Taille gelegt hat, damit er rund und gemütlich aussieht. Auf dem Kopf trägt er einen kleinen roten Filzhut, an den Händen übergroße Handschuhe. Und natürlich seine riesigen Schuhe. Alles ist total übertrieben.

»Toitoitoi!«, sagt Mindla. Sie küsst ihn nicht, um die Schminke nicht zu verschmieren.

Kubush betritt das Studio, wo zwei Männer allein auf Klappsesseln sitzen. Sie haben Notizbücher auf dem Schoß. Kubush erkennt Ron Blaskett, den Bauchredner, der in der *Tarax Show* mit seiner Puppe Gerry Gee auftritt. Der andere Mann stellt sich als der Produzent der Show vor, Ernie Carroll.

Das Studio erinnert Kubush an Cinecittà. Es ist riesig, ausgeschaltete Scheinwerfer hängen kalt an der Decke, als warteten sie darauf, dass das Studio zum Leben erwacht. Ein paar Kameras stehen in Position für die nächste Aufzeichnung. Am anderen Ende des Raums befinden sich die Bänke, auf denen Dutzende Kinder, die eine der begehrten Eintrittskarten für die Show ergattert haben, dicht gedrängt sitzen. Sie bilden das Livepublikum; die Wartezeit für die Karten beträgt mehr als ein Jahr.

Jeden Nachmittag um Viertel nach fünf hören die Kinder von Melbourne auf zu spielen und setzen sich vor den Fernseher, um auf GTV-9 die *Tarax Show* anzusehen. Die Titelmusik erklingt unwiderstehlich durch die Straßen und Vororte: Lass alles liegen und stehen und lauf los, die anderen sitzen schon mit gewaschenen Händen und Gesichtern vor dem Gerät.

»Onkel Norman ist schon hier,
bringt jede Menge Freude dir,
pass nur auf, bald geht's dir fein
die *Tarax Show* läuft auf Kanal neun.«

Die Stars der Show sind allgemein bekannt und in aller Munde: Onkel Norman; King Corky, King of the Kids; Ron Blaskett und Gerry Gee; Joffa Boy. Und dann gibt es da noch ein junges Sternchen namens Patti McGrath. Mindla kauft die »erfrischende Tarax-Limonade«, weil die blonde junge Frau sie so überzeugend anpreist. Einige Künstler aus der *Tarax Show* treten auch in der sehr beliebten Abendshow *In Melbourne Tonight* auf, wo die Megastars Graham Kennedy und Bert Newton die Bühne beherrschen. Diese Show wird später am Abend aus dem gleichen Studio übertragen.

Kubush verliert keine Zeit, sondern macht sich an die Arbeit. Er streckt die Hand aus, um Ernie Carroll zu begrüßen, und sobald er die Finger des mächtigen Produzenten erfasst hat, springt seine rote Haarlocke hoch. Ein alter, aber immer wieder beliebter Trick – Ernie und Ron müssen beide lachen.

Er weiß, dass sie jede seiner Bewegungen beobachten, und ist ziemlich aufgeregt. Wenn er Menschen zum Lachen bringen kann, fühlt er sich lebendig. Unter der Schminke und dem schweren Kostüm ist er einfach zu Hause.

Nach ein paar Minuten unterbricht ihn Ernie Carroll. »Danke, Michael, das genügt uns«, sagt er. Kubush ist sehr enttäuscht. Er hat doch erst zwei oder drei seiner Tricks vorgeführt und höchstens ein wenig an der Oberfläche gekratzt!

Doch die beiden mächtigen Männer vor ihm schauen sich an und tauschen wortlos ihre Meinungen aus. Dann nickt Ernie Caroll und sagt: »Gratuliere, Michael, Sie sind engagiert.«

Kubush hat das Gefühl, als würde das gesamte Blut aus seinem Kopf in die Füße rauschen. Er kann sich kaum aufrecht halten und ist kurz davor, in Ohnmacht zu fallen. Aber er reißt sich zusammen und hört auf jedes Wort, das sie sagen.

Ernie Carroll erklärt ihm, dass sie bereits beim Hereinkommen an Kubushs Schminke und Kostüm den Profi erkannt haben. Sein Auftritt ist altmodisch, aber sehr unterhaltsam, und über seine Tricks lachen die Menschen auch heute noch. Schließlich – wer liebt nicht Abbott und Costello?

Ron Blaskett sagt, er habe noch nie eine Vorstellung wie diese gesehen.

Kubush schüttelt ihnen begeistert die Hände. »Vielen, vielen Dank«, sagt er. »Ich werde Sie nicht enttäuschen.« Als er das Studio verlässt, führt er noch mal seinen Trick mit den Gummibeinen vor und wobbelt zur Tür hinaus. Er kann es einfach nicht lassen.

Mindla steht im Warteraum und zieht nervös an ihrer Zigarette, als sie ihn kommen sieht.

»Und?«, fragt sie. »Das ging ja schnell.«

Kubush sagt kein Wort, nickt nur und nimmt ihre Hand, als sie zum Parkplatz gehen.

»Fanden sie dich zu alt?«, fragt Mindla. »Oder lag es am Kostüm? Vielleicht sollten wir dir ein neues …«

Bei jedem Schritt denkt sie sich einen neuen Grund aus, warum Kubush abgelehnt wurde, und er sagt nichts, bis sie weit genug von den anderen Kandidaten entfernt sind. Dann dreht er sich zu ihr um, mit einem Grinsen so breit wie der Eingang zum Luna Park.

»Ich komme ins Fernsehen!«, sagt er und drückt ihr einen dicken Schminkekuss auf die Lippen. Es ist der glücklichste Tag seines Lebens.

An diesem Abend wird gefeiert. Mindla bringt Ochsenbrust und Kartoffellatkes auf den Tisch und Faivel kommt als Ehrengast dazu. Sie spülen das Essen mit ein paar Gläsern Seppeltsfield-Wein hinunter und stoßen auf Australien an – das beste Land der Welt.

Und so geht es weiter mit Trinksprüchen auf das Fernsehen, die größte Erfindung aller Zeiten, abgesehen von Coca-Cola; auf den Zirkus, o ja, den Zirkus, natürlich; auf Lala und Bronislaw und auf Karandasch, den besten Zirkuslehrer von allen. »Und auf den großen Faivel Ditkowski«, schlägt Faivel vor.

»Auf dich, mein Freund!«, sagt Kubush und stößt mit ihm quer über den Tisch an.

Doch der letzte Trinkspruch gilt den Geistern der Vergangenheit, deren Schatten immer in ihrer Nähe sind.

»Auf die Familie«, sagt Mindla.

»Mazel tov!«, rufen alle.

Epilog

Pop trat bis Mitte der Sechzigerjahre in der *Tarax Show* auf GTV-9 auf, und zwar unter dem Künstlernamen »Sloppo the Clown«. Gelegentlich wurde er mit einem jungen Entertainer namens Norman Brown zusammengespannt, dann hießen sie Sloppo und Boppo. Sie absolvierten Hunderte von Auftritten. Während ich an diesem Buch schreibe, ist Norman fit und gesund und freut sich, wenn er von den alten Zeiten und den gemeinsamen Fernsehabenteuern erzählen kann.

Kubush verstarb am 6. September 1989 im Alter von neunundsiebzig Jahren. Mindla wurde stolze sechsundneunzig Jahre alt, sie ging am 25. Juli 2015 von uns.

Sie hinterließen drei Söhne, sechs Enkelkinder, neun Urenkel und drei Ur-Urenkel, die alle längst nicht so lustig sind wie ihre Vorfahren.

Gad – oder Denis, wie er sich in Australien nannte – heiratete Mena und hatte mit ihr zwei Söhne: David und Paul. Viele Jahre lebten sie in der Nachbarschaft von Mindla und Kubush in der Sebastopol Street in Caulfield. Mindla liebte ihre Enkel, aber nicht so sehr, dass sie sie im Wohnzimmer hätte spielen lassen. Tatsächlich nahm sie den Schonbezug nur dann vom Sofa, wenn ihre Freundinnen Mrs. Kuscinski, Mrs. Snow und Mrs. Fagelbaum zum Kartenspielen kamen. Mindla hat immer zu Mena gesagt, sie sei ihre Lieblingsschwiegertochter.

Gad verstarb im Jahr 2017, Mena 2019.

Maks heiratete Alina, die Mindla und Kubush die wunderbaren Enkelkinder Nerine und Ira schenkten. Wenn ein Zirkus in die Stadt kam, kaufte Pop Eintrittskarten und ging mit seinen Enkelkindern dorthin. So bekamen sie mit der Zeit den Moskauer Staatszirkus, Silvers Circus, den Lennon Bros Circus und viele andere zu sehen. Nerine sagt, sie geht in ihrem ganzen Leben nie wieder in einen Zirkus.

Mindla hat immer zu Alina gesagt, sie sei ihre Lieblings-Schwiegertocher.

Alina starb 1995, Maks hat mit seiner Partnerin Vicky ein neues Glück gefunden.

Henry heiratete Meg, die schnell lernte, dass man, wenn man Mindla etwas schenkte, am besten die Quittung mit ins Päckchen tat, damit sie es umtauschen konnte, wenn sie es nicht mochte. Henry und Meg haben zwei Söhne, meinen Ehemann Ralph und Ben, der auch nicht im Wohnzimmer spielen durfte. Nanna hat Ralph und Ben all die schönen jiddischen Flüche beigebracht, die sie heute noch beherrschen.

Mindla hat immer zu Meg gesagt, sie sei ihre Lieblings-Schwiegertocher.

Jadzia lebte lange und glücklich mit Samuel und ihrer geliebten Tochter Hanna in Australien. Hanna schenkte ihnen die wunderbaren Enkelkinder Jessica und Jeremy. Jadzia starb 2004 im Alter von sechsundachtzig Jahren. Sie durfte immer ins Wohnzimmer, und auch für sie wurde der Schonbezug vom Sofa genommen.

Faivel starb 1976; er wurde siebzig Jahre alt. Er hat nie geheiratet, war aber ein bekanntes und beliebtes Mitglied der jüdischen Gemeinde Caulfield und besuchte dort regelmäßig die Synagoge. Faivel hat vielen Menschen Freude gemacht, darunter auch seinen Großnichten Debbie und Julie, die sich mit Freuden an ihn erinnern und mir während der Recherchen zu diesem Buch viel Zeit geopfert haben. Er kam auch regelmäßig ins Haus der Familie Horowitz. Auch er durfte ins Wohnzimmer, saß aber viel lieber mit Kubush im Hof, wo sie die Sonne genossen und gern ein Glas Whisky tranken. Und was für Geschichten die beiden erzählen konnten! Wir kennen sie auch deshalb alle, weil David, Paul, Gad und Mena jedes Wort über den Zaun hören konnten, sie wohnten ja nebenan.

Nach dem Zweiten Weltkrieg arbeitete Bronislaw Staniewski für den polnischen Staatszirkus. Er und Lala kümmerten sich um die kleinwüchsigen Frauen, die im Zirkus aufgewachsen waren, und bauten ihnen ein Häuschen auf ihrem Grundstück in dem ostpolnischen Dorf Milanow. Dort konnten die Frauen in Frieden leben. Bronislaw starb im Jahr 1956 im Alter von siebenundsechzig Jahren. Lala Staniewska überlebte ihn um zwanzig Jahre. Sie hinterließen eine Nichte, Jolanta, und den Enkel Mikolaj.

Vom 23. Juli bis 21. September 1942 wurden im Vernichtungslager Treblinka achthundertsiebzigtausend Juden ermordet, darunter auch Mindlas Vater Shmuel und ihre Schwestern Sonia, Shara und Minya. Die SS kam im Morgengrauen und trieb die Juden zusammen, um sie in das neu erbaute Lager zu bringen. Eva und Laloshe durften in Warschau bleiben, weil sie beide Arbeitspapiere besaßen und Laloshe in einer Fabrik arbeitete, die Uniformen für die Wehrmacht herstellte.

Eine Wohnung nach der anderen in der Ulica Muranowska wurde geräumt. Shmuel gab sich zweifellos alle Mühe, ruhig zu bleiben, als er und seine Töchter Sonia, Minya und Shara sich in den Menschenstrom einreihten und mit Nachbarn und Freunden zum Bahnhof gingen, wo die Viehwaggons auf sie warteten. Männer, Frauen und Kinder, Schwangere und Alte. Menschen mit kleinen Kindern auf dem Arm oder auf dem Rücken. Einige von ihnen kannten keine andere Welt als die unter der Herrschaft der Nazis. Andere trugen Falten im Gesicht, die von vielen Jahren des Überlebens erzählten. Und jetzt, so erzählte man ihnen, sollten sie also in den Osten »umgesiedelt« werden.

Tausende von Juden wurden an diesem Tag zum »Umschlagplatz« getrieben, dem Wartebereich an der Bahnlinie. Am späten Abend wurden die Viehwaggons mit ihrer menschlichen Fracht beladen, Türen und Fenster wurden fest verschlossen. Als sie am Bahnhof Malkinia ankamen, kuppelte der Lokführer die ersten zwanzig von sechzig Waggons ab, sodass sie die sieben Kilometer lange Strecke direkt nach Treblinka gebracht werden konnten. Ukrainische Wachen mit Schlagstöcken und Gewehren trieben die Menschen aus den Waggons. Der Lokführer bekam den Befehl, sofort zurückzufahren. Er durfte auf keinen Fall ins Lager hineinfahren, das war bei Androhung der Todesstrafe verboten. Stattdessen fuhr er zurück nach Malkinia und holte die nächsten zwanzig Waggons dort ab. Das Lager war mit Zweigen getarnt, die man in den Stacheldraht geflochten hatte. Außerdem gab es eine Baumreihe rundum, die diese Stätte des Schreckens vor neugierigen Augen schützte.

Den Neuankömmlingen in Treblinka wurde gesagt, dass die Männer zum Arbeitseinsatz gebracht würden, während die Frauen sich um die Küche und Wäscherei kümmern sollten. Die Kinder würden zur Schule gehen. »Doch zuerst müsst ihr alle duschen und entlaust werden.«

Als sie an den Wachen vorbeikamen, bekam jeder von ihnen ein Stück Schnur, um die Schuhe zusammenzubinden, damit sie nicht verloren gingen. So standen sie zu Hunderten da und warteten auf die »Dusche«, wohl in der Annahme, man wolle dafür sorgen, dass sie ihren kostbaren Besitz hinterher unversehrt wiederfanden.

Die Männer mussten sich schon draußen komplett ausziehen, die Frauen wurden in eine Baracke getrieben und zogen sich dort aus. Jede Frau bekam den Kopf geschoren und wurde dann wieder hinausgelassen. Von dort aus begaben sie sich im Gänsemarsch über einen mit Stacheldraht eingezäunten Pfad mit Bäumen zum »Badehaus«. Die Deutschen nannten diesen Weg zu den Gaskammern die »Himmelfahrtsstraße«. Über dem Eingang des »Badehauses« hing ein Davidstern, neben der Tür standen Kübelpflanzen, als wollte man den Ort ein wenig schmücken.

Das Gebäude war so gebaut, dass immer nur eine Person eintreten konnte. Niemand konnte umdrehen, wenn er begriff, dass etwas nicht stimmte.

Weniger als eine halbe Stunde nach der Ankunft in Treblinka waren sie alle tot.

In den nächsten acht Wochen kamen zwei Transporte pro Tag nach Treblinka, jeden Tag hundertsechzig Viehwaggons voller Menschen. Es dauerte nicht lange, dann waren auch Eva und Laloshe auf dem Weg dorthin.

Jeden Morgen bei Sonnenaufgang kam ein neuer Zug mit Todgeweihten an, und so ging es dann weiter, bis die Nacht anbrach.

Es hätte Mindla das Herz gebrochen, hätte sie gewusst, dass Sonias schöner dunkler Pferdeschwanz, Sharas blonde Locken und Minyas braune Mähne abrasiert und ballenweise an deutsche Fabriken verkauft wurden. Das Frauenhaar wurde als Polsterung für Autositze und Matratzen, aber auch zur Herstellung von Seilen und Teppichen verwendet.

Mindla und Jadzia haben bis zu ihrem Tod geglaubt, sie seien die einzigen Mitglieder der Familie Levin, die den Holocaust überlebt hatten. Doch während der Recherche zu diesem Buch stellte ich fest, dass zwei Brüder, die als »vermisst« galten, tatsächlich wie durch ein Wunder überlebt hatten. Sie schlugen an ganz unterschiedlichen Orten in der Welt Wurzeln, gründeten Familien, fanden Freunde und bauten sich ein neues Leben auf.

Während des Kriegs überlebte Yakov in einem sowjetischen Gulag in Rybinsk, Bezirk Jaroslawl. Nach dem Ende des Krieges kehrte er nach Warschau zurück, suchte nach seiner Familie, fand aber keine Spur von ihr. Daraufhin ging er nach Israel, wo er eine Familie gründete und ein langes Leben führte. Er wurde neunundachtzig Jahre alt und starb erst im Jahr 2011.

Menachem, später unter dem Namen Mordtka, überlebte die Konzentrationslager Budzýn und Flossenbürg, wo er für die Nazis Flugzeugteile bauen musste. Am Ende kam er nach Dachau und wurde dort auch befreit, allerdings litt er zu diesem Zeitpunkt schwer unter Typhus. Nach dem Krieg übersiedelte er in die USA, wo er heiratete und mit seiner Frau Juliana zwei Töchter bekam. Später zog auch er mit seiner Familie nach Israel. Menachem und Yakov lebten zehn Autominuten voneinander entfernt, haben aber nie von der Existenz des anderen erfahren, geschweige denn, dass zwei Schwestern von ihnen eine halbe Weltreise entfernt in Australien lebten. Die getrennten Familien sind heute vereint, und wir geben uns Mühe, einander kennenzulernen und gemeinsam die letzten Teile des Familienpuzzles zusammenzusetzen. Ich bin vor allem Yakovs Tochter Hanna sehr dankbar für ihre Hilfe.

Es bricht mir das Herz, wenn ich daran denke, dass auch die beiden Brüder glaubten, sie seien jeweils der einzige Überlebende ihrer großen Familie. All die nicht geführten Gespräche, die nicht gefeierten Geburtstage, Hochzeiten und anderen Familienfeste, die sie nicht zusammen verbringen konnten! Doch nachdem wir jetzt Verbindungen geknüpft haben, von denen wir lange nichts wussten, wird unsere Generation genau wie die, die nach uns kommen, dafür sorgen, dass die Geschichte dieser Menschen erzählt wird.

Mindla und Kubush liebten Australien. Pop sprach immer von einem »glücklichen Land« und hielt sein Versprechen, nie mehr von dort wegzugehen. »Was soll ich denn woanders?«, pflegte er zu fragen.

Mithilfe von Ernie Carroll, der für sie bürgte, wurden Mindla und Kubush australische Staatsbürger. Ernie wurde unter dem Künstlernamen Ossie Ostrich berühmt, als er in der beliebten Show *Hey Hey It's Saturday* mitspielte. Man kann sich kaum etwas Australischeres vorstellen, als die Unterschrift von Ossie Ostrich auf den Einbürgerungspapieren.

Mindla und Kubush lebten für ihre Enkel und Urenkel. Solange er lebte, war und blieb Pop Entertainer. Als seine Enkelin Nerine ihren fünften Geburtstag feierte, kam er überraschend im vollen Clownskostüm und geschminkt daher, sehr zum Entzücken seiner Enkelin und zum Entsetzen ihrer Eltern.

Während die jungen Gäste sich auf dem Hof zu Feenbrot und Hotdogs versammelten, begann Pop mit seiner Show. Er trug einen großen Teller mit Schlagsahne, die in Form einer Torte aufgehäuft war, stolperte und klatschte mit dem Gesicht geradewegs in die »Torte«, sodass er von Kopf bis Fuß voller Schlagsahne war. Die Kinder lachten, bis ihnen die Bäuche wehtaten, und Nerine fand, das war der beste Geburtstag aller Zeiten.

Es war sein letzter Auftritt.

Dank

Im Oktober 2018 war ich im Auftrag der Zeitschrift *The Australian Women's Weekly* in Europa unterwegs und unternahm eine Flussfahrt in Budapest. Während wir uns auf den Beginn der Fahrt vorbereiteten, plauderte ich mit einem Paar aus Sydney, Peter und Marika Lorschny. Ich kam gerade von einem Besuch des Mahnmals »Schuhe am Donauufer« und war von dem Erlebnis noch sehr bewegt. Das Mahnmal ist kein großartiger Schrein und auch kein architektonisches Monument, sondern zeigt einfach nur Dutzende von alten Schuhen am Flussufer bis hinunter zum Parlamentsgebäude: kleine Kinderschühchen, ein abgetretenes Paar Ballerinas, verwitterte Arbeitsschuhe. Sie wurden nach echten Schuhen modelliert und für die Nachwelt in Eisen gegossen, und sie repräsentieren die dreitausendfünfhundert Menschen – darunter achthundert Jüdinnen und Juden – die in den Jahren 1944/45 gezwungen wurden, sich an der Donau aufzustellen und ihre Schuhe auszuziehen. Dann wurden sie von Angehörigen der rechtsextremen Pfeilkreuzler-Miliz erschossen.

»Ich bin auch dort gewesen«, sagt Marika leise. Und in ihren Augen sah ich, dass sie nicht den Touristenrummel des heutigen Tages meinte.

Anfang 1944, sie weiß das genaue Datum nicht mehr, war Marika mit ihrem Vater unterwegs, um in der Nähe ihres Hauses etwas zu essen zu besorgen. Sie kamen an einer Reihe von Menschen vorbei, die mit dem Rücken zum

Fluss standen und auf eine Gruppe Soldaten blickten. Dann kam der Befehl, die Schuhe auszuziehen, und die Menschen wurden erschossen, sodass sie rückwärts in den Fluss stürzten. Marika und ihr Vater standen da und sahen voller Entsetzen zu. Die Soldaten scheuchten das kleine Mädchen und den Vater weg, nachdem sie ihm die goldene Uhr abgenommen hatten. Zum Glück blieben sie am Leben, doch Marika wusste schon damals, dass sie diesen Tag niemals vergessen würde.

Bei einem Glas Wein erzählte ich Marika und Peter von Kubush und Mindla Horowitz, meinen Schwieger-Groß-eltern, und wie sie den Holocaust überlebt hatten. »Diese Geschichte müssen Sie aufschreiben«, sagte Marika aufgeregt. »Jede dieser Geschichten muss immer wieder erzählt werden.«

Mit dieser Ermutigung im Ohr fing ich noch am selben Abend an zu schreiben. Doch dieses Buch wäre niemals fertig geworden, wenn mir nicht zahlreiche Menschen geholfen hätten. Sie verdienen viel mehr Dank, als ich auf diesen Seiten jemals äußern könnte.

Ich beginne meinen Dank mit Krystyna Duszniak. Ohne ihre außerordentlichen Fähigkeiten bei der Nachverfolgung der Familie in Polen wäre ich niemals auch nur einen Schritt weitergekommen. Sie hat Dokumente aufgespürt, übersetzt und für mich interpretiert. Dasselbe gilt für ihre Kolleginnen Annat-Shem-or in Israel und Zosia Kusztal in Polen, ohne deren Hilfe ich niemals alle Puzzleteile hätte zusammensetzen können. Keine von uns hätte sich vorstellen können, dass wir durch diese Geschichte zwei Familien in ganz unterschiedlichen Teilen der Welt aufspüren würden.

Eine der vielen bemerkenswerten Entdeckungen auf dieser Reise war die Tatsache, dass David Landau, der Sohn der Besitzer der Lederfabrik, in der Nanna gearbeitet hatte, und des Hauses in der Ulica Muranowska Nummer 17, wo die Levins lebten, ebenfalls in Australien ein neues Leben angefangen hatte. Ich habe es Krystyna Duszniak zu verdanken, dass ich Miriam Mahemhoff, geborene Landau kennenlernen durfte, die mir bei der Nachverfolgung von Mindlas frühen Jahren unglaublich viel geholfen hat.

In Polen waren es Wojciech Kowalczyk und Janusz Seibuk von der Staatlichen Zirkusschule Julinek, die mir sehr geholfen haben. Janusz bin ich besonders dankbar, weil er mit mir sein ungeheures Wissen über die Geschichte des Zirkus in Polen geteilt hat und das riesige polnische Zirkusarchiv für mich durchforstete. Jolanta Staniewska, die Nichte von Bronislaw und Lala Staniewski, und Mikolaj Rogalinski, Lalas Enkel, haben sich Zeit genommen, mit mir zu sprechen. Auch dafür danke ich von Herzen.

Dann muss ich mich bei Marek Kawka bedanken, der uns so geduldig gefahren und für uns während unseres Besuchs in Polen gedolmetscht hat. Danke Marek, wir haben deine Gesellschaft sehr genossen.

Mein Dank gilt auch dem verstorbenen Ron Blaskett, der sich so begeistert an die Tage der Tarax Show und an seine Freundschaft mit Pop erinnerte. Und Norm Brown sowie Ernie Caroll, die mit mir liebe Erinnerungen an eine wunderbare Ära des australischen Fernsehens geteilt haben.

Danke sage ich auch Debbie Kopel und Julie Leder, den Nichten von Faivel. Es war ein großes Vergnügen, Zeit mit euch zu verbringen, und ich bin dankbar für eure Erinnerungen und eure Bereitschaft, sie mit mir zu teilen.

Ein Dank an Sue Hampel, die das Manuskript so getreulich gegengelesen hat.

Und ein großes Dankeschön an Selwa Anthony, die mich ermutigt hat weiterzumachen, und an Sophie Ambrose und Louise Ryan bei Penguin Random House Australien, die es mit so großer Begeisterung in ihr Programm aufgenommen haben. Rasch wurde ein viel größeres Projekt daraus, als wir zunächst angenommen hatten, und ich bin vor allem Sophie dankbar, dass sie die Geschichte mit so viel Sorgfalt angefasst hat und jede verstrichene Deadline akzeptierte.

Ein riesengroßer Dank an Clive Hebard, der das Manuskript so sorgfältig redigiert hat, und an die Korrektorin Melissa Lane.

Und schließlich ganz klar an die Familie Horowitz, die mich immer unterstützt und ermutigt hat. An meine wunderbaren Schwiegereltern Meg und Henry, die mich mit offenen Armen in ihre Familie aufgenommen haben und mich von ganzem Herzen unterstützten. An David und Paul, Nerine, Maks und Vicky, die besondere Erinnerungen mit mir geteilt haben, alte Fotos ausgruben und viele lustige Dinge am Rande beisteuerten. Ihr alle habt dafür gesorgt, dass die Arbeit sehr viel Spaß gemacht hat. Danke für alles!

Leider sind Denis (Gad) und Mena verstorben, lange bevor dieses Buch fertig wurde, aber ich bin ihnen sehr dankbar für unsere Gespräche. Sie waren beide so freundlich und haben so viel Zeit geopfert. Ich hoffe, Denis wird in diesem Buch wieder lebendig.

Danke an Hanna Brik-Levin – wie schön, dass wir uns kennenlernen durften. Danke, dass du Yakovs Geschichte mit mir geteilt hast und auf diese Weise an meiner Reise und unserem Leben teilhattest.

Und schließlich geht mein Dank an diejenigen, die all dies in Gang gesetzt haben: an meinen Mann Ralph, den Vollblutclown, dessen Erinnerungen an seine geliebten Großeltern uns immer wieder amüsieren. Und an unsere Kinder Charlie und Alexandra, denn mit ihnen fing alles an. Unser Wunsch, die Familiengeschichte ganz und gar zu verstehen, damit wir sie an die nächste Generation weitergeben können, hat mich zu einem großen Abenteuer inspiriert.

Wir werden niemals vergessen.

Quellen

Bücher

Ainsztein, Reuben: *Jewish Resistance in Nazi-occupied Eastern Europe: With a historical survey of the Jew as fighter and soldier in the Diaspora.* Elek, London, 1974.

Braithwaite, Rodric: *Moscow 1941: A city and its people at war.* Profile Books, London, 2006.

Czerniakow, Adam (ed. Raul Hilberg, Stanislaw Staron & Josef Kermisz, übs. Staron und Mitarbeitende von Yad Vashem): *The Warsaw Diary of Adam Czerniakow: Prelude to doom.* Ivan R. Dee, Chicago, 1999.

Davies, Norman: *Trail of Hope: The Anders Army, an odyssey across three continents.* Osprey Publishing, Oxford, 2015.

Dekel, Mikhal: *Tehran Children: A Holocaust refugee odyssey.* W.W. Norton & Company, New York, 2019.

Dobroszyski, Lucjan & Barbara Kirshenblatt-Gimblett: *Image Before My Eyes: A photographic history of Jewish life in Poland before the Holocaust.* Schocken Books, New York, 1994.

Gilbert, Martin: *The Holocaust: The Jewish tragedy.* HarperCollins, London, 1999.

Goldstein, Guta: *There Will Be Tomorrow: A memoir.* Makor Jewish Community Library, Caulfield South, 1999.

Greene, Joshua M. & Shiva Kumar (Hg.): *Witness: Voices from the Holocaust.* Free Press, New York, 2001.

Gruener, Ruth: *Destined to Live: A true story of a child in the Holocaust*. Scholastic, New York, 2007.

Grunwald-Spier, Agnes: *Women's Experiences in the Holocaust: In their own words*. Amberley Publishing, Stroud, 2018.

Kaminska, Ruth Turkow: *Mink Coats and Barbed Wire*. Collins and Harvill, London, 1979.

Kelly, Catriona: *Children's World: Growing up in Russia, 1890–1991*. Yale University Press, New Haven, 2008.

Landau, David J.: *Caged: A story of Jewish resistance*. Pan Macmillan, Sydney, 1999.

Lukacs, John: *June 1941: Hitler and Stalin*. Yale University Press, New Haven, 2007.

Manley, Rebecca: *To the Tashkent Station: Evacuation and survival in the Soviet Union at war*. Cornell University Press, Ithaca, 2009.

Mazzeo, Tilar J.: *Irena's Children*. Simon & Schuster, London, 2017.

Neirick, Miriam: *When Pigs Could Fly and Bears Could Dance: A history of the Soviet circus*. University of Wisconsin Press, Madison, 2006.

Ofer, Dalia & Paula E. Hyman (Hg.): *Jewish Women: A comprehensive historical encyclopedia*. University of Nebraska Press, Lincoln, 2007.

Opdyke, Irene Gut mit Jennifer Armstrong: *In My Hands: Memories of a Holocaust rescuer*. Ember, New York, 1999.

Pinchuk, Ben-Cion: *Shtetl Jews Under Soviet Rule: Eastern Poland on the eve of the Holocaust*. Blackwell, Oxford, 1991.

Szereszewska, Helena: *Memoirs from Occupied Warsaw: 1940–1945*. Vallentine Mitchell, London, 1997.

Zable, Arnold: *Jewels and Ashes*. Scribe, Melbourne, 1991.

Zwolski, Marcin: *Więzienie w Białymstoku w Latach 1912–1944: Kartki z historii [w:] Społeczeństwo – wojsko – polityka. Studia i szkice ofiarowane Profesorowi Adamowi Czesławowi Dobrońskiemu z okazij 70 urodzin*. Red. M. Dajnowicz, A. Miodowski, T. Wesolowski, Białystok, 2013.

Zeitschriften

Goldlust, John: »A Different Silence: The survival of more than 200,000 Jews in the Soviet Union during World War II as a case study in cultural amnesia«, *Australian Jewish Historical Society Journal*, vol. 21, part 1, November 2012, S. 13–60.

Online-Quellen

www.ekartkazwarszawy.pl: Website zur Geschichte Warschaus mit Archivbildern, Augenzeugenberichten und historischen Zeitungsausschnitten.

www.jewishbialystok.pl: Website des Museums der Juden in Białystok und Umgebung.

www.jewishgen.org: Jüdische Website zur Genealogie.

www.jhi.pl/en/ringelblum-archive: Website des Ringelblum-Archivs und des Emanuel Ringelblum Jewish Historical Institute, ul. Tlomackie 3/5, 00-090 Warschau, Polen.

www.ushmm.org: Website des United States Holocaust Memorial Museum in Washington, DC, USA.

www.yadvashem.org: Website des World Holocaust Remembrance Center in Jerusalem, Israel.

www.zapisyterroru.pl: Chroniken des Terrors, ein Projekt organisiert und verwaltet vom Witold Pilecki Institute of Solidarity and Valor in Warschau, Polen.

Außerdem bin ich den folgenden Wissenschaftlern dankbar, die mir bei meinen Recherchen sehr geholfen haben:

Sue Hampel OAM, Australian Centre for Jewish Civilization, Monash University, Melbourne.

Julia Reichstein, Jewish Holocaust Centre, Melbourne.

Maciej Wzorek, POLIN Museum of the History of Polish Jews, Warschau.

Lilianna Nalewajska, Universitätsbibliothek Warschau.

Anna Przybyszewska-Drozd, Jewish Historical Institute, Warschau.

Katarzyna (Kasia) Person, Ringelblum-Archiv, Jewish Historical Institute, Warschau.

Magdalena Kaleta, AST National Academy of Theatre Arts, Krakau.

Dr. Martin Zwolski, Institute of National Remembrance, Białystok.

Danielle Willard-Kyle, Rutgers University, New Brunswick, New Jersey, USA.

Louise Micallef, Sir Louis Matheson Library, Monash University, Melbourne.

Janelle Wilson, National Archives of Australia, Canberra.

Und Professor Norman Davies, der mir bei der Rekonstruktion von Mindlas und Kubushs Reise mit der Anders-Armee in großzügiger Weise behilflich war.